社会发展理论丛书

心理资源论析
心理学的历史、现实和未来的形态

THE EXPLANATION OF PSYCHOLOGICAL RESOURCES

葛鲁嘉⊙著

中国社会科学出版社

图书在版编目（CIP）数据

心理资源论析:心理学的历史、现实和未来的形态/葛鲁嘉著. —北京：
中国社会科学出版社，2010.10
（社会发展理论丛书）
ISBN 978－7－5004－9151－4

Ⅰ.①心…　Ⅱ.①葛…　Ⅲ.①心理学—研究　Ⅳ.①B84

中国版本图书馆 CIP 数据核字（2010）第 195178 号

责任编辑　王　曦
责任校对　李小冰
封面设计　李尘工作室
技术编辑　戴　宽

出版发行　中国社会科学出版社
社　　址　北京鼓楼西大街甲 158 号　　　　邮　编　100720
电　　话　010—84029450（邮购）
网　　址　http://www.csspw.cn
经　　销　新华书店
印　　刷　新魏印刷厂　　　　　　　　装　订　广增装订厂
版　　次　2010 年 10 月第 1 版　　　　　印　次　2010 年 10 月第 1 次印刷
开　　本　710×1000　1/16
印　　张　20.25
字　　数　312 千字
定　　价　38.00 元

目　　录

第一章

心理资源概述

心理学在自身的历程和历史演变中，存在着不同的和多样的历史形态。心理学在自己的发展和进步的过程中，也将具有独特的和开放的未来形态。这其中就会包括常识的心理学、哲学的心理学、宗教的心理学、类科学心理学、科学的心理学、资源的心理学。当代心理学的发展不应该是抛弃、舍弃、放弃、遗弃、丢弃自己的不同历史形态的心理学，也不应该是忽视、漠视、歧视、轻视、小视自己的可能未来形态的心理学。而应该是把其当作发展和扩展自身的可以借用的文化历史资源和现实学术资源，从而扩大自己的视野，挖掘自己的潜能，丰富自己的研究，完善自己的功能。对学科资源、对心理资源的考察，是心理学学术研究的非常重要的任务。忽略心理学自身的资源，会严重影响到心理学的健康发展。这也是讨论和分析心理资源的重要意义和重大价值。

第一节　资源内涵

心理学作为一门学科，曾经有一个长期的过去，但只有一个短暂的历史。这句话的含义在于，心理学作为非实证科学的形态有数千年漫长的演变，但心理学作为实证科学的形态则只有一百多年短暂的发展。或者说，作为现代的实证科学的心理学只有非常短暂的百多年的历史。但是，作为古老的长期探索的心理学却有着十分漫长和久远的过去。在关于心理学的历史演变的研究中，通常认为，心理学的发展只是一个连续的更替关系，现代的实证科学的心理学淘汰和取代了原有的和传统的其他形态的心理学。但实际的情况并非如此。在科学形态的心理学诞生之后，其他不同形态的心理学仍然与之并存着，仍然各自发挥着自己的作用。通常还认为，历史上只有哲学的心理学和科学的心理学。科学的心理学是从哲学的母体中诞生出来的。科学心理学在取得独立之后，就取代了哲学心理学，成为唯一合理的心理学。其实，这是一种非常幼稚的和非常单纯的理解。历史上，有过各种不同的关于心理行为的探索。或者说，所出现过的心理学探索有着许多种不同的形态。这些不同形态的心理学并没有随着现代科学心理学的出现而消亡。它们依然存在于现实生活当中和学术研究之中，并在不同的生活领域和思想领域中发挥着重要的作用。这也就是说，实际上存在有许多种不同形态的心理学。归结起来或总括起来，可以说有六种不同形态的心理学。或者说，在人类文化史的角度，共出现过或曾出现了六种不同形态的心理学。这就是常识形态的心理学、哲学形态的心理学、宗教形态的心理学、类同形态的心理学、科学形态的心理学和资源形态的心理学。那么，解读这些不同形态的心理学，考察这些不同形态的心理学之间的关系，对于心理学的发展和进步有着至关重要的作用。

对于心理学的学科发展来说，所谓的资源或所谓的学科资源是指学科生成或演化的基础条件，或者是指学科创生或创造的前提条件。任何的存在都有自己的生成和发展，任何的生成和发展都需要一定的条件或基础。那么，资源就是这样的基础条件或前提条件。资源是长期的历史积淀，是不断的条件积聚。这种资源的存在是促成进一步发展所必需的和必要的。

当然，如果更进一步去分析心理资源的含义，心理资源可以有两种重要的和不同的内涵。一是指心理行为发生的基础条件，一是指心理科学发展的基础条件。作为心理行为发生的基础条件是指，人的心理或人的心理生活是生成性的，或者说是创造性的。在生成与创造的过程中，是需要特定的资源的。所谓的心理资源就是指人的心理或人的心理生活的建构的基础，生成的条件，成长的养分，拓展的依据。人的物质生活需要资源，人的心理生活也同样需要资源。作为心理科学发展的基础条件是指，心理学学科的生成和壮大，是立足于多种多样的养分或滋养。这包括自然资源、文化资源、社会资源、历史资源、现实资源，等等。不过，无论是心理行为发生的基础条件，还是心理科学发展的基础条件，两者也有相同的和相通的地方。滋养心理行为的，也会滋养心理科学。反过来，也同样是如此。

在心理学的研究中，考察人的心理行为的生理资源或心理资源，将其作为衡量人的心理或人的认知的重要方面，是心理学研究的非常重要的研究内容。那么，在心理学的研究中，考察心理学的传统、现实和未来的形态或资源，将其作为心理学发展的重要基础，也同样是心理学研究的非常重要的研究内容。

涉及心理资源的存在、心理资源的功能、心理资源的提取、心理资源的转用等等，都会涉及心理资源的一些十分重要的特点。把握这些特点是了解和说明心理资源的非常重要的方面。

首先，心理资源具有的一个重要的特点是，心理资源既可以是有形的存在，也可以是无形的存在。所谓有形存在的心理资源包括心理存在和变化的自然、社会、机体、大脑等物质条件。所谓无形存在的心理资源则包括心理存在和变化的意义、价值、文化、符号等非物质条件。当然，这就给心理资源的存在和理解带来了种种的不同和变化。仅仅重视有形的心理资源，或者仅仅重视无形的心理资源，都可能是非常片面的。其实，心理学研究中的还原论的盛行，就体现了把人的心理行为归结到实现的基础、条件或资源上。在心理学自诩成为科学的门类之后，对人的心理行为的探索就一直长期立足于还原论。如物理主义的还原，就是把人的心理行为看做是按照物理规律活动的存在。如生物主义的还原，则是把人的心理行为看做是按照生物规律活动的存在。

其次，心理资源具有的一个重要的特点是，心理资源既可以是自然的存在，也可以是社会的存在，也可以是文化的存在。自然的心理资源是在大自然的漫长的演进过程中逐渐生成和积累起来的。这构成了人的心理存在和发展的自然基础和自然条件。显然，人的心理的存在和发展，不可能脱离开自然的构成、自然的过程、自然的环境。可以说，自然是人的心理行为依托的最为基础的资源条件。人在长期的自然演进和演化的过程中，就是依赖于自然资源来推动和改变的。进而，人又是社会的存在，人具有社会的性质。人不仅是个体化的，而且也是群体化的。或者说，人是按照社会构成的方式生存和发展。那么，社会的存在、社会的生活、社会的演变，也就成为人的心理行为的社会基础或社会资源。再者，人又是文化的存在。人创造了文化，人所创造的文化，反过来又成为人生存和发展的条件或资源。人按照文化的方式生活和发展,人的心理行为也有自己的文化印记和文化方式。

最后,心理资源还有的一个重要的特点是,心理资源只是按照人的心理存在的方式来解读和转用才是有价值的。否则,所谓的心理资源也就不过是自然物理的存在。这也就是所谓的心理资源的人性的价值。所以,心理资源和心理行为是互生的或共生的关系。脱离了任何一方,另一方的存在都会失去根基和理由。也正是在这个意义上,心理资源才会与心理学的研究建立起关联。任何的心理学探索作为心理资源,都是取决于其对人的心理行为的独特的考察和探索。从与人的关联,从与人的心理行为的关联,从与人的心理行为的探索的关联,才会真正揭示出心理资源的内涵、特性、变化、功能,等等。

第二节　文化资源

学科的生成、发展、进步、拓展等等,都需要文化历史的资源。心理学的生成、发展、进步和拓展也同样如此。心理学的发展和心理学的研究都与文化有着十分密切的关系。所谓心理学与文化的关系,是指心理学在自身的研究、发展和演变的过程中,与文化背景、文化历史、文化根基、文化条件、文化现实等等,所产生的关联。心理学与文化的关系有着特定的内涵。心理学与文化的关系也经历了历史的演变。这包括经历了文化的剥离、文化的转向、文化的回归和文化的定位。心理学与文化的关系性质涉及文化心理学、跨文化心理学、本土心理学和后现代心理学。心理学与文化的关系界定涉及心理学的单一文化背景和心理学的多元文化发展。心理学与文化的关系意义涉及心理学的新视野、新领域、新理论、新方法、新技术和新发展。

一　心理学与文化的关系内涵

心理学的发展和心理学的研究都与文化有着十分密切的关系。[1] 但

---

[1] 葛鲁嘉:《心理文化论要——中西心理学传统跨文化解析》,辽宁师范大学出版社1995年版,第28—29页;纪海英:《文化与心理学的相互作用关系探析》,《南京师大学报》(社会科学版)2007年第4期,第109—113页。

是，无论是关于心理学的发展，还是关于心理学的研究，研究者针对心理学与文化的关系的理解却千差万别。合理地理解心理学与文化的关系，是决定心理学的发展和研究的十分重要的方面。应该说，心理学的学科、心理学的研究、心理学的发展，都是植根于文化的土壤之中的。但是，不同的心理学研究者关于心理学与文化的关系的理解和认识是十分不同的。甚至于在很长的历史时段中，很多的心理学家并没有意识到文化对于心理学研究和心理学发展的重要意义和价值。

尽管实证科学的心理学是在心理学实验室中诞生的，但是心理学学科本身的历史发展和演变却是在特定的文化生态环境中进行的。对于心理学的研究来说，无论是研究对象，还是研究方式，都有着文化的体现。或者说，都有着文化的性质、文化的特征。可以说，如果没有对心理学与文化的关系的合理理解，就会使心理学的研究和发展具有很大的盲目性。其实，当心理学的发展依附于自然科学的传统，而忽视自己的社会科学和文化科学的传统时，心理学关于对象的理解和关于学科的理解都曾经是无文化的，因而也就是扭曲的。

有研究者把跨文化心理学、文化心理学和本土心理学看做是涉及心理学与文化关系的三种不同的心理学研究，是有关文化与心理学关系的三种主要的研究模式。跨文化心理学的研究对象是不同文化群体的心理行为比较，文化心理学研究文化对人的心理行为的影响，本土心理学研究本土背景中与文化相关的和从文化派生出来的心理行为。这三种重要的研究模式从不同的角度阐明了文化与心理学的关系。[①]

对人的心理行为的研究可以涉及两极。一级是自然生物的，一级是社会人文的。因此，在心理学的分支当中，就有从属于这两极的学科分支。从属于自然生物的心理学分支学科有生物心理学、生理心理学、神经心理学，等等；从属于社会人文的心理学分支学科有社会心理学、跨文化心理学、文化心理学，等等。

尽管科学心理学是把心理行为作为本学科的研究对象，但是科学心理学的早期目标却仅仅是把近代自然科学的成功研究方式移植到心理学中，

---

① 乐国安、纪海英：《文化与心理学关系的三种研究模式及其发展趋势》，《西南大学学报》（社会科学版）2007 年第 3 期，第 1—5 页。

而并没有考虑到心理学研究对象的独特性质。这导致的一个直接的后果，就是按照近代自然科学的方式来理解和对待人的心理行为，或者说是按照对待自然物的方式来对待人的心理行为。显然，心理学的研究因此而忽略和无视人的心理行为的文化特性，也因此而忽略和无视心理科学的文化属性。[①] 心理学当代的目标应该有一个重要的转折，那就是从研究对象的独特性质出发，去开创心理科学的独特研究方式，而不是以放弃人的心理行为的某些性质和特点去贯彻自然科学的研究方式。人类的心理与自然的物理既有彼此的关联，又有彼此的区别。最根本的关联在于，人类心理也是自然的存在，也是自然发生和变化的历程。最根本的区别在于，人类心理具有自觉的性质，这种自觉的心理历程也是文化创生的历程。正是由于人类心理的特殊性质，导致了人类心理的多样性和复杂性，也导致了心理学研究在理解人类心理时的困难、局限、分歧、争执、对立和冲突。

在心理学科学化的进程当中，西方主流心理学的研究就倾向于把人的心理理解为自然的现象，或者说具有与自然现象类同的性质。这一方面促进了心理学成为独立的科学门类和使心理学越来越精密化，另一方面也使心理学的研究具有一定的缺陷。缺陷主要体现在两个方面。一是无文化的研究，或者说是弃除了人类心理的文化性质。如心理学早期的实验研究中，所运用的刺激是物理的刺激而不是文化的刺激，所着眼的反应是生理心理的反应而不是文化心理的反应。二是伪文化的研究，或者说是扭曲了人类心理的文化性质。如心理学的一些研究中，仅仅把文化看做是一种外部的刺激因素，或者说是假定了人类心理具有的共同机制，文化的内容只是其千变万化的表面现象。这也是在心理学的研究中还原论十分盛行的一个重要的原因，也即把复杂多样的人类心理还原到了生理的甚至是物理的基础上。

显然，对心理学研究对象的理解应该和必须发生一个重要的改变或转折。那就不仅是把心理理解为自然的和已成的存在，而且是把心理理解为自觉的和生成的存在。如此看来，人拥有的心理就不仅是能够由研究者观察到的现象，而且是拥有心理的人自觉生成的生活。人的心理生活是通过

① 孟维杰、葛鲁嘉：《论心理学文化品性》，《心理科学》2008 年第 1 期，第 253—255、248 页。

心理的自主活动构筑的，也是人的心理自觉体验到的。这强调了人与其他自然物的不同，人的心灵具有自觉的性质，而其他的自然物则不具备这样的性质。其他的自然物只能成为研究者的认识和改造的对象，而不能成为自己的认识和改造的对象。心理生活是常人自主生成和自觉体验到的，它不仅可以成为研究者的认识和改造的对象，而且可以成为生活者自己的认识和改造的对象。心理生活的生成历程实际上就是文化的生成历程，所以说心理生活具有文化的性质，或者说文化不过是心理生活的体现。当然，对于人类的个体来说，作为人类生活产物的文化可以成为背景或环境。但是，无论是就人类整体而言还是就人类个体而言，脱离了心理生活的文化只能具有自然物理的属性，脱离了人类文化的心理也只能具有自然物理的属性。

正是近代自然科学的研究方式使心理学迈进了科学阵营的门槛，但这也使心理学的研究受到了很多局限。这种局限不在于是否揭示了心理学的研究对象与其他自然科学门类的研究对象的共同之处，而恰恰是在于无法揭示它们的不同之处。心理学研究中的自然科学方式主要表现在三个方面。一是追求心理学研究的客观性；二是依赖研究者感官经验的普遍性；三是确立实证方法的中心地位。

从第一个方面来看，对心理学研究的客观性的追求强调的是，研究者与研究对象是分离的，追求客观性是为了消除研究者的主观性臆想或主观性附会，是为了从对象出发而完全真实地说明对象。这对于自然科学的研究来说无疑是成功的，但在心理学的研究中却引起了出人意料的后果。那也就是在否弃研究者的主观性的同时，也否弃了研究对象的主观性。或者说，是在强调研究对象的客观性的同时，而否弃了研究对象的主观性。物理学中有过反幽灵论的运动，生物学中有过反活力论的运动，心理学中也相应地有过反目的论或反心灵论的运动。这就使得心理学研究对客观性的追求变成了对研究对象的客观化，而客观化甚至导致了对研究对象的物化。

从第二个方面来看，对研究者感官经验的普遍性的依赖强调的是，研究者面对与己分离的研究对象，或者说研究者作为与己分离的研究对象的旁观者，他对于研究对象的认识应始于他的感官经验。那么，研究的科学性就是建立在研究者感官经验的普遍性上。一个研究者通过感官感觉到的现象，另一个研究者通过相同的感官感觉到的也会是相同的现象。这对于自然科学的研究来说无疑是成功的，但在心理学的研究中却引起了出人意料的后果。那就是人的心理也是内在的自觉活动，这通过外在观察者的感官是无法或很难直接感觉到的。或者说，依赖于研究者感官经验的普遍性，使心理学无法感觉到人的心理的完整面貌。

从第三个方面来看，确立实证方法的中心地位强调的是，为了保证研究者感官经验的可靠性和可信性，只有通过实证的方法来确立心理学的科学性质。应该说，心理学的研究运用实证方法是心理学的一个重大进步。但是，运用实证方法和以实证方法为中心具有不同的含义。发展和完善实证方法是十分必要的，而以实证方法为中心则涉及的是把实证方法摆放到什么位置的问题，即摆放到了一个支配性的地位。在心理学中，以实证方法为中心导致了研究不是从对象本身出发，而是从实证方法出发。实证的方法不是附属于对人的心理的揭示，而是对人的心理的揭示附属于实证的方法。显然，在心理学的研究中，对实证方法的关注超出了对研究对象的关注。

正是上述的三个方面构成了心理学的小科学观。这使心理学跨入了实证科学的阵营，但也使心理学的研究忽视了人类心理的文化特性，也使心理学家忽视了心理学研究的文化特性。心理学常常是盲目地追求有关人类心理的普遍规律性，盲目地追求有关心理科学的普遍适用性。

二　心理学与文化的关系演变

从哲学的怀抱中脱离出来之后，西方心理学直接继承了西方近代自然科学的科学观，或者说直接贯彻了西方近代自然科学的研究方式。这直接决定了心理学家所采纳的研究目标，也直接决定了心理学家为达到目标而采纳的研究策略。此时的心理学家不是通过人的心理的独特性质引申出心理学的研究方式，而是通过贯彻引进的自然科学研究方式来对待人的心理。那么，心理学的研究方式就要面临着变革，这也是心理学现行科学观的变革。这种变革就体现在上述的三个方面。

第一个方面是使心理学研究从对客观性的追求延伸到对真实性的追求。这也就是说，心理学的研究不仅要追求客观性，而且要追求真实性。人类心理的性质不在于它是客观性的存在还是主观性的存在，而在于它是真实性的存在。原有的研究仅仅是把物化或客观化看做是真实的，其实这是对人类心理的真实性的歪曲。从心理学研究对象的角度来看，心理的主观性或自觉性也都是真实性的存在，也都是真实性的活动。

第二个方面是使心理学研究从对实证（感官）经验的普遍性的依赖，延伸到对体证（内省）经验的普遍性的探求。[①] 人类心理的基本性质在于其自觉性，这涉及两个重要的问题。一是从研究对象的角度，心理的自觉活动是研究者的感官经验所无法直接把握到的。二是从研究者与研究对象不加分离的角度，心理都是自觉的活动。问题是这种自觉活动能否把握到心理的性质和规律。显然，心理的内省经验具有私有化的特征，换句话说，心理的内省自觉具有分离性和独特性。所以，关键在于探求和达到内省经验的普遍性。

第三个方面是使心理学研究从以方法为中心转向于以对象为中心。实证心理学曾经有过以研究方法来取舍对象，甚至是以研究方法去歪曲对象。因此，心理学的研究必须以对象为中心。以对象为中心涉及：一是心理学的研究必须如实地揭示人类心理的原貌；二是心理学的研究必须从对象的独特性质引申出心理学的独特研究方式。方法是为揭示对象服务的。心理学研究的科学性不在于是否运用了客观化的研究方法，而在于是否合理地确立了心理学的研究对象和研究者之间关系的性质，以及是否符合在此基础之上确立起来的研究规范。

上述三个方面的转变，最终都体现为要重新理解和确立心理学的研究对象和研究者之间的关系。心理学现有的研究都是建立在研究对象与研究者的分离的基础之上。这对于研究非心灵的对象来说是必要的和充分的，但对于以心灵为对象的研究来说可能就是不完备的或有缺陷的。那么，心理学的研究能否进一步建立在研究对象与研究者不分离的基础之上。以心灵为对象的研究无疑对科学的发展提出了挑战。中国本土的心理学传统可以为此提供重要的启示。当然，这样的工作是非常艰巨的。这也是心理学本土化所必须面临的任务，是当代心理学研究的文化学转向的核心部分。

当代心理学发展的文化学转向不是要否定、舍弃现有的心理学研究，

---

① 葛鲁嘉：《体证和体验的方法对心理学研究的价值》，《华南师范大学学报》（社会科学版）2006 年第 4 期，第 116—121 页。

而是对现有的心理学研究的不合理延伸的限制，或是对现有心理学研究的合理部分的延伸。那么，心理学研究中的研究对象与研究者的关系就应该得到改变。要限制绝对的分离，要推动相对的分离。所谓相对的分离是指彼此统一基础上的分离。所谓彼此的统一是指心理学的研究对象与研究者共有的价值追求和共同的创造生成。这就是心理学的文化学要义。心理学曾经靠摆脱、放弃、回避或越过文化的存在来发展自己，但心理学现在必须靠容纳、揭示、探讨或体现文化的存在来发展自己。心理学早期是排斥文化的存在来保证自己对所有文化的普遍适用性，而心理学目前则是包容文化的存在来保证自己对所有文化的普遍适用性。这是一个历史性的变化。① 当然，有研究认为心理学文化转向有方法论的意义。② 也有研究认为心理学文化转向还存在着方法论困境。③ 还有研究认为心理学发展的新思维应是从文化转向到跨文化对话。④

　　心理学研究应该从以方法为中心转向以对象为中心。实证心理学曾经有过以研究方法取舍研究对象，甚至是以研究方法扭曲研究对象。因此，心理学的研究必须以对象为中心。以对象为中心涉及如下两点。一是心理学的研究不仅应该如实地揭示人类心理的原貌，而且应该促进生成人的心理行为。二是心理学的研究必须从对象的独特性质引申出心理学的独特研究方式。这包括人的心理的创造性生成的性质，心理学的研究也在于促进人的心理生活的创造性生成。方法是为揭示对象服务的。心理学研究的科学性不在于是否运用了实证的研究方法，而在于是否合理地确立了心理学的研究对象和研究者之间关系的性质，以及是否符合在此基础之上确

---

① 葛鲁嘉、陈若莉：《当代心理学发展的文化学转向》，《吉林大学社会科学学报》1999 年第 5 期，第 79—87 页；叶浩生：《试析现代西方心理学的文化转向》，《心理学报》2001 年第 3 期，第 270—275 页；麻彦坤：《文化转向：心理学发展的新契机》，《南京师大学报》（社会科学版）2003 年第 3 期，第 100—106 页。

② 霍涌泉、李林：《当前心理学文化转向研究中的方法论困境》，《四川师范大学学报》（社会科学版）2005 年第 2 期，第 49—54 页。

③ 麻彦坤：《当代心理学文化转向的动因及其方法论意义》，《国外社会科学》2004 年第 1 期，第 2—7 页；霍涌泉：《心理学文化转向中的方法论难题及整合策略》，《心理学探新》2004 年第 1 期，第 12—15、30 页。

④ 孟维杰：《从文化转向到跨文化对话：心理学发展新思维》，《南通大学学报》（教育科学版）2006 年第 2 期，第 47—50 页。

立起来的研究规范。

三 心理学与文化的关系性质

涉及心理学与文化的关系，就会涉及一些重要的心理学分支学科，这些分支学科都是把文化的存在、文化的取向、文化的背景、文化的内容、文化的历史等等纳入到了心理学的研究当中。这成为心理学研究当中的重要的发展和热点。通过了解这些心理学的分支学科，了解这些分支学科的研究方式和研究内容，就可以进一步地和更深入地理解心理学与文化的关系的性质。其实，正是心理学的研究的扩展和推进，使得心理学能够更为合理地对待和处理自己与文化的关系。在近些年来，这些心理学的分支学科都有了非常迅猛的发展和十分快速的进步。并且，在心理学的发展和演变的过程中，这些与文化有着密切关联的分支学科，也都开始在发挥着越来越重要的作用。在心理学的大量的分支学科中，涉及或关联到文化的学科包括有许多，其中的文化心理学、跨文化心理学、本土心理学、多元文化论心理学等，都是关联和关系到文化的重要的心理学分支学科。

文化心理学是通过文化来考察和研究人的心理行为的心理学分支学科。[1] 近些年来，文化心理学有较为迅猛的发展，正在受到人们越来越多的关注。[2] 文化心理学的兴起与主流心理学面对的困境有关。[3] 文化心理学有着自己的发展线索和方法论困境。[4] 按照余安邦的考察，文化心理学实际上经历了三个重要的发展时期或阶段。在不同的时期里，文化心理学

---

① 李炳全、叶浩生：《文化心理学的基本内涵辨析》，《心理科学》2004 年第 1 期，第 62—65 页。

② 田浩、葛鲁嘉：《文化心理学的启示意义及其发展趋势》，《心理科学》2005 年第 5 期，第 1269—1271 页；余德慧：《文化心理学的诠释之道》，《本土心理学研究》1996 年第 6 期，第 146—199 页。

③ 李炳全、叶浩生：《主流心理学的困境与文化心理学的兴起》，《国外社会科学》2005 年第 1 期，第 4—12 页。

④ 田浩：《文化心理学的发展线索》，《内蒙古师范大学学报》（哲学社会科学版）2005 年第 6 期，第 92—95 页；田浩：《文化心理学的方法论困境与出路》，《心理学探新》2005 年第 4 期，第 7—10、30 页；王明飞：《文化心理学发展历史及其三种研究取向》，《科教文汇》2006 年第 6 期，第 146—147 页。

的知识论立场、方法论主张、研究进路特色及研究方法特征都有重要的变化。20世纪70年代之前，是文化心理学发展的第一个时期。在这个时期，文化心理学的研究目标是在追求共同和普遍的心理机制。当时的文化心理学假定了人类有统一的心理机制，从而致力于从不同的文化中去追寻这一本有的中枢运作机制的结构和功能。研究者通常是采用跨文化的理论概念和研究工具，来验证人类心理的中枢运作机制的普遍特性。20世纪七八十年代中期，是文化心理学发展的第二个时期。在这个时期，文化心理学开始关注人类心理的社会文化的脉络。当时的文化心理学转而重视人的心理行为与文化母体的联系，特别是从社会文化的脉络去考察和说明人的心理行为。这就不是从假定的共有心理机制出发，而是从特定的社会文化出发。这一方面是指有什么样的社会文化，就有什么样的心理行为模式；另一方面是指运用特定文化的观点和概念来探讨和说明人的心理行为的性质、活动和变化。20世纪80年代中期之后，是文化心理学发展的第三个时期。在这个时期，文化心理学强调人的主观建构、象征行动及社会实践的文化意涵。那么，文化就不再是外在地决定人的心理行为的存在，而是内在于人的觉知、理解和行动的存在。社会文化的环境和资源的存在和作用，取决于人们捕捉和运用的历程和方式。正是人建构了社会文化的世界，人也正是如此而建构了自己特定的心理行为的方式。此时的文化心理学开始更多地从解释学的观点切入，通过解释学来建立文化心理学的知识。[1] 文化心理学也被一些研究者认为是心理学在方法论上的突破。[2]

跨文化心理学是通过文化的变量来研究人的心理行为异同的一门心理学分支学科。[3] 它是研究和比较不同文化群体中的被试，以检验现有心理学知识和理论的普遍性，其根本目的是为了建立普遍适用的心理学或人类的心理学。显然，跨文化心理学涉及人的心理行为的文化特性，但它目前的研究立场和研究方式却仍然存在着较大的争议。大部分的跨文化心理学

---

① 余安邦：《文化心理学的历史发展与研究进路》，《本土心理学研究》1996年第6期，第2—52页。

② 李炳全：《论文化心理学在心理学方法论上的突破》，《自然辩证法通讯》2005年第4期，第40—45页。

③ 郭英：《跨文化心理学研究的历史、现状与趋势》，《四川师范大学学报》（社会科学版）1997年第4期，第90—95页。

研究都是以西方心理学为基调，采纳的是西方心理学的理念、框架、课题、理论及方法等。那么，通过此类的研究所得出的普遍适用的心理学或全人类的心理学，就只能是西方心理学所支配的心理学。

目前的跨文化心理学研究取得了许多重大的进展，但却在方法论上存在着重大的困难与障碍。这在很大程度上决定了跨文化心理学研究的合理性。例如，跨文化心理学有两种不同的研究策略，即"主位的"（emic）研究和"客位的"（etic）研究。按照通常的理解，所谓主位的研究是指从本土的文化或某一文化的内部出发来研究人的心理行为，而不涉及在其他文化中的适用性问题。所谓客位的研究则是指超出特定的文化，从外部来研究不同文化之中的人的心理行为。显然，大部分的跨文化心理学的研究是采取了客位的研究策略。但是，这样的研究策略常常是以西方的文化为基础或以西方的心理学为基调。杨国枢先生后来曾仔细地分析过主位的研究取向与客位的研究取向的内在含义。[①] 他认为这两个研究取向有三个对比的差异：一是所研究的现象或是该文化特有的，或是该文化非特有的；二是在观察、分析和理解现象时，研究者或是采取自己的观点，或是采取被研究者的观点；三是在研究设计方面，或是采取跨文化的研究方式，或是采取单文化的研究方式。杨国枢先生认为，原有的跨文化心理学研究主要采取的是以研究者的观点探讨非特有现象的跨文化研究。在这样的研究方式中，来自某一文化的心理学者（通常是西方的学者，特别是美国的学者）将其所发展或持有的一套心理行为概念先运用于本国人的研究，进而再运用于他国人的研究，然后就所得出的结果进行跨文化的比较。当然，这种研究方式后来受到了许多学者的批评，一些跨文化心理学者也正在寻求更好的研究方式，如客位和主位组合的研究策略、跨文化本土研究策略等。[②]

---

①　杨国枢：《心理学研究的本土契合性及其相关问题》，杨国枢（主编）《本土心理学方法论》，台北桂冠图书公司1997年版，第75—120页。

②　万明钢：《文化视野中的人类行为：跨文化心理学导论》，甘肃文化出版社1996年版，第53—73页；Berry, J. W., Poortinga, Y. H., Segall, M. H. and et al. *Cross – Cultural Psychology: Research and Applications*. Cambridge University Press, 1992. 286 – 315；Vijver, F. V. D. The Evolution of Cross-Cultural Research Methods. In David Matsumoto. *The Handbook of Culture & Psychology*. Oxford University Press, 2001. 78 – 92；李炳全：《文化心理学与跨文化心理学的比较与整合》，《心理科学进展》2006年第2期，第315—320页。

本土心理学的研究和潮流兴起于对西方心理学的唯一合理性和普遍适用性的质疑和挑战。[①] 这体现在三个重要的努力方向上：一是反思和批判西方心理学；二是挖掘和整理本土的传统心理学资源；三是创立和建设本土的科学心理学。心理学本土化是一个世界性的潮流，中国心理学的本土化是其中的重要努力。下面就以中国心理学的本土化发展历程作为论述的对象。中国心理学的本土化研究在一个比较短的时期里，取得了相当数量的和相当重要的成果。从中国心理学本土化的发展历程来看，可以将其大致区分为两个阶段。第一个阶段是保守的本土化研究时期，时段大约是从20世纪70年代末期到80年代末期。第二个阶段是激进的本土化研究时期，时段大约是从90年代初期到现在。[②]

在保守的本土化研究时期，中国本土的心理学者主要是反思和批判西方心理学在研究内容上的褊狭；检讨和重估西化的中国心理学对解释中国人心理的缺陷；开辟和推动本土化的心理学具体研究。但是，这仍然是一个保守的时期，其主要的特征在于仅仅试图扩展西方心理学的研究内容，使中国心理学转而考察中国人的心理行为。这在科学观上并未能够超越西方心理学，或者说仍然是受西方心理学的研究方式的限制。这个阶段的研究是以中国人作为被试，但使用的工具、方法、概念和理论还是西方式的。

在激进的本土化研究时期，中国本土的心理学者主要是反思和批判西方心理学在研究方式上的局限；力图摆脱西方心理学和舍弃西化心理学；尝试建立真正本土的心理学。这进入了一个激进的时期，其主要的特征在于开始试图扩展西方心理学的研究方式，使中国心理学开始突破西方心理学的小科学观的限制，寻求更超脱的和多样化的研究方法和理论思想。但是，这个阶段的研究还带有相当的盲目性。研究更为多样化，但更具杂乱性。研究带有更多的尝试性，而缺少必要的规范性。当前的研究没有相对一致的衡量和评价研究的标准。

---

① Kim, U. Culture, Science, and Indigenous Psychologies: Anintegrated Analysis. In David Matsumoto. *The handbook of Culture & Psychology*. Oxford University Press, 2001. 54 – 58.

② 葛鲁嘉：《中国心理学的科学化和本土化——中国心理学发展的跨世纪主题》，《吉林大学社会科学学报》2002年第2期，第5—15页；葛鲁嘉：《心理学中国化的学术演进与目标》，《陕西师范大学学报》2007年第4期，第118—123页。

心理学的发展曾经建立在单一文化的背景或基础之上。多元文化论者认为传统西方心理学建立在一元文化的基础上，只能适合西方白人主流文化。因此，他们主张文化的多元性，强调把心理行为的研究同多元文化的现实结合起来。[①] 就世界范围来讲，存在着不同的国家和地区，有着不同的文化传统。如东方国家的集体主义文化传统，强调群体的一致性、个人的献身精神、群体成员之间的相互依赖，等等。如西方国家的个体主义文化传统，强调个人的独立、个人的目标、个人的选择和自由等。就一个国家来说，由于存在着不同的种族，因而也存在着不同的文化。美国这样的移民国家，文化的多元性就十分明显，存在着白人文化、黑人文化、亚裔人文化、同性恋文化、异性恋文化等多种文化，是典型的多元文化国家。在多元文化的国家里，如果仅以一种文化作为研究的范例，其研究结论就无法解释其他群体的行为。所以，多元文化论者反对心理学中的"普遍主义"（universalism）的观点。传统的心理学研究排斥了文化的存在，其发现和成果被认为是可以忽略文化因素而"普遍"通用的。也有很多的研究者对普遍主义的假设有质疑，但由于文化因素在实验研究中很难加以控制，也就采纳了普遍主义的假设。这种情况在社会心理学的研究中十分严重，尽管文化对群体行为有十分重要的影响，但实验的社会心理学家仍热衷于在实验室中研究社会行为，以得到一个普遍主义的研究结论。从反对心理学的普遍主义出发，多元文化论者对西方心理学中的"民族中心主义"提出了强烈批评。[②]

心理学的发展面对的是多元文化的资源和多元文化的发展。[③] 心理学中的多元文化论运动强调文化的多样性，认为传统的西方心理学仅仅建立在白人主流文化的基础上。多元文化论反对心理学中的"普遍主义"，认为一种文化下的心理学研究不能无选择地应用到另一种文化中，心理学的

① 叶浩生：《多元文化论与跨文化心理学的发展》，《心理科学进展》2004 年第 1 期，第144—151 页。

② 叶浩生：《西方心理学中多元文化论运动的意义与问题》，《山东师大学报》（人文社会科学版）2001 年第 5 期，第 11—15 页。

③ 叶浩生：《关于西方心理学中的多元文化论思潮》，《心理科学》2001 年第 6 期，第680—682 页。

研究应该同多元文化的现实结合起来。[①] 多元文化论运动被称为继行为主义、精神分析和人本主义心理学之后心理学的"第四力量"。这一运动目前面临着许多问题。

四 心理学与文化的关系意义

这可以提供心理学研究的新视野。考察和探讨心理学与文化的关系，既可以更好地理解心理学与文化的实际关联性，也可以更好地理解心理学与文化的关系的演变和发展，还可以为心理学的考察和研究提供新的视野。在心理学的研究中，对文化的忽略和排斥，对文化的曲解和误解，都大大限制了心理学研究者的眼界和视野。这使心理学的研究很难更为完整和深入地把握人的心理行为，很难更为系统和全面地理解人的心理行为。合理地说明和解释人的心理行为的文化属性，深入地考察和理解心理学研究的文化性质和文化根基，都有助于心理学的学科建设和学科发展。

这可以提供心理学研究的新领域。考察和探讨心理学与文化的关系，可以更有利于开辟和拓展心理学研究的新领域。在早些年，心理学与生物科学的联姻，促进了大量的心理学分支学科的生成和进展。在近些年，心理学与文化科学的接近，也使与文化有关的心理学研究领域和心理学研究分支都有了扩大和增加。这可以包括后现代心理学的研究热潮、本土心理学的研究推进、多元文化论的研究纲领。这一系列的研究推进都极大地扩展了心理学的研究领域。这可以包括文化心理学分支学科的迅猛发展、跨文化心理学分支学科的快速成熟、社会心理学分支学科的极大扩张。这都使得心理学学科得到了很好的发展和壮大。

这可以催生心理学的新理论。心理学厘清自己与文化的关联性和依赖性，确立自己的文化基础和文化资源，为心理学的理论建构和理论创新提供了资源与养分，提供了灵感和想象的空间与平台，提供了理论应用的途径和方式。长期以来，心理学由于缺乏关于文化的探讨和探索，使心理学

---

① 高媛媛、高峰强：《试析心理学中的多元文化论对后现代心理学的贡献》，《山东师范大学学报》（人文社会科学版）2007 年第 6 期，第 96—99 页；Adamopoulos, J. and Lonner, W. J. Culture and Psychology at Acrossroad: Historical Perspective and Theoretical Analysis. In David Matsumoto. *The Handbook of Culture & Psychology.* 2001. 15 – 25.

忽略和放弃了许多重要的文化滋养。这不仅使心理学的理论建设非常的薄弱，也使心理学参与文化创建的功能受到了严重的限制。心理学本身失去与文化的密切的关联，失去了关于心理学与文化的关系的理论探索，使得心理学的发展就失去了很多的机会和平台。心理学学科的发展壮大的重要标志，就在于其理论学说的建构和创造。心理学的理论学说的提出和创造，就在于获取更大和更好的平台和资源。挖掘心理学的文化资源，是心理学的理论新生的一个重要的前提。①

这可以催生心理学的新方法。对心理学与文化关系的探讨，可以革新心理学的方法论，可以衍生心理学研究的新方法，可以把心理学的研究方式和研究方法放置在新的研究框架和研究范式之中。对于心理学的研究来说，其研究方法的确立和更新，曾经在很大程度上借鉴了自然科学的研究。这给心理学的研究带来了精确性，但也有对人的心理行为的曲解。那么，如何把社会科学和文化科学的研究方法引入到心理学的研究中来，如何更好地确定心理学研究方式和方法的文化属性、文化优势和文化缺失，这决定了心理学研究方法的丰富化和多样化。

这可以催生心理学的新技术。心理学的技术应用包括心理学技术手段和技术工具的发明和创造，也包括心理学技术手段和技术工具的使用和推广。这都要涉及心理学应用的文化背景、文化条件、文化环境。心理学技术应用的文化适用性决定了心理学的社会影响和生活地位。怎么样使心理学的技术应用更为有效和实用，对心理学与文化的关系的探讨就起着重要的作用。

这可以促进心理学的新发展。心理学学科曾经在自然科学的基础上得到了快速的推进和发展，心理学学科也曾经在社会科学的基础上得到了快速的推进和发展，心理学学科还应该在文化科学的基础上得到快速的推进和发展。这必将使心理学的研究更加贴近人的生活和人的发展。这也必将使心理学担负更重的社会责任和社会使命。

---

① 葛鲁嘉：《新心性心理学的理论建构——中国本土心理学理论创新的一种新世纪的选择》，《吉林大学社会科学学报》2005 年第 5 期，第 142—151 页；葛鲁嘉：《新心性心理学宣言——中国本土心理学原创性理论建构》，人民出版社 2008 年版，第 41 页。

第三节　思想资源

心理学的探索、心理学的建构、心理学的发展都是学术的活动，都可以体现为学术思想的创造、发展和传承。其实，在心理学的发展中，心理学家可能更加重视的是心理学的理论、心理学的方法、心理学的技术，而很可能轻视或无视心理学的思想。但是，心理学的发展实际上也可以体现为是心理学思想的演变。其实，心理学思想史与心理学学科史并不是一个含义。并且，心理学思想史也并不就是在科学心理学诞生之前的思想家关于人的心理行为的猜测和思辨的历史。这就好像是科学心理学诞生之后，就终结了心理学思想史的进程。心理学思想是心理学思想家所提供的。

心理学思想是关于心理行为的理解和思考，也是关于心理学研究的理解和思考。在人类思想史的演进历程中，心理学思想史是非常重要的组成部分。思想家们提供了在自己的特定思想基础之上的关于人的心理行为的解说、解释、解析，也提供了在自己的特定研究基础上的关于心理学探索的思考、思索、思想。

思想的起源、思想的演变、思想的发展、思想的历史，都会成为后来的研究的可供借鉴的资源、可供运用的资源、可供创新的资源。那么，心理学思想的起源、心理学思想的演变、心理学思想的发展、心理学思想的历史，就是后来的心理学研究的可供借鉴的资源、可供运用的资源、可供创新的资源。

心理学的思想资源是心理学的学术积累、学术演进、学术成长的非常重要的内容。其实，在心理学史的研究中，曾经就出现过把心理学的历史发展区分为心理学思想史、心理学科学史。这实际上是把科学心理学的诞生作为重要的分水岭，在此之前的就是心理学思想史，在此之后的就是心理学科学史。这似乎是表明，心理学思想是非科学的思辨和猜测。应该说，这种理解是不合理的。心理学作为一门学科或者作为一门科学，也仍然有自己的思想创造和思想历程。甚至于可以说，心理学的思想创造和思想历程反而是心理学发展的最为重要的创造和历程。

当然，心理学思想史的研究也常常是把心理学思想的历史演变仅仅当作是学术追踪的内容。这也就是一种当代的对历史的还原，所谓还历史以本来的面目。思想史的研究也就是思想演变的历史呈现。这种研究目的最根本的缺失是没有把心理学思想的演变和发展当作是心理学的资源，当作是心理学的思想资源。因此，必须重新定位心理学思想史的研究，必须重新认识心理学思想的价值，必须重新理解心理学思想的内涵。把心理学思想的形成和发展看做是心理学的思想资源，这是一个根本性的变化。

思想史的研究、心理学思想史的研究，不是一种对历史和传统的展示和炫耀，不是一种对心理学思想历史和传统的展示和炫耀，而应该是一种对历史资源和思想资源的挖掘和提取。这更应该是一种推进资源转化和利用的活动。但是，这在心理学思想史的研究中却是最为薄弱的一环。

心理学的考察、心理学的研究、心理学的探索，都是需要思想的活动，都是需要思想家的学问。应该说，在心理学的历史演变和发展过程中，出现过许多的心理学大思想家。当然，在心理学成为实证的科学门类之后，实证心理学家开始对思想的活动有了偏见和回避。心理学思想也与心理学思辨画上了等号。思辨的心理学被称之为安乐椅中的心理学，是一种猜测，是一种推论，是一种臆断。对思辨的躲避、对思辨的排斥，演变成为对思想的躲避、对思想的排斥。心理学的研究变成了一种技术活动，一种技术操作。这导致的最为直接的后果就是心理学思想家的日渐减少，心理学家的思想创造力的日渐衰退，心理学思想性的日渐弱化。那么，心理学学科发展也就开始缺乏思想的创造和创造的思想。其实，一个没有思想的学科是一个没有前途的学科。一个没有思想积累的学科也就是一个没有未来的学科。心理学学科发展应该关注思想，关注思想的内涵、关注思想的创造、关注思想的积累、关注思想的资源。心理学的思想是需要心理学的思想资源的。获取思想的资源是推动思想的创造的最为根本的活动。

思想的资源是历史沉积的过程，是历史沉积的结果。其实，在人类的发展历程中，人关于自身心理的探索和考察从来就没有停止过。探索和考察的结果则有着不同的历史命运。有的被继续发扬光大了，有的被历史的尘埃掩埋了，有的被岁月的冲刷磨灭了，有的被转化和转换了。其实，思想的资源是可以进行挖掘和提取的。心理资源实际上就可以通过思想资源体现出来。心理学的思想资源的挖掘会给心理学的发展带来重要的思想财富。

追踪现代科学心理学的发展可以有十个线索：文化线索、国别线索、时间线索、组织线索、人物线索、事件线索、器物线索、思想线索、学说线索、学科线索。这是理解和把握现代科学心理学产生、演变和发展的重要内容。这其中就包括思想的线索。重视思想的线索就是关注思想的资源。现代科学心理学的真正内核是其心理学思想的形成和传播，这是现代科学心理学的实际灵魂。心理学学科的发展，最为重要的体现就是心理学思想的发展。心理学的思想可以包含两个方面的内容：一是对心理学研究对象的理解和认识；二是对心理学学科的理解和认识。心理学在自己的历史发展中，对心理学研究对象的认识发生了一系列的变化。心理学成为独立的学科门类之后，最早是把意识当作心理学的研究对象。所以，这个时期的心理学也常常被称之为意识心理学。因为意识是研究者的感官把握不到的，而能够通过内省把握到，所以内省就成为心理学的研究方法。行为主义的诞生被认为是心理学发展中的一场革命。行为主义把意识排除在了心理学的研究对象之外，而把可以直接观察到的行为确立为心理学研究的对象。认知心理学的产生被认为是心理学发展中的一场革命。认知心理学又重新把人的内在认知过程确立为是心理学的研究对象。心理学在自己的历史发展中，对心理学学科的认识也发生了一系列的变化。例如，有的心理学家就把心理学当作纯粹的自然科学来看待。这使得心理学曾经一度去全面模仿自然科学的研究方式和思考方式。①

第四节　学术资源

心理学学科的发展和演变会形成一种独特的学术传统。学术传统形成的就是特定的学术资源。学术活动、心理学的学术活动，会涉及学术思想创造、学术研究推进、学术研究方法定位、学术干预技术发明等活动。这些特定的学术活动都会与心理学的学术资源有着特定的关联。那么，分

---

① 葛鲁嘉：《追踪现代科学心理学发展的十个线索》，《心理科学》2004 年第 1 期，第 159—160 页。

解、了解、理解心理学的学科和学术的基础和根基就是十分重要的学术研究目标和研究内容。学术资源、心理学学术资源是有待挖掘的，是有待提取的。

学术资源的含义也许需要进行严格的界定。界定了学术资源才能界定所谓的心理学的学术资源。有研究者在涉及中国的文化传统时，就区分了知识资源和学术资源，认为这是生活与学术的区分。有学者在研究中指出，中国的文化传统正在从知识传统沦落为学术传统。这也就是说，文化的重建工作并不是要光大传统作为"学术资源"的意义，而是要赋予传统"知识资源"的地位。在该研究者看来，所谓的"传统"仅仅是后人所赋予的，而并非是对传统的了解。构成传统的最重要的是它所拥有的一些经典，并具体反映在读书人的知识来源上。基于此，可以换一个角度思考 20 世纪中国传统的失落，以及失落的究竟是什么？"五四"一代关于传统的立场，主要体现在不把传统作为政治制度合法性的知识资源，传统也因此呈现由"知识资源"向"学术资源"的过渡。自五四运动迄于今，文化传统由各种"经典"向抽象化的象征符号过渡，意味着对传统文化的认知受到知识分子文化养成以及历史境况的影响，从中可见中国知识分子无论是批判传统还是弘扬传统，都不断在重新界定传统，并用新的象征符号表达。同时，"经典"的"学术资源"化，也表明传统作为"知识资源"的失落构成 20 世纪中国文化命运的实质写照。[①]

其实，尽管上述的研究表明的是希望恢复中国文化传统作为知识资源的地位和作用，而不是将其限定在研究者的书斋之中。这是从生活和现实出发的对中国本土文化传统的考虑和认定。但是，把中国的文化传统作为学术的资源依然是不容忽视的。特别是在当代科学迅猛发展和学科加速分化的情景之中。学术的进步和壮大，会使学术知识更快和更好地进入社会日常生活。

学术的资源包括学术制度、学术传统、学术思想、学术创造，等等。在这些非常广泛的学术资源中，最为核心和最为重要的就是学术思想的资

---

① 章清：《传统：由"知识资源"到"学术资源"——简析 20 世纪中国文化传统的失落及其成因》，《中国社会科学》2004 年第 4 期，第 191—204，209 页。

源。这正与前面所述的思想资源是相通的。挖掘作为学术资源的学术思想，是思想史研究的内容。心理学思想史的研究就应该是对心理学的学术资源的提取、挖掘和阐释。这就应该超脱关于学科发展历史史实和历史资料的研究和积累。

拥有学术传统的学科才会拥有学科的学术资源。心理学学科也是如此。心理学的研究重视自己的研究对象，重视自己的研究方法，重视自己的应用技术，这是心理学研究非常重要的方面，但同样重要的还应该重视自己的学术资源。

第五节　学科资源

心理学在成为独立的学科门类前后，与其他的学科一直有着特定的关系。这种关系决定了心理学的发展和演变。但是，对心理学与相关学科的关系尚缺乏系统和深入的探索。心理学与相关学科的关系经历了历史的演变，从心理学依附于其他学科的发展，到心理学排斥其他学科来保证自己的学术的独立性，到心理学开始寻求与其他学科的合作的关系，到心理学与其他学科应该建立共生的关系。这标志着心理学学科的成熟，也标志着心理学开始容纳所有学术的资源。这意味着心理学不仅借助于其他学科的发展，而且也意味着心理学可以为其他学科的发展提供可以借用的资源。从不同学科的学术独立到不同学科的学术共生，这是一个新旧时代的重大的学术转换。

探讨心理学与其他相关学科的关系，是涉及心理学的演变和发展的重大问题。心理学与其他相关学科的关系，经过了历史的长期演变，也有了当代的重新定位。这会在很大程度上加快推进心理学的发展，也会为其他学科的发展提供学术的资源。心理学与其他相关学科的关系经历了从依附的关系到分离的关系、从排斥的关系到合作的关系、从独生的关系到共生的关系等一系列的转换。

一　关系的演变

心理学学科在自身的演变和发展的过程中，与其他学科门类有着千丝万缕的联系，形成了十分独特的关系。心理学本身就有着各种不同的历史形态。① 在心理学独立之后，其他的许多学科也有以自己的独特的方式在涉及和考察人的心理行为。并且为科学心理学提供了丰富的科学内容。②

可以说，心理学与其他的相关学科的关系不是原本如此的或固定不变的，而是随着时代的发展、学科的进步，不断发生变化的。所以，探讨心理学与其他学科的关系，就首先和必须要探讨这种关系的历史演变。

心理学与其他相关学科的关系所发生的演变，所具有的第一个非常重要的和非常关键的转折点，就是心理学作为独立的学科门类的出现。或者说，心理学在成为独立的学科门类之前，心理学与其他的学科门类是一种特定的关系。这就是心理学依附于其他学科的关系，心理学是以其他学科的形态和方式存在和发展的。心理学对人的心理行为的探索和研究，是按照其他学科的形态和方式来进行的。

那么，在心理学成为独立的实证学科门类之后，心理学与其他学科的关系才发生了根本性的改变。此时，心理学才开始有了独立的身份，开始有了独立的发展，开始有了独立的创造。当然，在心理学独立之后的初级阶段，为了获得自己的独立身份，心理学也有过对其他学科的排斥或拒斥。那么，心理学与其他学科的关系变成了排斥的关系，这无疑促进了心理学的自我推动和自主发展，但是也给心理学带来了许多不利的影响。这种不利的影响就体现在心理学的发展缺少了甚至是缺失了重要的学术性资源。

心理学与其他相关学科的关系所发生的演变，具有的第二个非常重要的和非常关键的转折点，就是心理学作为成熟的学科门类的出现。或者说，心理学在成为成熟的学科门类之前，心理学与其他的学科是一种特定的关系。这就是心理学是与其他学科具有合作的关系，心理学需要借用其他学科的研究来促进揭示和解释人的心理行为。在心理学成为成熟的学科门类之后，心理学与其他的学科门类的关系就转变成为共生的关系。所谓共生的关系就是一荣俱荣和一损俱损的关系。其他学科的进步和繁荣，会带来心理学的进步和繁荣。反之，也是如此。

---

① 葛鲁嘉：《心理学的五种历史形态及其考评》，《吉林师范大学学报》（人文社会科学版）2004 年第 2 期，第 20—23 页。

② 葛鲁嘉：《类同形态的心理学总评》，《西北师大学报》（社会科学版）2005 年第 3 期，第 95—98 页。

正如周宁博士所认为的，心理学的发展从"独白"的时代进入了"对话"的时代。在新的世纪，对话已经成为时代的中心话语。心理学研究必须面对时代话语的转换，改变研究范式，从"独白"走向"对话"。"对话"是心理学发展的方向，也是心理学重新树立在社会文化和心理生活中的权威和地位的必经之路。[①] 其实，所谓的心理学的"对话"的时代，就包括心理学与其他学科的对话，包括心理学从其他学科获取发展的资源。心理学需要的是构建开放的心理学观，或心理学的大科学观。[②] 心理学的研究也需要去扩展自己的方法论。[③]

二　依附的关系

心理学在自己的学科发展的历程中，曾经有过对其他相关学科的依附。那么，心理学与其他学科的关系，最初始的就是依附的关系。这种依附关系是心理学在独立之前的一种依赖的关系。当然，在心理学从不成熟走向成熟的道路上，这种依附的关系开始表现出来的是从属的关系，后来表现出来的是还原的关系。

在特定的从属关系的阶段，心理学还并没有自己的独立的实证科学的形态，而是隐身在其他学科的范围之中。心理学成为独立的实证学科门类的时间非常短，也就仅有一百多年的学科发展的历史。但是，心理学作为人类对自身的心理行为的探索，却有着非常漫长的历史过程和历史演变。在心理学早期的长期的发展历史之中，心理学实际上就曾一直是栖身在哲学探索和哲学学科之中。在人类文明的发展史上，哲学是一门最古老的学问。哲学一开始是无所不包的，或者说是包罗万象的。那么，在哲学的追问当中，哲学家们也非常关注人类的心理问题，并不断地在探讨人类心理的基本性质、主要构成及活动方式。所以，哲学心理学就是最早出现和最

---

①　周宁：《独白的心理学与对话的心理学——心理学的两种话语形态》，云南大学出版社2005年版。

②　葛鲁嘉：《大心理学观——心理学发展的新契机与新视野》，《自然辩证法研究》1995年第9期，第18—24页。

③　葛鲁嘉：《对心理学方法论的扩展性探索》，《南京师大学报》（社会科学版）2005年第1期，第84—89页。

久发展的心理学的历史形态之一。[①] 哲学心理学是哲学家通过思辨的方式对人的心理行为的说明、阐述和解释。这种思辨的方式带有推测、推论和推断的性质。当然，哲学心理学是一种最古老形态的心理学。这种心理学在历史上存在了相当长的时间，并且是历史上的对人的心理行为的最具有主导性的解说和解释。所以，心理学在相当长的历史时期中都是从属于哲学的。

在特定的还原关系的阶段，在心理学的研究中，盛行的是还原论的研究方式。还原主义曾经在心理学的研究中，在心理学的理论解说中，在心理学的方法论中，占据着支配性的地位。其实，物理学看待世界的方式提供了物理世界的谱系。在这个谱系中，有物理的存在、化学的存在、生物的存在、社会的存在、精神的存在。物理学也提供了理解物理世界的还原主义的立场。依据于这个立场，处于根基的部分对于其他的层面具有决定性的作用。或者说，对其他层面的说明和解释可以还原到基础层面的性质和规律。这导致了在心理学的研究中，十分盛行对心理的物化的研究，或者按照解释物的方式来解释人的心理行为。这成为心理学发展中的一个痼疾。

其实，还原论在心理学研究中的盛行，在很大的程度上是因为心理学还缺乏自己的独立的研究，而对其他的基础性学科有着严重的依赖性。对于心理学的研究来说，直接地借用其他相对成熟学科的研究，来解说人的心理行为，正是通过还原论的方式来进行的。这使得心理学的研究长期依赖于其他学科的研究方式和研究成果。例如，心理学的研究就曾经长期地依附于生物学和生理学的研究。[②] 那么，生物还原论就曾经长期地滞留在心理学的研究之中。这也就是把人的心理行为的性质、特征、活动机制、变化规律都还原为遗传的特性、生理的特性、生物物理的特性、生物化学的特性，等等。

三　排斥的关系

在心理学成为独立的学科门类之后，其曾经一度非常急于获取和确立

① 葛鲁嘉：《哲学形态的心理学考评——心理学的五种历史形态考察之二》，《河北师范大学学报》（教育科学版）2005年第4期，第76—79页。

② 叶浩生：《有关西方心理学中生物学化思潮的质疑与思考》，《心理科学》2006年第3期，第520—525页。

自己的科学身份。在这个过程之中，心理学也曾经有过对与自己密切相关的学科分支的排斥和回避。当然，这可以给心理学带来自立，但也可以给心理学带来孤立。在对其他学科门类的回避和排斥中，心理学丢失了许多原本可以借用的资源。其实，心理学的独立不应该是心理学的孤立，而应该是形成与其他相关学科的新的关系。

其实，如果从心理学独立的意义上说，心理学与其他学科的分离是非常正常的。心理学建立自己的学科边界，划定自己的研究范围，定位自己的对象内容，这都是一个独立的学科门类所必须的发展历程和进步道路。但是，分离与排斥是有着根本的区别的。所谓的分离是指独立或自立的进程或过程，所谓的心理学与其他学科门类的分离，是指心理学能够成为独立的学科门类，能够有独立自主的研究。但是，排斥则完全不同。所谓的排斥是指割裂和拒绝的进程或过程。所谓的心理学对其他学科门类的排斥，是指心理学关闭了与其他相关的学科进行沟通的门户，割断了自己与丰富的学科发展资源的关联。那么，心理学的研究就成为孤芳自赏。

例如，独立之后的心理学曾经有过对哲学研究的排斥。在心理学成为独立的学科门类之前，心理学曾经就从属于哲学。这就是所谓的哲学心理学的探索。心理学成为独立的学科门类之后，是以实证科学或实验科学自居的。那么，在心理学成为独立的学科门类之后，心理学与哲学曾经有过很长一段时期的彼此的分离和相互的排斥。对于心理学学科来说，为了维护自己的独立学科的地位，它在相当长的时间里极力排斥哲学，把自己与哲学严格地区分开来，否定自己与哲学有任何的关联。甚至在当今的心理学发展中，仍然有许多的心理学家持有这样的态度。这甚至成了心理学家对哲学研究的一种病态的反应和一种病态的排斥。其实，这实际上是心理学家忽略了，哲学的反思就是心理学明确自身研究的理论前提的十分必要的学术研究和学术历程。[1] 实际上，理论心理学的研究就包含着哲学反思的层面。[2]

----

[1] 葛鲁嘉、陈若莉：《论心理学哲学的探索——心理科学走向成熟的标志》，《自然辩证法研究》1999 年第 8 期，第 33—38 页；孟维杰：《关联与互动：20 世纪的科学心理学与分析哲学》，《心理学探新》2007 年第 3 期，第 7—10 页。

[2] 葛鲁嘉：《理论心理学研究的理论功能》，《山西师大学报》（社会科学版）2005 年第 4 期，第 1—5 页。

那么，心理学对其他相关学科的排斥可以体现在拒绝吸取其他学科所提供的理论借鉴，这包括必要的理论框架、理论概念、理论建构、理论学说。心理学对其他相关学科的排斥可以体现在拒绝借鉴其他学科所运用的研究方式和研究方法，这包括具体的研究方法和数理方法。心理学对其他相关学科的排斥还可以体现在拒绝采纳其他学科所行之有效的应用技术和应用手段。这种排斥的关系，不仅使心理学的研究视野受到了极大限制，而且使心理学的研究内容、心理学的研究方式、心理学的应用途径都受到了极大制约。心理学的研究范围和研究深度都变得更窄和更浅了。所以，对于心理学的发展来说，最为重要的是怎样使心理学的研究从对其他学科的排斥，转向与其他学科的合作。

四 合作的关系

其实，由于心理学本身的研究对象的独特的性质，心理学学科是跨学科或多学科合作的研究领域。在心理学中有着大量的分支学科，与众多的学科领域都有着交叉的关系，都有着共同关注和彼此交叉的研究领域。在心理学的众多不同分支学科和研究取向的研究中，有的分支或取向侧重的是与自然科学分支的关联上，有的分支或取向侧重的是与人文学科分支的关联上，而有的分支或取向则侧重的是与社会科学分支的关联上。所以，现代科学心理学在自身的发展历程中，既有着自然科学的传统，也有着社会科学的传统，也有着人文科学的传统。[1] 并且，心理学与一系列重要的自然科学、社会科学和人文科学的不同学科分支的研究领域，实际上都形成了特定的联系和关系。[2] 此外，心理学与其他学科的合作也体现在与横断科学的密切联系中。在现代科学的发展进程中，所谓的横断科学是在概括和综合多门学科的基础上形成的一类科学，是从众多学科的研究对象中

---

[1] 孟维杰：《现代心理学自然科学品性探析》，《南京师大学报》（社会科学版）2007 年第5 期，第 86—90 页；韩忠太、张秀芬：《学科互动：心理学与文化人类学》，《云南社会科学》2002 年第 3 期，第 60—65 页。

[2] 孟维杰：《现代心理学自然科学品性探析》，《南京师大学报》（社会科学版）2007 年第5 期，第 86—90 页；郭永玉：《论物理学作为心理学的榜样》，《教育研究与实验》2002 年第 4期，第 41—43 页；郑剑虹：《历史学与心理学的结合》，《社会科学》1997 年第 5 期，第 68—71页；徐冰：《心理学与社会学之间的诠释学进路》，《中国农业大学学报》（社会科学版）2007 年第 3 期，第 167—176 页。

抽出某一特定的共同方面作为研究的内容，其研究横贯多个甚至一切领域，对具体学科往往能起到方法论的作用。信息论、控制论和系统论就是传统的横断科学。耗散结构理论、协同论和突变论则是新兴的横断科学。无论是旧三论还是新三论，都与心理学的研究有着密切的联系。心理学与之形成的是合作的关系。

信息论的研究涉及信息的接收、编码、变换、存储和传送。受信息论的启发，一些心理学家也开始把人看做是接收、加工和传送信息的装置。信息加工的认知心理学是以信息加工作为理论框架，把人的认知看做是信息加工的系统。所以，认知心理学也被称之为信息加工心理学。正是运用信息加工的观点，认知心理学试图揭示人的内在心理机制，将其看做是信息的获取、储存、复制、改变、提取、运用和传递等的加工过程。认知心理学的研究涉及人的感知、注意、记忆、心象、思维、语言等。人的认知作为信息加工的系统，能够通过认知来表征现实世界或外部对象，能够通过认知的操作和计算来变换其所表征的现实世界或外部对象。心理的表征和计算是所有认知活动或智能活动的基础。认知心理学的研究目的就在于揭示和说明心理的表征和计算。人的心灵或人的认知无论在结构上还是在资源上都是有限的。心灵作为信息加工系统依赖于神经基础，但却不必归结于神经系统。因此，同样的信息加工过程可以在物理系统或生物系统等完全不同的基础上实现出来。脑科学的研究、认知神经科学的研究都为心理学研究的深入提供了必要的前提和基础。[①]

控制论涉及调节、操纵、管理、指挥、监督等方面。控制论研究一切控制系统（包括生命系统、社会系统）的信息传输和信息处理的特点和规律，研究用不同的控制方式达到不同的控制目的。心理控制论是运用控制论的原理和方法研究人的心理的科学，是心理学与控制论相互渗透而形成的学科。这是 20 世纪 70 年代以来形成的学科。心理控制论认为，人总是居于一定的系统之中，成为一定系统中的子系统，并与其他子系统构成一定的控制关系。人的行为是在人的心理支配下进行的，但人的行为并不

---

① 商卫星：《脑科学与心理学研究》，《医学与哲学》（人文社会医学版）2007 年第 1 期，第 5—10 页；汪云九、杨玉芳等：《意识与大脑——多学科研究及其意义》，人民出版社 2003 年版；郭本禹：《当代心理学的新进展》，山东教育出版社 2003 年版，第 359—382 页。

是天然地适应于一定系统的功能要求，需要加以调整和控制。一般地说，心理控制论包括如下基本研究内容：同系统相适应的人的心理状态（认同性、积极性、相容性、适应性）和系统中人的心理控制（指令控制、诱导控制、威胁控制、监督控制、自我控制等）。心理控制论的诞生，为传统的心理学研究提供了新的途径和方法，而且在人的各种活动领域中都有重要的实际意义。

系统论的研究表明，系统是由若干要素以一定结构形式联结构成的具有某种功能的有机整体，包括要素、结构、功能。整体性、关联性、时序性、等级结构性、动态平衡性是系统共同的基本特征，其核心思想是整体观念，系统不是各个部分的机械组合或简单相加，系统的整体功能是各要素在孤立状态下没有的新质（整体大于部分之和）。研究系统的目的在于调整系统结构，协调各要素关系，使系统更加优化。前苏联的心理学家洛莫夫认为，从系统理论来看，人处于物理系统、生物系统、社会系统的交叉点上。物理系统是人的自然属性的基础；生物系统是人的生物属性的基础；社会系统是人的社会属性的基础。人的心理是一个多层次、多水平、多维度的复杂系统。

耗散结构论的观点认为，一个处于非平衡态的开放系统，通过不断地从外界环境中获取物质和能量而带进"负熵流"，可以从原来无序状态转变为有序状态，使系统形成具有某种功能的新的层次结构，这种非平衡态下的有序结构就叫做耗散结构。一个开放型的耗散结构系统（如人体系统、经济系统等）从外界环境吸收物质和能量而带进"负熵流"的功能特性称为系统的耗散性。耗散结构论是关于系统自组织的理论，自组织就是进化。耗散结构论认为，生物体是非平衡有序的结构系统，系统的形成和延续只能在系统不断与环境进行物质、能量、信息交换的条件下进行。普利高津认为，非平衡有序结构的特点是，一方面是有序，另一方面是耗散，系统是在物质和能量的不断耗散中形成和维持。人的心理也是一个自组织的有序系统，心理发展和心理活动要通过不断同外界环境进行物质、能量和信息的交换实现。目前，耗散结构论也影响到了现代心理学。[1] 例

---

[1]　李仲涟：《耗散结构论与心理学》，《湖南师范大学社会科学学报》1989 年第 5 期，第 36—41 页。

如，皮亚杰的发生认识论、列昂节夫的活动理论、费斯廷格的认知不协调理论，斯腾伯格的智力三元理论等，其基本精神都与耗散结构论一致。

协同论是应用广泛的现代系统理论，它在自然科学与社会科学之间架起了一座桥梁。协同论认为，一个系统从无序向有序转化不在于是否处于平衡状态，也不在于偏离平衡有多远，而在于开放系统内各子系统之间的非线性相干作用。这种相干作用将引起物质、能量等资源在各部分的重新搭配，即产生涨落现象，从而改变系统的内部结构及各要素间的相互依存关系。一个由大量子系统组成的复杂系统，在一定条件下，其子系统之间通过非线性相干作用就能产生协同现象和相干效应，该系统在宏观上就能形成具有一定功能的自组织结构，出现新的时空有序状态。协同学是关于系统内部复杂自组织行为的理论。"协同"是形成自组织结构的内在根据。协同学的原理符合人的心理系统的特性。心理系统虽然受环境影响，与环境相互作用，但决定心理系统发展和变化的还是心理系统自身的变量。

突变论涉及不连续的现象。突变论研究的过程本身是连续的，但连续的原因造成了不连续的结果，这种现象称为突变。突变论力图揭示造成这种不连续性的一般机制。突变的本质是系统从一种稳定状态经过失稳向另一种稳定状态的跃迁，是自然界和生物界进化的内在动力之一。自然界中有许多与不连续性有关的现象。这种不连续性既可以体现在时间上，如细胞分裂；也可以体现在空间上，如物体的边界或两种生物组织之间的界面。这种不连续性使人们在用连续性的数学方法处理问题时面临巨大数量的状态变量的难题，而突变理论却可解决这一难题。当处理复杂系统时，只要观察到某些突变特征，就可选择合适的状态变量和控制变量并用突变模型来拟合观察结果。突变论既可运用于自然科学，也可运用于心理科学。例如，在研究攻击行为、决策心理、心理顿悟方面，突变理论都显现出了自己的优势。

当代的科学发展，又有相变论、混沌论与超循环论等所谓新新三论的出现。新的研究进展带来了新的学科的探索，也带来了对心理学研究的新的研究启示。心理学可以从中获得新的思想、新的方法和新的技术。相变论主要研究平衡结构的形成与演化，混沌论主要研究确定性系统的内在随机性，超循环论主要是研究在生命系统演化行为基础上的自组织理论。当然，新新三论对心理学研究所具有的价值和意义，或者说心理学与新新三论的可以形成的关系，还值得进一步地考察和探讨。[①]

五　共生的关系

20 世纪 90 年代初期，在认知科学的研究中，出现了一种新的研究取向。新取向的倡导者将其称之为共生的研究取向（enactive approach），并认为这一取向超越了认知主义和联结主义，是其连贯的发展。瓦雷拉（F. J. Varela）等人于 1991 年出版的专著《具体化的心灵——认知科学与人类经验》，可以看做是共生主义研究取向的一部代表作。[②] 认知主义的隐喻是计算机，联结主义的隐喻是神经系统，而共生主义的隐喻是人的生活经验。共生观点强调，认知并不是先定的心灵对先定的世界的表征，而是在人所从事的各种活动历史的基础之上，心灵和世界的共同生成。立足于共生的观点，瓦雷拉等人认为，尽管近年来对心灵的科学研究进展很快，但却很少从日常的生活经验来理解人的认知。这导致的是脱离日常生活经验的科学抽象，结果使心灵科学落入客观主义和主观主义的巢穴。实际上，这也即是把心灵与作为对象的世界分离开了，假定了内在心灵的基础和外在世界的基础。所以，也可称此为基础主义。如果把认知主义、联结主义、共生主义看做认知心理学或认知科学的三个连续的阶段，那么基础主义随着上述理论框架的变化而逐渐地衰退和崩解了。

认知心理学乃至认知科学要采取共生的研究取向，就必须包容人类的经验。瓦雷拉等人认为，佛教对心灵觉悟的探索和实践是对人的直接经验的极为深入的分析和考察，它不仅强调人的无我的心灵状态，而且强调空有的世界。因此，有必要在科学中的心灵和经验中的心灵之间建立一座桥梁，在西方的认知科学和东方的佛教心理学之间进行对话。这有助于克服西方思想中占优势的主客分离和基础主义的观点。瓦雷拉等人将引入佛学传统看做是西方文化历史中的第二次文艺复兴。总之，可以看到，认知心

---

① 李薇、徐联仓：《混沌现象及其在生理心理系统中的意义》（一），《心理学报》1987 年第 3 期，第 307—311 页；李薇、徐联仓：《混沌现象及其在生理心理系统中的意义》（二），《心理学报》1987 年第 4 期，第 394—398 页。

② Varela, F. J., Thompson, E., & Rosch, E. *The Embodied Mind: Cognitive Science and Human Experience.* Cambridge MA: The MIT Press. 1991.

理学的研究范式的演化正在从一开始立足于抽象的、人为的认知系统，转向立足于生动的、具体的人的心灵活动。

生态的核心含义就是指共生。所谓的共生不仅是指共同生存或共同依赖的生存，而且是指共同发展或共同促进的发展。其实，生态学的含义不仅仅是指生物学意义上的，而且包含着文化学、社会学和心理学的意义。当然，生态学的含义在一开始的时候，更多的是在生物学意义上的理解。只是随着生态学的进步和发展，其意义才开始扩展到其他学科领域，才开始进入到人类生活的各个方面。其实，正因为有了生态的含义，才使得科学的研究和思考有了更为宽广的域界。

生态学的出现不仅仅是一个新的学科的诞生，而且是一种新的思考方式的形成。这种思考方式是突破了传统的分离的、孤立的、隔绝的思考，而是建立了联结的、共生的、和谐的思考。这种思考方式不仅仅是带来了对事物的理解上的变化，而且带来了研究者的眼界和胸怀的扩展。

其实，生态学的方法论提供的是整体观、系统观、综合观、层次观、进化观、同生观、共生观、互惠观、普惠观等一些重要的思路、思想、思考。这可以改变原有心理学研究中盛行的思想方法和研究方式。整体观是通过整体来理解部分，或者是把部分放到整体中加以理解。系统观是把系统的整体特性放在优先的位置上。综合观是相对于分析观而言的，是把构成的部分或组成部分统合或统筹地加以理解。层次观是把构成的部分看做是或者分解成不同水平的、不同层次的、不同阶梯的、不同构成的存在。进化观是从发展的方面、接续发展的方面、上升发展的方面、复杂化发展的方面、多样化发展的方面，等等，去理解事物的进程、进展、优化和优胜。同生观是把生命或生物的生长和发展看做是相互支撑的、互为条件的、互为因果的、互为前提的。共生观是把发展看做是彼此促进的、是协同发展的、是共同生长的。互惠观是把自身的发展看做是对他方发展的促进，同时又反过来促进自身的发展和进步。普惠观则是把个体成员的成长和发展看做是对整体的不可或缺的条件，在一个整体中，个体的变化和发展都是具有整体效应的。

共生论和生态学都给理解心理学与其他学科的关系提供了重要的方法论。那么，心理学与其他学科的关系就是共生的关系。心理学与其他学科的研究都可以放置在生态学的框架之中。

第六节　心理资源

心理学学科的发展是有自己的社会文化土壤的。或者说，心理学有着自己的社会文化资源。这就是所谓的心理资源，既是人的心理生活的资源，也是心理学学科的资源。那么，心理学的发展就面临着如何理解、看待、保护、挖掘、提取、转用自己的资源。心理学的发展不应该抛弃自己的文化历史传统，而应该将其当作自己可以借用的文化历史资源，从而扩大自己的视野，挖掘自己的潜能，丰富自己的研究，完善自己的功能。

心理资源的概念与心理学资源的概念是有着特定的联系和区别的。或者说，在特定的含义上，这两个概念是可以相互通用的。心理资源的概念有时是指人的心理可以借用的生理和心理条件。但是，在此的心理资源是指心理学资源，也就是心理学的文化历史传统。心理学有一个长期的过去，但只有一个短暂的历史。这句话的含义在于，心理学作为非科学的形态有数千年漫长的演变，但心理学作为科学的形态则只有一百多年短暂的发展。或者说，现代的科学心理学只有很短的一百多年的历史。但是，作为心理学的探索却有着十分久远的过去。通常人们认为，心理学的发展只是一个连续的更替关系，现代的科学心理学淘汰和取代了原有的传统形态的心理学。但实际情况并非如此。科学心理学诞生之后，其他不同形态的心理学仍然与之并存着，仍然各自发挥着自己的作用。过去人们还认为，历史上只有哲学的心理学和科学的心理学。科学心理学从哲学的母体中诞生之后，就取代了哲学心理学，成为唯一合理的心理学。其实，历史上出现过的心理学有着许多种形态。这些不同形态的心理学并没有随着现代科学心理学的出现而消亡。它们依然存在于现实生活当中和学术研究之中，并在不同的生活领域和思想领域中发挥着重要的作用。也就是说，实际存在有多种形态的心理学。归结起来，可以说有六种不同形态的心理学。或者说，在人类文化史的角度，共出现过或出现了六种不同形态的心理学。这就是常识的心理学、哲学的心理学、宗教的心理学、类同的心理学、科学的心理学、资源的心理学。解读这些不同形态的心理学，考察不同形态心理学之间的关系，对当代心理学的发展有着至关重要的作用。

心理资源的概念有着特定的内涵，也有着不同的界定。人的心理或人的心理生活是生成性的，或者说是创造性的。在生成与创造的过程中，是需要特定的资源的。所谓的心理资源就是指人的心理或人的心理生活的建构的基础，生成的养分，拓展的依据。人的物质生活需要自然的资源，而人的心理生活需要文化的资源、社会的资源、历史的资源、现实的资源。心理学的探索也有着自己的文化历史的基础，这成为一种学术的积累和积淀。这也是心理学学科发展的文化历史资源，也可以称之为心理资源。人的心理行为可以从心理学探索中获得资源，心理学探索可以从文化历史中获得资源。

所谓的心理资源可以具有一些十分重要的特征和特点。这些特征和特点可以表明心理资源的存在方式和存在形态。

心理学拥有文化历史资源。学科的生成、发展、进步、拓展等等，都需要文化历史的资源。心理学的生成、发展和进步也同样如此。心理学的发展和心理学的研究都与文化有着十分密切的关系。所谓心理学与文化的关系是指心理学在自身的研究、发展和演变的过程中，与文化背景、文化历史、文化根基、文化条件、文化现实，等等，所产生的关联。心理学与文化的关系有着特定的内涵。心理学与文化的关系也经历了历史的演变。经历了文化剥离、文化转向、文化回归、文化定位。心理学与文化的关系性质涉及文化心理学、跨文化心理学、本土心理学、后现代心理学。心理学与文化的关系界定涉及心理学的单一文化背景和心理学的多元文化发展。心理学与文化的关系意义涉及心理学的新视野、新领域、新理论、新方法、新技术、新发展。

心理学拥有现实学科资源。心理学在成为独立的学科门类前后，与其他的学科一直有着特定的关系。这种关系决定了心理学的发展和演变。但是，对心理学与相关学科的关系尚缺乏系统和深入的探索。心理学与相关学科的关系经历了历史的演变，从心理学依附于其他学科的发展，到心理学排斥其他学科来保证自己的学术的独立性，到心理学开始寻求与其他学科的合作的关系，到心理学与其他学科应该建立共生的关系。这标志着心理学学科的成熟，也标志着心理学开始容纳所有学术的资源。这意味着心理学不仅借助于其他学科的发展，而且也意味着心理学可以为其他学科的发展提供可以借用的资源。从不同学科的学术独立到不同学科的学术共生，这是一个新旧时代的重大的学术转换。

探讨心理学与其他相关学科的关系，是涉及心理学的演变和发展的重大问题。心理学与其他相关学科的关系，经过了历史的长期演变，也有了当代的重新定位。这会在很大程度上加快推进心理学的发展，也会为其他学科的发展提供学术的资源。心理学与其他相关学科的关系经历了从依附的关系到分离的关系、从排斥的关系到合作的关系、从独生的关系到共生的关系等一系列的转换。

第七节 本土资源

中国本土心理学的发展和演变应该是立足于本土的资源，应该是提取本土的资源，应该是利用本土的资源。在本土文化的基础之上来建构特定的心理学，也是近些年来许多学者努力的方向。在中国本土文化的基础之上来建构中国本土的心理学，这也是当前中国心理学研究者追求的目标。回到中国本土文化之中，挖掘中国本土文化中的心理学资源，这已经成为许多中国心理学研究者的自觉的行动。当然，不同的研究者着眼点也就不同，关注的内容也就不同，思考的方向也就不同。

有学者的研究指出，"心"或"心理"等词语在汉语中有相当长的历史，对这些词语的理解反映了中国人关于"心理"的认识和理解。中文的"心"往往不是指一种身体器官而是指人的思想、意念、情感、性情等，故"心理学"这三个汉字有极大的包容性。任何学科都摆脱不了社会文化的作用，中国心理学亦曾受到意识形态、科学主义和大众常识等方面的影响。近年中国学者对心理学自身的问题进行了反思。从某种意义上说，中国人对"心理"和"心理学"的理解或许有助于心理学的整合，并与其他国家的心理学一道发展出真正的人类心理学。[1]

其实，中国的文化传统中，有自己的独特的心理学传统。这也是相对独立的和自成系统的心理学探索。在中国的心理学传统中，也有着特定的和大量的心理学术语。当然，最为重要的是提供对本土的心理学概念的考

---

① 钟年：《中文语境下的"心理"和"心理学"》，《心理学报》2008年第6期，第748—756页。

察和分析，并能够从中找到核心的内涵和价值。[①]

有研究者考察了中国文化与心理学，在他们看来，"东—西方心理学"作为心理学的一个术语，那么它的基本内涵是要把东方的哲学与心理学思想传统，包括中国的儒学、道家、禅宗以及印度佛教和印度哲学、伊斯兰的宗教与哲学思想、日本的神道和禅宗等，与西方的心理学理论及实践结合起来。由于"东—西方心理学"这一概念主要是西方心理学家们提出来的，所以，它所强调的是对东方思想传统的学习与理解。[②]

中国本土的学者也探讨了《易经》与中国文化心理学，他们认为，中国文化中包含着丰富的心理学思想和独特的心理学体系，那么这种中国文化的心理学意义，也自然会透过《易经》来传达其内涵。他们在"《易经》与中国文化心理学"一文中，以《易经》为基础，分"易经中的心字"，"易传中的心意"和"易象中的心理"等几个方面阐述了《易经》中所包含的"中国文化心理学"。同时，他们也比较与分析了《易经》对西方心理学思想所产生的影响，尤其是《易经》与分析心理学所建立的关系。例如，汉字"心"的心理学意义可以是在心身、心理和心灵三种不同的层次上，表述不同的心理学的意义，但以"心"为整体，却又包容着一种整体性的心理学思想体系。比如，在汉字或汉语中，思维、情感和意志，都是以心为主体，同时也都包含着"心"的整合性意义。这也正如"思"字的象征，既包容了心与脑，也包容了意识和潜意识。[③]

应该说，中国文化、中国哲学、中国传统中的心理学是非常值得挖掘的。当然，这不仅仅是文化、哲学和传统中的心理学思想和心理学古董，而且也是特定的心理学形态和心理学资源。问题的关键在于找寻中国本土心理学的核心理论。这就是心性学说，这就是心性心理学。而在此基础之上的发展就是中国心理学的当代创新。

有的研究者曾试图把中国的新儒学看做是中国的人文主义心理学。但

---

① 葛鲁嘉：《中国本土传统心理学术语的新解释和新用途》，《山东师范大学学报》（人文社会科学版）2004 年第 3 期，第 3—8 页。

② 高岚、申荷永：《中国文化与心理学》，《学术研究》2008 年第 8 期，第 36—41 页。

③ 申荷永、高岚：《〈易经〉与中国文化心理学》，《心理学报》2000 年第 3 期，第 348—352 页。

是，这种研究仍然没有很好地说明西方的人本主义心理学与中国的人本主义心理学的联系和区别。在该研究者看来，与西方心理学以科学主义为主体的"由下至上"的研究思路不同，中国传统心理学探究走的是"由上至下"的研究路线，即从心理及精神层面最高端入手，强调心理的道德与理性层面，故其实质是人文主义的。现代新儒学作为人文主义心理学研究典范，具有心理学研究"另一种声音"的独特价值与意义。现代新儒学研究背景及思路的展开，呈现出以传统心理学思想为深厚根基的中国近代心理学的独特个性与自信。这是现代新儒学对中国心理学的最大贡献。中国心理学发展由于其特殊的历史条件，在进入近代时期开始明显地区分为两条路线：一条是直接从西方引进的科学主义心理学，如果说这一路线是外铄的结果，那么另一条则是自生的人文主义心理学。近代时期不仅是中国科学心理学的确立与形成期，更是中国人文主义心理学在与外来文化的对撞、并融中，对自身特质的首次自觉、反省与确证，而现代新儒学无疑是担当这一重任的主角。西方心理学中的科学主义和人文主义主要是源自心理学学科的双重属性，且人文主义更多是科学主义的附属与补充。中国近代心理学的科学主义和人文主义，从根本上来看，则是由本土文化繁衍的人文主义对自西方外铄而来的科学主义的抗衡，相比于西方人文主义的阶段性与工具性，本土人文主义具有更多的主动性与自觉性。作为中国思想文化组成之一的中国心理学，将以其独步样式影响并带动西方心理学共同实现人性的真实回归也并非奢望。而这也是现代新儒学之于中国心理学的最大贡献所在。[①]

儒学也好，新儒学也好，其最大的心理学贡献应该是儒学的心性学说，是儒学的心性心理学。科学主义和人文主义的分离、分裂和分立是西方文化传统的特产。在中国的文化传统中，原本就没有这样的分离、分裂和分立。中国本土的文化传统强调的是统一或一统。那么，中国本土心理学传统最为根本的就是中国本土的心性心理学，或者说从中国儒家的心性心理学传统，可以提取、发展和创新的是心道一体或心性统一的心理学。所以，没有必要按照西方的方式来开发中国本土的心理学。

---

① 彭彦琴：《另一种声音：现代新儒学与中国人文主义心理学》，《心理学报》2007 年第 4 期，第 754—760 页。

第二章

心理资源论析

心理学的研究是考察人的心理行为。但是，无论是关于人的心理行为，还是关于心理学的研究，或者说，无论是心理学对人的心理行为的研究，还是心理学对学科自身的研究，都需要挖掘和提取自己的或自身的资源。这就是关于心理资源的考察。心理学的研究关注过自己的研究方式和研究方法，关注过自己的理论建构和理论发展，关注过自己的技术工具和应用途径。但是，心理学研究者却很少关注过自己的文化资源、历史资源、学术资源、学科资源、理论资源，等等。对心理资源的关注，对心理资源的考察，对心理资源的研究，可以极大地促进心理学的发展。

第一节 心理资源考察

在心理学的研究中，关于心理资源的考察应该成为重要的内容，应该引起心理学研究者的高度的重视。当然，如何考察心理资源，是首先要确定的问题。关于心理资源的考察涉及考察视角、考察的学科、考察的内容、考察的方式和考察的结果。这是关系到心理资源研究的方法论的问题。

一 考察的视角

对心理资源的考察涉及研究者考察的视角问题。所谓考察的视角是指研究者的研究的立场、研究的根基、研究的出发点、研究的立足点。对于心理资源，不同的研究者可以有自己不同的看待和理解问题的出发点和立足点，也可以有自己的揭示、解释和解决问题的着眼点和着重点。其实，包括否认、忽视和歪曲心理资源的存在，也是对待或看待心理资源的一种特定的视角。考察的视角决定了研究者所获取的关于心理资源的内涵、内容。那么，眼界的不同、视阈的不同，都决定着研究者所捕捉到的和所提取出的心理资源的差异。

对心理资源的考察，决定研究者的考察视角的是研究者的研究立场。不同的研究立场也就会决定研究者的不同的研究视角。其实，在心理学的研究中，并不存在绝对中立的研究立场。任何研究者都有自己的独立的和独特的研究出发点。所谓的研究立场的差异，体现为研究者侧重的是不同的研究内容，获取的是不同的历史资源，发展的是不同的研究思路，得到的是不同的研究结果。

关于心理资源的考察视角可以有历史主义的考察视角、现实主义的考察视角和未来主义的考察视角；也可以有哲学的考察视角、历史学的考察视角、社会学的考察视角、文化学的考察视角；也可以有心理学史的考察视角、理论心理学的考察视角、普通心理学的考察视角、文化心理学的考察视角，等等。

有历史主义的考察视角。这是把心理资源看做是文化的发展演变和心理学研究的历史进程所积累起来的，是历史的过程，也是历史的事实。那么，所谓的心理资源就是历史的或传统的资源。这是研究者从历史过程或进程中去追踪历史资源的形成、积累和改变。而且，所谓的研究的结果也就不过是复原心理资源形成和演变的历史过程。其实，心理学史的研究就是从历史起源和历史发展的角度去理解心理学的学科。当然，对心理学历史发展和演变的追踪可以依据于不同的线索。追踪现代科学心理学的发展可以有十个线索：文化线索、国别线索、时间线索、组织线索、人物线索、事件线索、器物线索、思想线索、学说线索和学科线索。这是理解和把握现代科学心理学产生、演变和发展的十分重要内容。[①]

有现实主义的考察视角。这是把心理资源看做是心理学研究的现实的基础，是现实的存在，是现实的形态。有现实的意义，也有现实的表达。那么，心理学对心理资源的考察就是以现实的方面来考虑的。心理学发展

---

① 葛鲁嘉：《追踪现代科学心理学发展的十个线索》，《心理科学》2004 年第 1 期，第 159—160 页。

的从历史到现实和从现实到未来的历程，其实都是在现实的基础之上。对于现实主义来说，历史主义是复古的考察，是用古代的或过时的内容来炫耀过去。未来主义则是虚无的考察，是用尚不存在的和仅具可能的内容来约束现在。

有未来主义的考察视角。这是从未来的心理学发展和心理学形态来考察和研究心理资源。这也就是把心理资源看做是心理学未来发展的新的延续、新的形式、新的用途。把未来的需要、未来的演变、未来的命运，都确立为是获取、提取、解析、解释、转换、转用的出发点和立足点。对于未来主义的考察视角，历史和现实都是不重要的，都是不稳定的，都是不确切的。只有从未来出发的，才有可能真正理解和把握心理学的传统资源。

二　考察的学科

对心理资源的考察还涉及考察的学科问题。这说明心理资源可以是多学科交叉和交汇的焦点。心理资源的存在是文化的存在，也是社会的存在，也是历史的存在，也是生活的存在，也是人性的存在。这就给不同的学科分支提供了研究的内容。而且，由于不同的学科有不同的研究领域和研究方式，因此不同的学科就会有对心理资源的不同的揭示和解释的侧重。例如，哲学对心理资源的考察，社会学对心理资源的考察，人类学对心理资源的考察，历史学对心理资源的考察，政治学对心理资源的考察，文学对心理资源的考察，文化学对心理资源的考察，心理学对心理资源的考察，等等，都会有十分不同的地方，也会有彼此交叉的地方。

当然，如果从不同学科来看，每一个学科都有自己的研究领域，都有自己的侧重内容，都有自己的研究方法，都有自己的技术手段。那么，从不同的学科出发对心理资源的研究和揭示就很有可能得出的是不同的结果。

高新民和刘占峰专门探讨了哲学关于民众心理学的研究，以及所牵涉的当代哲学研究的新问题。在他们看来，"民众心理学"是当代心灵哲学和认知科学争论的热点和焦点。"民众心理学"（folk psychology）原本是心灵哲学中的一个很专门的术语。由于它的出现引发了广泛的哲学问题，因此现已成了英美哲学中使用频率最高的概念之一。在我国，这一术语也不陌生，常被译为"民族心理学"、"民间心理学"、"种族心理学"、"常识心理学"等。

　　与其他理论知识一样，民众心理学也有自己的理论实在，如信念、愿望、意图等命题态度，它也由形式和内容两方面所构成。民众心理学的形式问题是指人们在归属心理概念、解释预言他人行为时所诉诸的心理资源是什么？目前，研究者主要有三种答案：第一种是"理论—理论"（theory-theory），认为民众心理学是一种根据刺激、假设的心理状态与行为的因果关系来解释行为的理论或知识体系，是由一系列存在命题、普遍原则和理论术语所组成。第二种是"模仿论"（simulation），认为人们在解释和预言行为的过程中借助的不是一种理论，而是在运用自己心理资源的基础上对他人行动的模仿，即通过想象"进入"被解释者的情境，设身处地模仿他们的内在过程，从而对他们的行为作出身临其境的解释和预言。第三种是"混合论"。这是一种把"理论—理论"与模仿论结合起来的观点，认为在人们解释和预言行为过程中起作用的民众心理学是理论知识与模仿能力的混合。

　　关于民众心理学的内容，目前占主导地位的是丘奇兰德（P. M. Churchland）的所谓标准的观点。他认为民众心理学是人们关于心理现象的常识概念框架，其核心是命题态度，即关于心理命题的态度。命题态度中最重要、最常见的是信念、愿望和意图。此外，民众心理学还包括这样的内容，如认为信念等存在于心灵之中，信念等的存在由内省所确认，它们是行动的原因等。

　　对民众心理学地位和命运的探讨，是心灵哲学向心灵深处探幽发微以揭示其内在结构、运作过程和机制的重大课题，也是涉及面最广、分歧最大的一个领域。目前关于民众心理学的地位和命运主要有悲观主义、乐观主义和工具主义三种主张。

　　悲观主义的主要表现是取消主义（eliminativism）或者说取消式的唯物主义，其倡导者主要有罗蒂、费耶阿本德、丘奇兰德和斯蒂克（S. Stich）等人。取消主义认为，认知科学可从根本上提供关于人脑或心灵运作的正确说明，无需求助于常识心理状态和概念。大多数心灵哲学理论对民众心理学的地位、命运抱乐观主义态度。它们在意向实在论的基础上肯定了具有语义性质和因果效力的命题态度的实在性，肯定了命题态度的意向性质和因果效力。关于民众心理学的工具主义是介于悲观主义和乐观主义之间的一条中间路线。工具主义原本是实用主义的核心内容，认为思想、概念、术语、理论是人为了某种目的而设计的工具。因此其真理性不在于它们与实际的一致，而在于能有效地充当人们行动的工具。

当代心灵哲学围绕民众心理学的探讨和争论既涉及常识层面的问题，如怎样描述常人的行为解释和预言过程，怎样对这一过程作出阐释，同时又提出了纯学理性、高层次的哲学乃至交叉问题，如人的内在认知结构、心理活动的过程、机制和动力学问题，心理状态的因果性、意向性、语义性及其根源问题，信念等命题态度的模块性、可投射性等。而且它还明确提出了心理世界的结构图景、心理的本质、地位和命运以及心理、物理关系问题。因此，关注和参与有关的讨论具有不可低估的理论和实践意义。

首先，对民众心理学的反思，实质上是对传统心理观之根本和核心的反思。这对于重新认识心理世界的结构、功能，探索和揭示真实、客观的原因论、心理地形学、地貌学、生态学无疑具有重要意义。

其次，对民众心理学的研究有助于认识人、重建人的概念图式。人们常说"人是有意识的存在者"、"人的全部尊严在于思想"，人与动物的根本区别在于人有理性，但这种关于人的概念图式是建立在民众心理学基础之上的。民众心理学所展现的这幅心理图景既涉及心理世界，又涉及心与身、心与外部世界的关系，因此是关于什么是人的一种常识性概括，一幅关于人的概念图式。

最后，对民众心理学的研究孕育着未来哲学变革的契机和动力。从哲学的发展历程看，传统哲学是在民众心理学基础上构建自己的理论体系和概念框架的，如哲学中的同一论、二元论、唯心主义的一元论、功能主义都默认了常识的心理概念图式。马克思主义哲学在其形成和发展过程中也吸取了民众心理学的因素，如认为哲学的基本问题是物质与意识、存在与精神的关系问题；人是有意识的类存在物；意识是人脑的机能；认识是人脑对外界事物的反映，认识要经历从感性认识到理性认识的过程等。很显然，围绕民众心理学的争论直接关系到这些与心理概念有关的哲学问题的命运。例如，如果真如取消主义和工具主义所说，心理或精神状态是虚妄不实的，那么哲学基本问题就是一个假问题，对它的一切研究只是做无用功。[①]

① 高新民、刘占峰：《民众心理学研究与当代哲学的新问题》，《哲学动态》2002 年第 12期，第 7—11 页。

三　考察的内容

对心理资源的考察还涉及考察的内容问题。那么，如何分离和分解心理资源，解释心理资源的基本的性质，确定心理资源的基本的方面，追踪心理资源的演变和发展，说明心理资源的特征和体现，等等，都是考察心理资源的最为基本的内容。其实，心理资源是非常丰富的，有非常丰富的内涵、非常丰富的思想、非常丰富的体现以及非常丰富的积累。

任何的一种心理学的形态都可以作为心理资源。那么，不同形态的心理学都有自己存在和发展的多样化的体现。

常识的心理学是心理学的第一种形态。常识心理学也常被称之为民俗心理学、素朴心理学等。这是普通人在日常生活中创建的心理学，是存在于普通人生活经验中的心理学。常识心理学有两个存在水平。一是个体化的存在水平，是个体在自己的生活经历和经验中获得的，是个人对心理行为独特的认识和理解。二是社会化的存在水平，是不同个体在交往和互动的过程中共同形成的和具有的，个体可以在社会化的过程中接受和掌握隐含于社会文化之中的心理常识。常识心理学既是普通人心灵活动的指南，也是普通人理解心灵的指南。常识心理学是科学心理学发展的文化资源。

哲学的心理学是心理学的第二种形态。在科学心理学诞生之前，心理学就寄生在哲学之中，是哲学的一个探索的领域。哲学的心理学的最重要的研究方式是思辨和猜测。正是通过思辨和猜测，哲学的心理学探索了人类心理行为几乎所有重要的方面。当心理学成为独立的学科门类之后，哲学的心理学在哲学研究中成为心灵哲学的研究。但是，心理学哲学的研究则仍然在考察心理学研究中关于对象、关于方法和关于技术的理论前提或前提假设。

宗教的心理学是心理学的第三种形态。宗教心理学可以有两种不同的含义。一是科学的含义或是科学传统中的宗教心理学，是科学家运用科学方法对宗教心理的研究。这是科学心理学的一个分支。二是宗教的含义或是宗教传统中的宗教心理学，是宗教家按照宗教的方式对人的心理行为的说明、解释和干预。后者既是宗教活动提供的传统文化资源，同时也是现代科学心理学的传统历史资源。宗教中的心理学提供了关于人的信仰心理方面的重要的阐释，以及干预人的心理皈依的重要的方式。这为科学心理学的发展和进步提供了非常丰富和重要的心理学思想理论、心理学研究方法、心理学干预技术。心理学的创新就必须提取宗教的心理学中的资源。

类同的心理学是心理学的第四种形态。这是在与科学心理学相类同或相类似的其他科学分支中的心理学思想、心理学理论、心理学方法、心理学技术。在与心理学相类同的科学分支或科学学科当中，也有关于人类心理行为的相关研究和相关成果。这些研究和成果也在特定的角度、特定的方面或特定的层次揭示和阐释了人类的心理行为，并为心理科学的诞生和发展提供了不可忽视的内容、十分重要的方法和实用便利的技术。

科学的心理学是心理学的第五种形态。该形态从诞生起，就有物理主义和人本主义、实证论和现象学两种不同研究取向，就一直处于四分五裂的状态，统一是其一直不懈的努力。该形态有基础研究和应用研究的分类，也有理论、方法和技术的分类，关键是心理学研究类别的顺序。该形态的研究方式和方法有实验和内省的地位和作用之争。该形态从诞生就有科学化的问题，科学化的延伸是本土化的问题。

资源的心理学是心理学的第六种形态。心理学的未来发展应该是把自己建设成为资源合理开发和有效利用的新型学科门类。心理学的未来形态就是资源形态的心理学。这可以称之为心理学的第六种形态，是立足于心理资源的开发和利用的心理学。所谓的心理资源是指可以生成和促进心理学发展的基础条件。如心理学的成长要有自己植根的社会文化土壤。这就是心理学的社会文化资源。心理资源既可以成为心理生活的资源，也可以成为心理科学的资源。心理学面临着如何理解、看待、保护、挖掘、提取、转用资源的问题。心理学的发展不应该抛弃自己的文化历史传统，而应该将其当作可以借用的文化历史资源，从而扩大自己的视野，挖掘自己的潜能，丰富自己的研究，完善自己的功能。

四　考察的方式

对心理资源的考察还涉及考察的方式问题。如何定位、如何分析、如何揭示、如何解释、如何说明、如何借用心理资源，这都可以有不同的方式。这可以是哲学反思的方式，考察关于心理资源的思想理论中体现的思想前提和理论设定。这也可以是实证研究的方式，通过实证科学的手段来定性和定量地分析和考察心理资源的存在和变化。这也可以是发展研究的方式，通过历史和未来的定位和定向来揭示和解释心理资源的演变和演化。

哲学的反思是对心理资源能够作为人的心理行为的存在基础的反思，也是对心理资源能够作为心理学探索的立足基础的考察。其实，哲学的探索或哲学的研究体现在了关于常识的心理学、哲学的心理学、宗教的心理学、类同的心理学、科学的心理学和资源的心理学作为思想资源、作为理论资源、作为文化资源的考察中。

心理学的研究可以通过实证研究的方式来考察具体的心理学形态在个体的或群体的现实生活中的具体体现。从而，心理学可以描述、揭示和解释特定的心理学资源在个体或群体的心理行为方面的表达。例如，常识心理学是普通人理解自己和他人的心理行为的重要的日常心理学学说。那么，常人在自己的生活中是怎样获得常识心理学的，是怎样运用常识心理学来解说自己的和他人的心理行为的，常识心理学对常人的心理行为会有什么样的影响和作用，常人在自己的生活中是如何构造和改变自己所拥有的常识心理学的，这都可以成为心理学研究的对象内容。

在心理学的研究中，心理学史的考察方式是特定的。但是，如果是对心理学资源的考察，其考察的方式就应该有所推进。当然，了解关于心理学史研究的考察方式，对了解关于心理资源的考察方式是有重要的借鉴的。心理学史的研究是把心理学的资源看做是心理学的历史遗产。心理学史也有自己的研究方式和方法的问题。这在研究中被称之为史论，如西方心理学史论和中国心理学史论。这方面的研究以高觉敷主编的著作和杨鑫辉发表的论文为代表。在高觉敷主编的著作中，涉及西方心理学史研究的方法论、西方心理学史的历史编纂学和西方心理学史的专题研究。在西方心理学史研究的方法论中探讨的是实证主义、现象学、释义学和科学哲学与心理学研究的关系。在西方心理学史的历史编纂学中则探讨的是时代说与伟人说、厚古说与厚今说、内在说与外在说、量化说与质化说。[①] 在杨鑫辉撰写的论文中，他提出了，中国心理学史论的内容体系由价值论、方法论、范畴论、专题论、体系论、文献论和学史论七个有机部分组成。

---

① 　高觉敷主编：《西方心理学史论》，安徽教育出版社 1995 年版，第 83—121 页。

他在专题论文中讨论了方法论、范畴论和体系论。他提出了"一导多维"的方法论，是指坚持一个指导思想，遵循多维研究原则，采用多种具体研究方法。坚持一个指导思想，就是用唯物的、辩证的、历史的观点作指导来考察历史上的心理学思想。提出中国心理学思想史的基本研究原则，可以通过三个维度去建构：对象维度——以心理实质为主线的原则；框架维度——以现代心理学概念和体系为参照的原则；评价维度——科学历史主义的原则。具体研究方法方面包括归类排比法、史料考证法、纵横比较法、系统分析法、实证检验法、义理诠解法、计量研究法等。①

其实，资源的考察方式要比历史的考察方式更广泛。这不仅仅是对历史的追踪，而且是对现实的考察和对未来的探索。这就决定了关于心理资源的考察应该有独特的方法论。

五　考察的结果

对心理资源的考察还涉及考察的结果。关于心理资源的考察结果可以成为人理解自身存在的重要内容，也可以成为发展关于人的研究的科学学科的重要学术内容。人的心理生活的建构和拓展是需要资源的。每个社会个体在自身的存在和生活中，都有对自身的心理生活的创造和建构，这是需要资源支撑的活动。提供心理资源是丰富人的心理生活，提升人的心理生活的质量所必须的。同样，心理学学科的进步和发展也是需要资源的，心理资源实际上也就是心理学资源。这种资源是心理学学科所必须依赖的基石和基础。

科学心理学诞生和独立之后，许多心理学家就认为，科学心理学已经和必然与其他形态的心理学划清了界线，其他形态的心理学都已经成为了历史的垃圾，只有现代意义上的科学心理学成为唯一合理的心理学。其实，这是一种谬误。各种不同历史形态的心理学不仅有其独特的历史意义和价值，而且有其重要的现实意义和价值。现代科学心理学实际上并不是简单地清除和埋葬了其他历史形态的心理学。相反，那些不同历史形态的心理学实际上成为被埋藏的矿产，它们仍然存在着，仍然演变着，仍然是

---

① 杨鑫辉：《中国心理学史论研究》，《江西师范大学学报》（哲学社会科学版）2001 年第4 期，第18—22 页。

在特定的领域里发挥着各自的作用。只要能够有效地开发和利用这些不同形态的心理学，就会推动和促进科学心理学的发展或飞跃。

心理学是当代最有发展潜力的学科。这不仅在于它有着巨大的社会应用的前景，而且在于它有着深厚的文化历史的资源。但是，当代心理学的发展重视的是它的未来前途和未来前景，而轻视和忽略了它的历史的和文化的资源。这无疑大大限制了心理学的进一步的发展，或者说大大限制了心理学的眼界或视野。其实，科学心理学的独立，并不等于说就是横空出世，独来独往，而是说它仍然是植根于文化和历史的土壤之中。关键的问题在于，科学心理学应该从中吸取什么样的养分，并把这种养分变成自己成长的动力和内容。

在科学心理学之外，其他历史形态的心理学传统对当代心理学发展的实际意义和价值主要体现在如下一些方面：一是提供了某种特定的透视人的心理行为的角度，这为全面和深入地理解人的心理行为带来了可能。任何一种心理学传统都是在特定的方面或特定的层面去理解人的心理，尽管带有片面性，但却具有独特性。这无疑会启发科学心理学的探索。二是提供了解释人的心理行为的独特的概念、理论、思想。这其中有着多样的说明人的心理行为的内涵和意义。这些内涵和意义都是在长期的生活实践中累积和积淀起来的。三是提供了揭示和了解人的心理行为的非常独特的方式和方法。如中国文化中的儒家、道家和佛家都提供了特有的心灵内省的方式和方法。这不仅仅是心灵认识自身的方式和方法，而且也是心灵改变和提升自身的方式和方法。四是提供了影响和干预人的心理行为的技术和手段。任何的一种心理学传统都有其改变或提升人的心灵的技术手段。

从上述来看，科学心理学的发展其实有着非常深厚的文化资源，有着非常丰富的历史积淀，有着非常宽广的学术背景。如果丢弃、放弃、抛弃、舍弃这些文化资源、历史积淀、学术背景，那将是科学心理学发展的一种不幸和一种损失。其实，任何的心理学的创新，包括理论的创新、方法的创新、技术的创新，都不是凭空的飞跃，而应该是广泛地吸收所有可能的营养。这是心理学创新的必由之路。中国心理学不仅是缺少创新，也缺少创新的根基，也缺少对创新根基的认识、理解和把握，也缺少对创新资源的挖掘、提炼和再造。这就是探讨心理学各种历史形态的基本价值和实际意义。①

第二节 心理资源分类

确定了什么是心理资源，就可以进一步确定所谓的心理资源都有哪些种类。怎样区分这些不同种类的心理资源，作为心理资源的心理学的不同形态，特定的心理学形态的内涵和内容，这都是通过心理资源的分类来了解和理解的问题。所谓的心理资源包含着不同形态的心理学，即常识形态的心理学、哲学形态的心理学、宗教形态的心理学、类同形态的心理学、科学形态的心理学、资源形态的心理学。

一　分类的尺度和标准

心理资源是心理学发展中的历史积累、历史沉积、历史积淀。当然，心理资源是多样化的存在，是多元化的形态。问题就在于怎样对心理资源进行分类的考察和探索。这就涉及对心理资源进行分类的尺度和标准。对心理资源类别的区分和界定，是清晰地和明确地认定和提取心理资源的最基本的前提。

不过，心理资源的分类是一个很难确定尺度和标准的任务。到底可以按照什么来区分和界定心理资源，可以把哪些心理学的历史探索或历史传统看做是心理资源，传统资源是以什么方式产生和存在的，等等，这都是对心理资源进行分类的尺度和标准的问题。

可以按照人的生活领域、思想领域、学术领域，等等，来对心理资源进行界定和分类。其实，在不同的生活领域、不同的思想领域、不同的学术领域，产生和延续了不同的心理学历史形态。那么，对心理资源的探索，实际上就可以界定为是对心理学的历史形态的考察和探索。

人的生活、人的日常生活、人的社会生活、人的心理生活，都会积累、积聚、积蓄着重要的心理学资源。在生活中，人对于自己的、自身的、他人的、群体的心理行为，都会有着自己的解说和解释。这种解说和

---

① 葛鲁嘉：《心理学的五种历史形态及其考评》，《吉林师范大学学报》（人文社会科学版）2004 年第 2 期，第 20—23 页。

解释会遵守特定的原则，会运用特定的概念，会形成特定的理论。生活的形态、日常生活的形态，会蕴含着丰富和重要的心理学资源。尽管日常生活并不是学术本身，但是学术探索却可以在日常生活中获取特定的学术性资源。心理学研究、心理学发展，也要面对着日常生活的资源。这种资源的挖掘和获取是心理学发展的非常重要的环节。

无论是在常人的生活中，还是在学者的探索中，都会有思想活动、思想累积、思想传统、思想继承。这就是人的活动的思想领域。任何的思想，包括学术的思想，都是人类的历史财富。思想会以理念或观念的方式构成人类生活和人类社会的支撑。这其中就包含、包括、包容着有关人的心理行为和有关心理学探索的各种思想。思想的领域，心理学思想的领域，都是心理学研究和心理学发展不能够和不应该忽视和忽略的。思想资源、心理学思想资源，还不仅仅就是历史过程、理念的过去，而是发展基础、创新来源、学术积累。

学术活动、学术创造、学术传统都属于学术的领域。心理学也是学术的探索，也有自己的学术传统和学术传承。学术资源、心理学学术资源也是心理学学科进步的重要的学术基础。那么，也可以按照心理学的学术领域来划分心理学资源。在不同的心理学学术探索中，会遗存着重要的学术传统。这不仅仅是历史、这不仅仅是心理学的历史过去，也会是心理学的现实资源，也会预示心理学的未来发展。

实际上，对心理资源进行分类，对心理学的资源进行分类，就是把心理学学科放置在特定的历史、现实和未来的基础之上，进行更系统和更深入的梳理和考察。了解心理学、了解心理学的发展、了解心理学的基础，挖掘和提取心理学的资源是非常重要的学术性工作，也是非常重要的学术性事业。

二　不同的心理学资源

关于心理资源的认定，涉及两个根本的问题。一是有没有心理资源的问题，也就是科学心理学是否是自生和独存的。任保的资源，包括心理资源，如果没有得到开发和利用，那就只能是废物或垃圾。可以肯定的是，心理学拥有着自己的丰富的资源。或者说，存在着特定的和积淀的心理学资源。二是有什么样的心理资源的问题，也就是心理学资源的类别、种类、形态的问题。心理学并不仅仅是单一资源的存在，而应该是具有多元化的或多样化的资源的存在。

心理学资源的多元化和多样化表明，存在着不同的心理学资源。这些不同的心理学资源共同存在着，并行发展着。这些不同的心理学资源又各自有着不同的存在方式、性质特点、作用范围、特定功能。心理学资源的多元化和多样化也表明，心理学的发展不是线性的更替关系，不是后来的心理学发展就必然取代前期的心理学的存在。心理学的发展也不是你死我活的性命相搏的关系，并不是任何的新生都意味着死亡。多元化的并存，多样化的发展，是理解心理资源的核心性的方面。心理资源的多元化和多样化还表明，单一性质的心理学的存在并不意味着心理学的生命力的强盛，反而是意味着心理学的生命力的单薄。

不同的心理学资源可以体现在心理学有着多样化的形态。不同形态的心理学应该被当作是或应该被确立为不同的心理学资源。那么，在心理学历史和发展的相关考察和研究中，已经被打入另册的心理学，已经被确认超越的心理学，就能够以资源的方式或形态，重新获得自己的新生。多种形态的心理学就是不同的心理学资源。在不同形态的心理学中，无论是常识形态的心理学、哲学形态的心理学、宗教形态的心理学、类同形态的心理学、科学形态的心理学、资源形态的心理学，都是自成一类或是自成一体的心理学，也都是自主运作或是自我发展的心理学，也都是相对独立或是相对自足的心理学资源。无论是心理学的概念、理论、思想、方法、工具、技术、手段，不同的心理学形态，不同的心理学资源，都是独具的、独特的、独立的。

当然，资源的不同，或者心理学资源的不同，并不意味着分离或分裂，并不意味着对立或冲突。反而，这意味着心理学资源的丰富性和多样性。纯洁性或单纯性常常会导致隔离性或隔绝性。资源在某种程度上是相通的。相通的资源才会带来资源的共享。资源的不同，心理学资源的不同，给了心理学的发展以多样化和多元化的机遇或机会，也给了心理学的发展多向度和多途径的道路或路向。这也意味着心理学可以是多营养源的，多营养性的，多营养体的。其实，心理学的分裂，心理学的破碎，心理学研究的多元，心理学考察的多向，是心理学的丰满，心理学研究的丰富的一种表现或体现。心理学的统一不是要追求心理学的单纯性，不是要追求心理学研究的单一性，而是要追求心理学的多元化的共生，多样化的共生。

对于心理学的研究来说，建立在资源基础之上的心理学的创新，必须是资源多元性和多样化的结果。所谓不同的心理学资源并不是依赖于对不同的心理学探索的排斥和回避，而是依据于对不同的心理学研究的吸纳和融汇。因此，依赖于不同的心理学资源就预示着心理学自身的强大。心理学可以依赖于自己的多样化和多元性的资源，可以充分地转化或转用自己的多样化和多元性的资源。可以获得多途径和多种类的支撑。

从心理学研究和心理学发展的单一性到多样性，是与资源或心理学资源从贫乏性到丰富性相吻合和相一致的。所以，不同的心理学资源就意味着丰富的心理学资源。这对于心理学的学科的进步和成长来说，无疑是一种福音。心理学或者心理学的发展面对着贫乏的资源或者面对着巨多的垃圾，这是心理学发展的悲哀和负担。反过来，心理学或者心理学的发展面对着丰富的资源或者面对着丰盛的营养，这却是心理学发展的喜悦和福音。

第三节　心理学的形态

心理资源可以通过心理学的形态体现出来。心理学在自己的历史和文化的演进历程中，表现或体现为不同的心理学的形态。这些不同形态的心理学相互并存，也相互交织，也相互渗透。如果把心理学的形态看做是心理学的文化积淀、心理学的历史传统、心理学的思想形式，等等，那么，心理学的不同的形态就是心理学的历史、现实和未来的资源。心理学的形态包括常识形态的心理学、哲学形态的心理学、宗教形态的心理学、类同形态的心理学、科学形态的心理学、资源形态的心理学。

一　常识形态的心理学

在心理学的六种形态中，第一种形态的心理学是常识的心理学。[1]　常

---

[1]　葛鲁嘉：《常识形态的心理学论评》，《安徽师范大学学报》（人文社会科学版）2004年第6期，第715—718，727页。

识心理学也常常被称之为民俗心理学、素朴心理学等。这是普通人在日常生活中创建的心理学，是存在于普通人生活经验当中的心理学。有的研究者也把常识形态理解为常识话语形态，那所谓的常识形态的心理学也就被理解为常识话语形态的心理学。[①] 常识心理学与哲学心理学也被看做是本土传统心理学的两种存在水平。[②] 但是，在心理学的存在方式和存在形态上，实际上就具有常识的存在水平。[③]

可以说，自从有了人类，有了人类的意识，有了人类的自我意识开始，人就有了对自身心理行为和心理生活的经验直观的理解、解释和构筑。人都是依据于常识而生活的。普通人在日常生活中，都会有关于自己、关于他人、关于自己与他人关系的生活经验或经验常识。这是一种素朴的理解和解说。例如，每个人都有自己的隐含的人格理论，并会通过一个人的表现来推断他的心理品性和特征。所以说，每个人都是常识意义上的心理学家。所谓的常识心理学是指常人对心理行为的性质、构成、功能和根源的归类、假定、猜想、解释和干预。常识心理学有两个存在水平。一是个体化的存在水平，是个体在自己的生活经历和经验中获得的，是个人对心理行为独特的认识和理解。二是社会化的存在水平，是不同个体在交往和互动的过程中共同形成的和具有的，个体可以在社会化的过程中接受和掌握隐含于社会文化之中的心理常识。所以说，常识心理学是来自于常人的心理生活经验，通过日常交往而成为普遍的共识，成为生活的常识，并在人际之间得以传递和流行。常人可以通过常识心理学来理解、说明和构筑自己的和他人的心理生活。这使常人有可能涉入自己和他人的心理生活，达成交互的心理沟通和影响。常识心理学属于人的世俗生活，它与人的日常生活是一体的。因此，常识心理学带有日常生活的模糊、流变和不定的特点。常识心理学可以是隐含的，它成为常人认识、理解和阐释心理行为的知识背景。常识心理学

---

① 周宁、葛鲁嘉：《常识话语形态的心理学》，《辽宁师范大学学报》2004年第1期，第49—51页。

② 葛鲁嘉：《本土传统心理学的两种存在水平》，《长白学刊》1995年第1期，第30—34页。

③ 周宁、葛鲁嘉：《心理学的常识心理学水平》，《心理科学》2003年第6期，第1138—1139页。

也可以是明确的，它就是常人直接描述和说明人的心理行为的日常知识。科学心理学时常面临着常识心理学的挑战。尽管科学心理学认为自己超越了常识心理学，但却无法替代常识心理学在常人生活中的作用。例如，心理学家对某个儿童心理行为的了解、解释和影响，也许还不如该儿童的母亲对其心理行为的了解、解释和影响。

二　哲学形态的心理学

在心理学的六种形态中，第二种形态的心理学是哲学的心理学。[①] 在人类文明的发展史上，哲学是一门最为古老的学问。哲学一开始是无所不包的，或者说是包罗万象的。那么，在哲学的追问当中，哲学家们非常关注人类的心理问题，一直在探讨人类心理的性质、构成及活动方式。随着时代的发展，科学的进步，各个具体的学科相继从哲学中分离出来，其中包括心理学也走上了自己的学科发展道路。但是，哲学与心理学始终都还保持着密切的关联。现在的哲学探索通过对理论思维前提的批判与反思，实际上影响着各个具体学科的具体研究。因为各个学科的研究都存在着理论预设，而它具有隐含性。哲学反思将隐含的预设明确化，来支配和影响各学科的具体研究。当然，传统的哲学心理学是以思辨的方式来探讨人类的心理和行为。那么，哲学心理学的思辨存在着两个根本的缺陷：第一，哲学家无法证明他关于心理行为的说明涉及的就是心理行为本身，而不是一种猜测或推论；第二，哲学家缺乏实际的技术手段去干预人的心理行为，使人的心理行为按照特定的构想去发生变化。基于这样两点，哲学心理学被称之为"安乐椅中的心理学"，并被后来的科学心理学家所排斥。指出哲学心理学的缺陷，并不否定哲学思辨方式在心理学研究中的作用。心理学需要哲学的指导，哲学思辨也以各种不同的方式影响到了后来心理学的发展。如古代西方的"颅相学"是通过人的头骨的凸起和凹陷来判断人的性格与能力。那么，头骨凸起的地方相对应的功能就要强，而头骨凹陷的地方相对应的功能就要弱。这种缺乏依据的推测实际上深刻地影响到了后来解剖学和生理学对大脑神经系统机能定位的研究。当然，后来科

---

① 葛鲁嘉：《哲学形态的心理学考评——心理学的五种历史形态考察之二》，《河北师范大学学报》（教育科学版）2005年第4期，第76—79页。

学心理学的诞生，自然就放弃了哲学心理学。但是，这并不等于说，哲学与心理学就没有了关系。现代哲学不再是包办心理学的研究，而是转向去反思和探讨心理学研究中的理论预设，使之从隐含的变成明确的。这样的哲学探讨就不再是哲学心理学，而是心理学哲学。

三　宗教形态的心理学

在心理学的六种形态中，第三种形态的心理学是宗教的心理学。[①] 当提到宗教心理学，可以有两个不同的含义，所以也就有两种不同的宗教心理学。一种宗教心理学是科学的含义和科学传统中的宗教心理学，是科学家运用科学方法对宗教心理的研究。这是科学心理学的一个分支。另一种宗教心理学是宗教的含义和宗教传统中的宗教心理学，是宗教家按照宗教的方式对人的心理行为的说明、解释和干预。这是宗教文化的传统资源。无论是科学的宗教心理学还是宗教的宗教心理学，都可以成为心理学的文化历史的资源。当然，科学的宗教心理学是科学心理学诞生之后才出现的，而宗教的宗教心理学则有着非常久远的过去，即有着非常古老的传统。宗教传统中的宗教心理学是由宗教创立的宗教心理学。尽管这并不是科学心理学的方式，但却是十分丰厚的心理学资源。其实，这种宗教的心理学不仅考察人的心理，解释人的心理，而且干预人的心理。无论是哪一种宗教，都非常关注人的心灵的性质、功能和活动，都有对人心理行为和内心生活的系统的阐述和全面的干预。以佛教为例，中国的禅宗是佛教的一个流派。它对人的心理行为的阐述有着非常重要的意义和价值。禅宗强调常心和本心的区分。那么，以"常心"去观察和以"本心"去观察，就会看到完全不同的东西，就会体悟到完全不同的生活。从见山是山和见水是水，到见山不是山和见水不是水，再到见山还是山和见水还是水。这是禅悟的过程，是一种意义系统的转换。同样的山和同样的水，但它们的意义已经发生了根本性的转变。那么，怎样才能从常心证见到本心，禅宗给出了一套修身养性的工夫。这都有其特定的心理学的价值。心理学可以从宗教的源流中获得有意义的资源和启示。

---

① 葛鲁嘉：《宗教形态的心理学述评》，《华中师范大学学报》（人文社会科学版）2007 年第 1 期，第 134—138 页。

四　类同形态的心理学

在心理学的六种形态中，第四种形态的心理学是类同的心理学。[1]所谓类同的心理学是指，在与心理学相类近的科学分支或科学学科当中，也有关于人类心理行为的相关研究和成果。这些研究和成果也在特定的角度、特定的方面或特定的层次揭示和阐释了人类的心理行为，并为心理科学的诞生和发展提供了不可忽视的内容。因此，这些学科也都与科学心理学有着非常密切的关联。例如，在物理学的发展过程中，无论是光学和声学的研究成果，都为心理学关于视觉和听觉的研究提供了丰富的内容。生物学特别是进化论对人类心理的发生和发展，对人类心理与遗传和环境的关系等，都提供了重要的理论解释框架和细致的特定学说。生理学特别是神经生理学的研究成果，也对心理学的发展产生过巨大的影响。像俄国生理学家巴甫洛夫的高级神经活动的学说，美国科学家斯佩里关于裂脑人的研究，都深深影响到了科学心理学的发展和进步。精神医学的发展也揭示了以异常形式表现出来的心理行为，为全面认识和了解人的心理行为提供了重要的内容。当代计算机科学特别是人工智能的研究也推动了现代认知心理学的发展。实际上，心理学在自身的发展演变过程中，曾经不同程度上依附过一些相关的或类近的学科。其实，心理学在成为独立的学科门类之后，也还是曾经一再地以还原的方式把类近学科的研究内容和研究方式并入于自身。这种还原的方式，使心理学的研究常常更像是物理学的研究、生理学的研究、神经科学的研究、身心医学的研究等等。当然，现在的心理学已经成为独立自主的学科门类，但这并没有阻止其他学科门类以其特定的方式、从其特定的视角、其特定的方面、于其特定的层次等关注和揭示人的心理行为。在当代，大科学的兴起，已经表明了对许多特定对象的研究必须集合多个学科门类。对人类心理行为的研究就属于大科学。所以，心理学必须树立起自己的大科学观。

---

① 葛鲁嘉：《类同形态的心理学总评》，《西北师大学报》（社会科学版）2005 年第 3 期，第 95—98 页。

五 科学形态的心理学

在心理学资源的六种形态中，常常被认为是终结形态的心理学就是第五种形态的科学的心理学。[①] 现代科学心理学是从哲学的母体中分离出来的，其独立发展的历史并不长。许多心理学史家认为，德国心理学家冯特在 1879 年建立了世界上第一个心理学实验室。这是科学心理学或实证心理学诞生的标志，至今不过一百多年的历史。当然，把心理学实验室的建立当作是科学心理学诞生的标志，还存在着严重的问题。其实，对科学与非科学的划界还有着许多不同的认识。例如，科学心理学的诞生和确立是应该以实证方法的运用为标准，还是应该以理论范式的形成为标准，这仍有许多不同的争议。当然，心理学成为一门科学，并不仅仅在于建立了心理学实验室，而是在于心理学的研究方法、理论范式和技术手段方面的根本性变革。

心理学作为科学是通过科学的方法、科学的理论和科学的技术来描述、说明和干预心理行为。可以肯定的是，科学的心理学是以全新的面目出现的。在这短短的历史中，科学心理学取得了飞速的发展，现在已经有了几百个分支学科，广泛地涉及和影响到了人类生活的方方面面。到目前为止，心理学本身还不是一门统一的学科门类。它的流派众多，观点纷杂。心理学的研究取向分裂为科学主义的取向和人文主义的取向。许多心理学家做过统一的努力，但都并不成功。当代心理学或科学心理学从诞生之日起，就有两种分庭抗礼的研究取向，那就是物理主义的取向和人本主义的取向，或者说是实证论的取向和现象学的取向。这两种不同的研究取向相互对立、相互竞争，构成了现代心理学发展和演变的独特景观。[②] 西方科学心理学的发展并不是一个统一的历程，而一直处于四分五裂的境地。那么，最根本的分裂或者最核心的不统一，就是实证与人本的分歧。目前，心理学发展的最重要的努力就是科学化和统一化，以使心理学成为一门统一的科学门类。心理学成为独立的学科门类之后，统一心理学就成

---

① 葛鲁嘉：《科学形态的心理学议评——心理学的五种历史形态考察之五》，《华东师范大学学报》（教育科学版）2005 年第 4 期，第 42—46、64 页。

② 葛鲁嘉：《心理文化论要——中西心理学传统跨文化解析》，辽宁师范大学出版社 1995 年版，第 51—55 页。

为一个重大的学术目标。但是，如何才能统一心理学，心理学家之间却有着重大的分歧。在心理学的发展史上，出现过各种不同的统一的尝试。这些尝试包括知识论的统一、价值论的统一和知识与价值的统一。其实，心理学统一的最为核心的问题是心理学的科学观问题。[①] 正是科学观的差异导致了对什么是科学心理学的不同认识和理解。心理学的科学观涉及的是有关心理学科学性质的范围和边界、心理学研究方法的可信和有效、心理学理论构造的合理和合法、心理学技术手段的适当和限度，等等。心理学科学观的建构关系到心理学的研究目标和研究策略的制定和实施。

涉及心理学的发展，就会涉及心理学的科学观问题。在心理学成为独立的学科门类之后，心理学就通过自己的科学观界定了自己与非科学和伪科学的边界。但是，心理科学为自己确立的是一个过分狭隘的科学观，这就是所谓的小科学观。其实，在心理学的当代发展中，心理学应该为自己确立起开放的心理学观，或心理学的大科学观。[②] 这可以使心理学从实证心理学的实证科学观中解脱出来。从而容纳不同的心理学探索。所以，心理学统一的努力应该是建立统一的科学观。

六　资源形态的心理学

心理学的未来发展应该是把自己建设成为资源合理开发和有效利用的新型学科门类。心理学的未来形态就是资源形态的心理学。这可以称之为心理学的第六种形态，是立足于心理资源的开发和利用的心理学。

所谓的心理资源是指可以生成和促进心理学发展的基础条件。如心理学的成长要有自己植根的社会文化土壤。这就是心理学的社会文化资源。心理资源既可以成为心理生活的资源，也可以成为心理科学的资源。心理学面临着如何理解、看待、保护、挖掘、提取、转用资源的问题。心理学的发展不应该抛弃自己的文化历史传统，而应该将其当作可以借用的文化历史资源，从而扩大自己的视野，挖掘自己的潜能，丰富自己的研究，完善自己的功能。

---

① 葛鲁嘉：《心理学的科学观与统一观》，《吉林大学社会科学学报》1996 年第 3 期，第 1—6 页。

② 葛鲁嘉：《大心理学观——心理学发展的新契机与新视野》，《自然辩证法研究》1995 年第 9 期，第 18—24 页。

心理资源具有非常丰富的内涵、思想、解说、积累。分离和分解心理资源，解释心理资源的基本性质，确定心理资源的基本方面，追踪心理资源的演变发展，说明心理资源的特征特点，等等，都是考察心理资源的最基本内容。如何定位、分析、揭示、解释、说明、借用心理资源，这都可以有不同的方式。这可以是哲学反思的方式，考察关于心理资源作为心理学研究的思想前提和理论设定。这也可以是实证研究的方式，通过实证科学的手段来定性和定量地分析和考察心理资源的存在和变化。这也可以是发展研究的方式，通过历史和未来的定位和定向来揭示和解释心理资源的演变和演化。

心理资源的考察结果可以成为人理解自身存在的重要内容，也可以成为发展关于人的心理研究的重要学术内容。人的心理生活的创造、建构和拓展需要资源的支撑。提供心理资源是丰富人的心理生活，提升心理生活质量所必须的。同样，心理学的进步和发展也需要心理资源，这是心理科学必须依赖的基石和基础。

中国心理学的跨世纪发展面临着一个重要的选择，那就是从对西方或对外国心理学的模仿中解脱出来，去寻找和挖掘中国本土的心理资源。新心性心理学就是一种植根本土文化资源的创新努力，试图开辟中国心理学自己的新世纪发展道路，新心性心理学对于心理学研究对象的理解和对于心理学研究方式的确立有一个基本的变化。新心性心理学涉及心理资源、心理文化、心理生活、心理环境、心理成长、心理科学，即涉及心理学的学科资源、心理学的文化基础、心理学的研究对象、心理学的环境因素、心理学的对象成长、心理学的学科内涵。心理资源论析是关于心理学发展中的文化历史资源和文化历史形态的考察。心理文化论要是关于西方的心理学传统和中国的心理学传统的跨文化解析。心理生活论纲是关于心理学研究对象的一种新视野、新认识和新理解。心理环境论说是关于心理与环境关系的一种新的思考和分析。心理成长论本是对人的心理超越了发展变化的考察和认识。心理科学论总是对心理学的科学性质和学科发展的理解和探讨。

资源形态的心理学是科学形态的心理学的进步，是科学形态的心理学的扩展，是科学形态的心理学的提升。所谓资源形态的心理学是把心理学的资源、是把各种学术性资源的开发、累积、运用等作为心理学的核心性任务。心理学的研究不仅仅是揭示和解释人的心理行为，而是为人的心理生活寻找、提取和提供心理学的资源，也是为心理学科的发展和进步积累、确立和输入资源。

那么，心理学的研究就是在挖掘资源，就是在提取资源，就是在制造资源，就是在运用资源，就是在生成资源。资源会成为心理学研究和心理学发展的根本性的方面，也会成为人的生活和人的心理生活的根本性的方面。心理资源的稀缺、心理资源的丰富、心理资源的汇聚、心理资源的生成，这应该是心理学面对的重要的现实。

资源形态的心理学会汇聚心理学发展和进步所必需的文化、历史、社会、思想、学术、学科等不同来源的心理学资源。并且使这些资源进入心理学的领域，成为心理学的基础，推动心理学的壮大。

第三章

常识形态的心理学

　　心理学有不同的历史形态，或者说，心理学有自己的资源。常识心理学就是其中的一种。常识心理学也常被称之为民俗心理学、素朴心理学等。这可以被看做是原生态意义上的心理学。常识心理学是普通人在日常生活中创建的心理学，是存在于普通人生活经验中的心理学。常识心理学有两个存在水平。一是个体化的存在水平，是个体在自己的生活经历和经验中获得的，是个人对心理行为独特的认识和理解。二是社会化的存在水平，是不同个体在交往和互动的过程中共同形成的和具有的，个体可以在社会化的过程中接受和掌握隐含于社会文化之中的心理常识。常识心理学既是普通人心灵活动的指南，也是普通人理解心灵的指南。常识心理学是科学心理学发展的文化资源。

第一节　常识心理学的界定

　　常识心理学（common-sense psychology）就是第一种历史形态的心理学。常识心理学也常常被称之为民俗心理学（folk psychology）、素朴心理学（naive psychology）等。这是普通人在日常生活中创建的心理学，是存在于普通人生活经验中的心理学。实际上自从有了人类，有了人类的意识，有了人类的自我意识开始，人就有了对自身心理行为和心理生活的经验直观的理解、解释和构筑。[①] 人都是依据于常识而生活的。普通人在日

---

　　① 葛鲁嘉：《心理文化论要——中西心理学传统跨文化解析》，辽宁师范大学出版社 1995年版，第 169 页。

常生活中，都会有关于自己、关于他人、关于自己与他人关系的生活经验或经验常识。这是一种素朴的理解和解说。例如，每个人都有自己的隐含的人格理论，并会通过一个人的表现来推断他的心理品性和特征。所以说，每个人都是常识意义上的心理学家。所谓的常识心理学是指常人对心理行为的性质、构成、功能和根源的归类、假定、猜想、解释和干预。常识心理学有两个存在水平。一是个体化的存在水平，是人类个体在自己的生活经历和经验中所获得的，是个人对心理行为独特的认识和理解。二是社会化的存在水平，是不同个体在交往和互动的过程中共同形成的和具有的，个体可以在社会化的过程中接受和掌握隐含于社会文化之中的心理常识。所以说，常识心理学是来自于常人的心理生活经验，通过日常交往而成为普遍的共识，并在人际之间得以传递和流行。常人通过常识心理学来理解、说明和构筑自己的和他人的心理生活。这使常人有可能涉入自己和他人的心理生活，达成交互的心理沟通和影响。常识心理学属于人的世俗生活，它与人的日常生活是一体的。因此，常识心理学带有日常生活的模糊、流变和不定的特点。常识心理学可以是隐含的，它成为常人认识和解说心理行为的知识背景。常识心理学也可以是明确的，它就是常人直接描述和说明自己和他人的心理行为的日常知识。科学心理学时常面临着常识心理学的挑战。[①] 尽管科学心理学认为自己超越和埋葬了常识心理学，但实际上却无法取消和替代常识心理学在常人生活中的作用。例如，心理学家对某个儿童心理行为的了解、解释和影响，也许还不如该儿童的母亲对其心理行为的了解、解释和影响。

　　常识心理学是普通人拥有的心理学，是普通人对自身的心理生活、他人的心理生活、及其相互关联的素朴理解和解释。它使常人有可能涉入自己和他人的心理生活，达成交互的心理沟通和影响。虽然普通人不是科学意义上的心理学家，但他们都是常识意义上的心理学家。在日常生活中，常人时常在观察自己和他人的心理行为，对其进行必要的因果解释，试图改变自己的和影响他人的心理状态和行为方式。常识心理学就来自于

---

① Wilks, K. V. The Relationship between Scientific Psychology and Common - Sense psychology. *Synthese*, 1991 (1), 15 - 39.

常人的心理生活经验，并通过日常交往而得以传递和流行。①

这里所说的常识心理学，就是原本意义上所说的本土心理学。在西方心理学关于本土心理学的初始的探讨中，就把本土心理学看做是在科学心理学范围之外的常识心理学。那么，所谓的本土心理学就是日常生活经验汇集起来的思想体系，它们本身就属于常识的范围。② 在社会文化习俗中体现出来的常识心理学则是民俗心理学，目前的研究者常常交叉使用这两个术语。尽管有研究者更愿意使用"本土心理学"，而不愿使用像民族心理学、常识心理学和民俗心理学等。但是，这里所说的本土心理学仍与之属于一类。③

有的研究者则把常识心理学称之为民间心理学或民俗心理学（folk psychology）。这是类似于民间医药学、民间物理学等的一个概念，指的是普通大众所具有的依据信念、愿望等命题态度解释、预测行为的心理资源。它潜藏于每个正常人的心理结构之中，显现于对行为的解释、预测实践中。当然，民间心理学并不是心理学的分支，也不是心理学专家所提出、持有和讲授的学说，而是自发流传于大众之中的、用命题态度解释和预测行为的常识，因此也常被称为常识心理学或命题态度心理学。④

在周宁的研究看来，心理学具有实证的、理论的和常识的三种不同的存在水平。心理学必须将实证的、理论的和常识的三种水平有机地结合起来，只有这样，心理学才能更好地发展。常识心理学强调的是"生活原则"。破除的是"价值中立"的原则。这也就是说，不同的文化、不同的社会、不同的经历，都会使人的社会生活具有不同的特点，也就会使人们对心理行为的判断、解释和理解的依据有所不同。常识心理学还强调"问题中心"原则。心理学来源于常识，必须关注日常生活，关注生活的

① 周宁、葛鲁嘉：《常识话语形态的心理学》，《辽宁师范大学学报》2004 年第 1 期，第 49—51 页；周宁、葛鲁嘉：《心理学的常识心理学水平》，《心理科学》2003 年第 6 期，第 1138—1139 页。

② Heelas, P. & Lock, A. Indigenous Psychology. New York：Academic Press，1981. 13.

③ 葛鲁嘉：《本土传统心理学的两种存在水平》，《长白刊》1995 年第 1 期，第 30—34 页。

④ 高新民、刘占峰：《民间心理学与常识心理概念图式的批判性反思》，《自然辩证法研究》2004 年第 4 期，第 21—25 页。

意义，解决人们的日常问题，解释心理生活的日常意义。①

周宁等的研究认为，心理学在实证水平与理论水平上还不足以解决全部心理学问题。仅仅依靠实证心理学和理论心理学还不足以解释个体的心理。一切科学研究，一切理论均来源于问题，这些问题首先来自于人们的日常心理生活，来源于人们的常识。要解释个体心理生活，要解决心理生活问题，心理学还必须具备常识水平。因此，当代心理学应该更多地关注日常问题，赋予心理生活现实意义，在常识水平上更好地理解心理生活，从而避免心理学研究脱离人们的生活世界。心理学来源于常识，必须关注日常生活，关注生活的意义。常识心理学与科学心理学并不是竞争对手，而是合作伙伴。所以，心理学必须将实证的，理论的和常识的三种水平有机地结合起来，才能走向成熟。②

第二节　常识心理学的产生

常识心理学的确与社会个体的生活密不可分，但却很少受到学者的关注。实证的科学心理学家为了维护心理学的实证科学性质，要么忽略常识心理学的重要性，要么否认外行的理解值得认真对待。当然，近年来情况有一些改变，一部分心理学家开始尝试透过常识心理学来了解人的心理生活，一部分哲学家和心理学家则开始尝试透过常识心理学来重构实证的科学心理学。

应该说，常识和科学存在着特殊关联，并非有如水火。有的学者就曾持有这样的主张，认为科学实际上就植根于常识之中。常识是基本的材料，科学就开始于此，并必然借助于此。在日常生活中，人们也许是对常识进行修饰，也许是对常识吹毛求疵，也许是对常识进行批驳。但是，科学最终却要依赖于常识，遵循常识的引导，从常识中获得灵感。否则，科学就不可能成为人的生活依赖。

心理学也并不例外。所有的心理学家都在他们的科学思考中运用常识

① 周宁：《心理学的三种存在水平》，《内蒙古师范大学学报》（哲学社会科学版）2003年第3期，第91—95页。

② 周宁、葛鲁嘉：《心理学的常识存在水平》，《心理科学》2003年第6期，第1138—1139页。

的观念。但他们这样做时，通常并不分析常识和使之明确化。在日常生活中，常人拥有的民俗心理学是由大量心照不宣的原则、范式、观念、理念所构成的松散思想构造，它制约着各种常识心理学术语的使用，像感觉、愿望、意图、信念、希望、担忧、痛苦、快乐，等等。许多心理学家在自己的研究中，都借用常识心理学的词汇或观念。当然，实证的科学心理学采纳自然科学的定向，把心理科学的进步看做是抛弃常识、击破神话和清除迷信的过程。特别是行为主义心理学的兴起，把常识心理学的心灵主义的用语都当作前科学的怪物。行为主义不仅是把常识心理学扔进了垃圾箱，而且力图设计新的术语和概念取而代之。行为主义的创始人华生就认为，常识心理学的概念是人类未开化时期的遗留物，是迷信、魔法和巫术的拼凑物。

也有某些科学心理学家强调了常识心理学对常人生活的重要性，及其对科学心理学具有的意义。他们把常识心理学称之为外行的想法，是外行的人对人的心理行为的理解和解释。这些学者认为，外行通过自己的经验就能够证明自己的心理状态，知晓自己为什么在这样的情境中做这样的事情，在那样的情境中做那样的事情。可叹的是，心理学家却常常看不到这样的事实，并忽略外行的见识。为此，有学者在很早之前，就向心理学家提示了外行的心理学理解的重要性。其实，外行声称拥有的关于人的心理行为的经验，在现代的科学心理学中几乎无容身之地。然而，实际上正是普通人而不是科学家意识到了和把握到了基本的真理。外行对人的心理行为的理解很有可能会成为未来心理学发展所必须面对的重要论题。常识心理学有时也被称之为外行对人的心理行为的理解。实际上，每个普通人都拥有理解自己和他人的能力。这种能力给心理学家提出了一个自相矛盾的任务。对一个已经理解他自己的生物，心理学家寻求的是什么样的理解呢？心理学家的反应常常是忽略这个问题，或者否认外行的理解需要加以认真地对待。此等反应的结果是灾难性的，心理学家迟早要面临着常识心理学的挑战。科学心理学完全可以从常识心理学中学到很多有益的东西。

常识心理学体现出了不同的形式、意义和功能。常识的独特之处就在于它既是模糊的，也是鲜明的。一方面，这种日常的知识构成了普通人观看世界和理解社会的框架。如人们可以看到和理解各种各样的心理事件，但支配着人们这样去看到或那样去理解的是常识心理学提供的参照系。因此，常识心理学隐退到背后，正是在这个意义上，它是模糊的。另一方面，这种日常的知识就是人们对看到的世界的描述、说明和解释。人们看到了心理行为，就可以直接地陈述、判定、推论它们。因此，常识心理学浮现了出来，正是在这个意义上，它又是鲜明的。

也有从另外一个角度区分常识心理学的。人们关于心灵的智慧就像关于事物的智慧一样有两种，一种是常识的，一种是科学的。但是，关于心灵的常识与关于其他事物的常识不一样，它有两种形式。一种是主观素朴的心理学，一种是常识公认的心理学。主观素朴的心理学是基于每个个体的日常心理生活的体验，这是自发的、非反思的、直接的和个己化的。实际上，每一社会个体都有他自己的心理生活的体验和经验，包括他自己的特定感知印象，特定情绪感受，特定心理状态，特定信念愿望等。完全可以说，每个人都是自然的和杰出的主观素朴心理学家。常识公认的心理学涉及大量主观素朴的心理经验，但又显然与之完全不同。常识公认的心理学是基于对认知和行为的人际归因和评价等多方的和有效的社会实践。常识的观念不仅反映认知和行为的特点，而且反映社会规范、习俗和环境条件。成为社会的人，就要掌握常识。每个人实际上都是自然的和杰出的常识心理学家。

显然，常识心理学既是普通人心灵活动的指南，也是普通人理解心灵的指南。[①] 常识心理学提供了有关日常心理生活的一套观念，这成为社会文化习俗的重要构成部分，任何生活在该社会文化习俗中的人，都会在习得、掌握和运用日常语言时，习得、掌握和运用常识心理学的那一套观念。科学心理学家也不例外，他们在从事科学研究之前，实际上就已经拥有了常识心理学的观念，这必然会不同程度地渗透到他们后来的科学心理学的研究之中。因为，心理学家在日常生活中也常常会按照常识以及常识心理学去认知和行动。

在特定的或不同的社会文化当中，存在着特定的或不同的常识心理学。本土的社会文化中会有本土的常识心理学。不同文化背景中的普通人思考自己心理生活的出发点会有非常大的差异。常识心理学就根源于本土

---

① Bogdan, R. J. （Ed）. *Mind and Common Sense.* New York：Cambridge University Press, 1991. 1 – 14。

的社会文化历史，并形成特定的常识心理学的传统。这种传统会积累起来，会流传下去，会透入生活，会支配心理，会引导行动。

第三节　常识心理学的演变

常识心理学也有自己的产生、发展和演变的历程。作为一种独特形态的心理学，其演变的过程也体现了常识心理学的性质和特征、内容和构成、功能和用途、未来和命运。常识心理学的演变也有自己的条件、发展的背景、立足的基础。

常识心理学是蕴含在日常语言之中的，或者说是通过日常语言体现出来的。这不仅是说常识心理学采纳了日常语言的形式，而且是具有日常语言体现的含义。日常语言是随着人的日常生活的演进而不断变化的，所以常识心理学也就会随着发生变化。因此，常识心理学就不是固定不变的，就不是边界清晰的，就不是内涵一致的。常识心理学的演变是与社会文化的变迁相伴随的。社会文化的变迁会导致人的心理行为的改变，也会导致关于人的心理行为的理解的改变。

任平从后现代哲学的视角考察和分析了常识，并特别说明了常识的改变或变革。在他看来，常识变革与新因素的常识化其实是同一过程。旧常识的淡出与新常识的入主是一个过程的两个方面。以在知识层面的常识变革为例，它表现为五个层次的解构和建构：知识交往层次、心态交往层次、经验交往层次、交往实践层次和语言交往层次。

第一个层次是知识交往层次的解构和建构。在全球化大众传播日益发达、知识呈现爆炸状态的今天，在知识的多元竞争之中，新知识进入常识的过程，就是对常识中传统知识的淘汰和解构过程。常识在受到新知识挑战的时候，其回应的方式可以有三种。一是同化，即力求将新知识回归旧规范，达到认同；二是如果这一努力失败，则会采取拒斥；三是如果拒斥亦难奏效，则出现反常和问题，知识的原有价值向度将发生合理性危机和合法性危机。

第二个层次是公众心理层次的解构与建构。新知识的传播与大众心理保持着双向交流的复杂化关系。新知识通过娱乐媒介、大众传播征服公众。在大多数情况下，都是以保持甚或以超量知识内容强化这一功能的发挥为前提的。这时，大众日常心态在新知识推动下，沿着原有意义结构和价值向度扩张，使之呈现出常规式迅速增长。

第三个层次是经验交往层次的解构与建构。新知识对原有常识中成为大众经验化意识的替代，可以是一个较为长期的过程。传媒的轰炸，广告的引导，舆论的宣传，都要经过大众经验的内化才有可能。经验的解构方式是多样化的，但是，经验交往则是所有解构的关键环节。在交往过程中，新知识会被大众"读进"心灵深处，进入支配性的意识结构。

第四个层次是日常交往实践的解构与建构。在常识的意识层面的解构和重构之后，常识变革必然触及到常识的底部和顶部。交往实践和相应的常识社会结构是常识的底部和决定性环节。它的变革将导致全部常识体系的根本转换。

第五个层次是日常语言交往的解构。交往实践的解构之维必然导致日常语言的变革。它表现为三个方面的解构。其一，语形的变革。表达新知识和新观念的语词、语汇及其表达方式源源不断地注入日常语言，旧概念、旧词汇和旧习语会逐渐淡出，表现为语形层次的新旧更迭。其二，语义的变革。一系列话语的意义发生了整体的转换，语义系统发生更迭，从而引起了日常语言整体面貌、框架结构的改观。其三，语用的变革。交往实践转换，使语义场、语境发生根本变革，语言与交往实践及其精神交往的契合关系发生变化，语言功能也随之发生变化。[①]

第四节 常识心理学的类别

常识心理学也可以按照不同的标准或尺度对其进行分类和归类。可以说，常识心理学具有不同的类别。或者说，常识心理学可以按照特定的尺度划分类别。不同类别的常识心理学具有不同的性质、内涵、存在方式、变化路径、具有的功能、发挥的影响。如果按照拥有常识心理学的存在者的性质来划分，常识心理学可以区分为个体的常识心理学和社会的常识心理学。如果按照常识心理学的根源和性质来划分，常识心理学也可以区分

---

① 任平：《常识分析：与后现代哲学对话》，《天津社会科学》1999年第1期，第11—17页。

为生活的常识心理学和科学的常识心理学。

一　个体的常识心理学

　　每一个人都是社会意义上的个体，都是以个体化的方式在社会中生活。常识心理学首先是个体具有或拥有的。社会个体在自己的生活中，会逐渐地获取和积累相应的生活经验。在自己的生活经验中，非常重要的构成就是关于自己和他人的心理行为的经验。关于人的心理行为的日常认知的汇集、认知经验的积累，就会决定着个体对自己和对他人的心理行为的理解和把握。个体的生活经验是在个体的生活中通过个体的心理体验获得的。

　　个体的常识心理学说明每一个人都是常识意义上的心理学家。每一个社会个体都有自己的关于人的心理行为的概念、观念、理念、理论、学理、学说。在心理学的研究中，特别是在发展心理学的研究中，有关心理理论的研究，有关儿童心理理论的研究，已经成为了一个研究热点。

　　李春雷在自己的研究中，对心理理论的研究进行了考察和评述。心理理论（theory of mind）主要指个体对自己和他人心理状态（如信念、愿望、意图、感知、知识、情绪、需要等）的认识，并由此解释和预测他人心理和行为的一种能力。近30年以来，心理理论的研究不断走向深化。研究内容从3—5岁的儿童扩展至人的生命全程；研究方法从言语任务向非言语任务，特别是脑功能成像技术发展；研究视角开始关注心理理论发展的个别差异；研究范围向心理理论的文化间和种间差异扩展。近年来，发展心理学关于心理理论的研究重点逐步集中在内隐人格理论方面，即考察儿童何时将某一特质或特性理解为一种有组织的、持久的、具有某种心理状态的倾向，以及这种理解在个体身上的发展。以往心理理论的研究大多使用言语任务，为此，研究者设计了大量任务范式。近年来，关于心理理论神经机制的探讨逐渐增多，主要表现在两方面：对正常人与心理理论相关的脑区位置研究和脑损伤患者的研究。心理理论探讨的核心问题是个体对他人心理以及心理与行为关系的认知发展。如何帮助儿童更快更好地发展心理理论，使儿童更好地适应社会生活？近年来，研究者开始关注心理理论的个体差异与社会交往之间的潜在关系，即从社会交往经验的角度来探讨个体心理理论发生发展的机制和过程。研究范围涵盖家庭背景、语言能力、假装游戏、同伴关系和各种执行功能等。不同文化环境的心理理论发展有相同之处，也有不同之处。心理理论的跨文化研究强调社会文化经验在心理知识发展中的作用，认为儿童在自己的文化环境中学习解释人类行为的方法。在生物种间差异上，非人灵长类动物有没有心理理论，在多大程度上拥有心理理论还是一个悬而未决的问题。①

陈英和等考察了关于儿童心理理论的发展及其影响因素的研究进展。他们指出，儿童心理理论的发展已成为近15年来发展心理学的一个研究热点。早期这方面的研究相对集中在儿童心理理论获得年龄上，近期研究的焦点则转移到儿童心理理论发展及其影响因素等方面。他们的研究主要综述了关于儿童心理理论发展的模式、儿童心理理论发展速度的差异及其影响因素、儿童心理理论发展质量的差异及其影响因素等方面的研究。

他们考察了关于儿童心理理论发展的几种不同的模式。一是建构理论。该理论认为儿童对心理状态的理解是一个理论建构的过程，如同科学理论形成的过程。该理论建立在这样的假设基础上，即儿童预先并没有关于自己心理状态的知识，而是通过建构起心理理论并在此基础上来解释自己和他人的心理状态。这一理论认为儿童关于心理知识的理论框架的形成和发展存在着一系列质的变化，而这种质的变化依靠儿童与环境的交互影响。二是模仿理论。这种理论认为儿童是通过内省来认识自己的心理，然后通过激活过程把这些有关心理状态的知识概化到他人身上。所谓激活过程，就是指儿童把自己放在他人的位置上，从而体验他人的心理活动或状态。三是模块理论。这种理论关注的焦点是儿童心理理论的起源问题，认为儿童心理理论是一种内在的能力，在个体出生时，心理理论便以模块的形式存在于个体的神经系统，因而，此理论认为个体心理理论的发展是一个内部生物机能逐渐展开的过程。四是匹配理论。这一理论认为，心理理论的发展前提，是婴幼儿必须意识到自己与他人在心理活动中处于等价的主体地位，即在心理活动情境中，儿童逐渐获得对自己与他人之间心理关系的认识，意识到在与客体的心理关系中，自己与他人具有等价关系，从而认识到自己与他人在心理活动中的相似性。通过这种不断观察和再认，

---

① 李春雷：《心理理论——一个不断扩展的研究领域》，《社会心理科学》2007年第1—2期，第9—12、26页。

儿童对这种等价关系的认识得以不断发展，从而逐渐获得系统的关于心理世界的知识。[1]

二 社会的常识心理学

个体拥有的心理常识会通过社会互动在个体之间进行交流。这种交流会带来关于人的心理行为的共同的或共有的理解和说明。这就是社会的常识心理学。人都是社会的存在，人都在社会中生活。没有完全与世隔绝的个体，人都是不同的和多样的群体中的成员。人不仅是具有个性的人，而且人也是特定的社会角色，是特定的社会角色的扮演者。

那么，社会个体在自己的日常生活中获取的个体化的生活经验，包括关于人的心理行为的生活经验，就会以各种社会的方式在人与人之间进行沟通和交流。这种沟通和交流不仅带来的是日常生活经验的分享，而且会使原本个体化的日常生活经验或心理经验提升成为社会化的经验。关于人的心理行为的社会化的经验就是社会群体成员共同拥有的，具有能够彼此互换和相互理解的形式和内容。这就是社会的常识心理学。个体的常识心理学具有个体化的性质，具有个体单一性的内容和形式，是仅可以由个体自己所理解和把握的心理常识。社会的常识心理学则具有社会化的性质，具有社会通用性的内容和形式。

其实，所谓的"常识"心理学，"常识"的"常"的含义就不是个体化的，而是社会化的，是社会共有的含义。常识都是社会流通的，都是社会流行的，都是社会流变的。日常经验、日常生活经验，或者关于人的心理行为的日常生活经验，都具有双向的含义。一是个体的生活经验的社会化，这是经验从个体化到社会化的转换。一是社会的共有经验的个体化，这是经验从社会化到个体化的转换。这样的两个相对方向的变化或变换、转化或转换，则会使常识心理学真正成为个体和社会同时拥有的常识。

社会的常识心理学会在社会的日常语言中存身。在社会语言的大量的词汇和语句中，都内含着关于人的心理行为的描绘、描述、描摹。这构成

---

① 陈英和、姚端维、郭向和：《儿童心理理论的发展及其影响因素的研究进展》，《心理发展与教育》2001 年第 3 期，第 56—59，27 页。

了社会通行的关于人的心理行为的理解和解释。个体会随时把自己在生活中获取的关于人的心理行为的认识和理解、体验和经验等，汇集或汇总到社会常识之中。通过被其他社会个体的接收、接受、接纳，通过在不同社会个体之间的流动、流通、流行，而变成为社会共有的常识心理学。

社会的常识心理学也是社会心理的一个重要的构成部分。因而，这也就成为社会心理学研究的内容。社会心理学也会在自己的研究内容中涉及社会流行的常识心理学。普通人会在自己的社会生活中接受、运用、传递、交换关于人的心理行为的解说和理解。

三　生活的常识心理学

常识心理学的重要基础和来源是人的社会生活。人在自己的社会生活中，通过与人的交往和互动，而形成了或接受了关于人的心理行为的理解和认识。所以，生活的常识心理学也可以称之为素朴的心理学。这是常人在自己的日常生活实践中，通过个体化的生活经验的获得而具有的。

对于每一个社会个体来说，社会经验的获取、社会经验的多寡、社会经验的提取、社会经验的运用，决定了他的生活定位和生活方式。人的日常生活是经验定位的。有生活经验的人和没有生活经验的人，对生活的理解、对生活的把握、对生活的定向，都是有着根本的区别和不同的。在普通人的日常生活经验中，非常重要的构成就是有关自己的和他人的心理行为的经验。社会个体在多大程度上能够理解和解释、掌握和控制人的心理行为，这是与其所拥有的生活的常识心理学的丰富程度和有效程度是有着直接的关系的。

常识心理学之所以也是一种特定形态的心理学，就因为它拥有常识意义上的心理学理论、方法和技术。[①] 人是依赖于经验而生活，人是通过经验来理解生活。人的生活经验可以成为常识。这也就是所谓的经验常识，或者叫做生活常识。常识是普通人生活的指南。普通人在生活中也许并不总是依赖于各种明晰的科学道理来生活，而仅仅是依赖于各种习以为常的常识来生活。其实，常识对人来说的作用主要是通过如下的方面体现出来

---

① 葛鲁嘉：《常识形态的心理学论评》，《安徽师范大学学报》（人文社会科学版）2004 年第 6 期，第 715—718、727 页。

的：一是常识决定了一个普通人的生活视野，决定了他在自己的生活中能看到什么，看不到什么。二是常识决定了一个普通人的生活态度，决定了他在自己的生活中倾向什么，否定什么。三是常识决定了一个普通人的行为习惯，决定了他愿意做什么，能够怎么做。四是常识决定了一个普通人的目标定向，决定了他设计了什么，构想了什么。

人的经验常识包括心理经验常识。所谓的心理经验常识是普通人对自己的心理行为、对他人的心理行为、对自己的心理行为与他人的心理行为的关系等的认识、说明、理解、阐释等。其实，每个人都是常识意义上的心理学家。普通人会有自己的朴素的人格理论，他会在自己的生活中去界定他人是什么性格的人，具备什么样的人格品性、性格特点、行为动机、行为方式。他所拥有的心理经验常识使他能够去面对自己的生活。他在日常生活中，可以根据自己的心理经验常识来定义自己的生活，来定位自己的生活，来构造自己的生活。

常识中给出了特定的生活，给出了特定的生活含义，给出了特定的生活前景。常识中也给出了特定的心理学、特定的人格理论、特定的行为判定、特定的心理归因。常识可以体现在普通人的日常语言中。那么，通过掌握日常语言，普通人就可以习得常识。在日常语言中，就包含着大量的关于人的心理行为的语汇。这些语汇都有习惯化的或习俗化的特定的含义。例如，涉及人的认识，习语中可以说"看法"、"说法"、"想法"、"了解"、"认为"、"清楚"、"模糊"、"糊涂"、"盲目"等。涉及人的情感，习语中可以说"感动"、"激动"、"高兴"、"欢乐"、"欢喜"、"难过"、"难受"、"难堪"、"气愤"、"生气"、"懊恼"、"害怕"、"吓人"、"恼怒"、"讨厌"等。涉及人的意志，习语中可以说"坚定"、"软弱"、"脆弱"、"胆大"、"胆小"等。涉及人的个性或人格，习语中可以说"大方"、"小气"、"精明"、"糊涂"、"仁义"、"小人"、"豪放"、"谨慎"、"冲动"、"沉静"、"乐观"、"悲观"、"随和"、"气度"等。

常人的心理生活是由常识来规范的，是由常识来指引的，或者说，常识限定了人的心理生活。正是在常识的意义上，人知道自己应该怎样生活，或者说可以怎样生活。首先，常识限定了普通人的生活目标。因为普通人是通过常识来了解生活，来解释生活，来设定生活，所以他是以常识来确立自己的生活目标。常识告诉了普通人，人为什么活着，人为什么要活着，活着是为了什么样的目标。其实，生活的目标或者生活的目的会成为一个普通人的重要的生活支撑，或者说它就是普通人生活的核心。其次，常识确立了普通人的生活意义。因为普通人是通过常识来把握生活，认定生活的内容和方式。那么，常识为人提供了一套意义系统。这包括生命的意义、生存的意义、生活的意义、人生的意义、事物的意义、世界的意义等等。再次，常识给出了普通人的生活方式和技巧。人总是要应对生活，而常识中就包含了应对生活的方式和方法。普通人可以通过常识来习得应对生活的方式和方法。

四　科学的常识心理学

常识心理学还可以有另外一个来源，那就是来自于科学心理学的传播。科学心理学的研究累积了有关人的心理行为的科学知识。这些知识可以通过科学普及的活动、科学普及的宣传，而转化为普通人的生活常识。当然，心理学通过科学普及传递给普通人，是把心理学的知识转变成为日常生活中常人所能够掌握的心理学常识。所以，科学的常识心理学严格说来不是常识心理学，而是心理学常识。心理学常识是常人在日常生活中所掌握的科学心理学的知识，并把这些科学心理学知识转变成为日常生活的常识和经验。这构成了普通人理解社会的心理生活和理解人的心理行为的知识基础。

科学的常识心理学与生活的常识心理学的最根本的不同，就在于前者是依据于科学研究，后者是依据于日常经验。当然，把科学心理学的知识转化或转换成为日常生活的常识，这是需要一个基本的过程的。这个基本的过程包括怎么把科学语言转换成为日常语言，怎么把科学方法转换成为日常方法，怎么把科学技术转换成为日常技术。

常人在日常的生活中都是依据于常识来解释世界、说明社会、了解他人、理解自己。常识是常人的日常生活的指南。常人依据于自己所掌握的常识来进行生活的定向和心理的定位。因此，影响和形成常人的科学的常识心理学，是科学心理学的科学普及的一个基本的目标和重要的工作。

当然，科学语言与日常语言、科学方法与日常方法、科学技术与日常技术，还是有着非常重要的不同和区别。心理学的科学语言是有着清晰的界定和基本的内涵，而日常语言则是有着不同的歧义和模糊的意义。心理学的科学方法是有着基本的科学规范和严格的操作程序，而日常方法则是有着个体化的理解和运用方式。心理学的科学技术是有着特定的技术工具和技术操作的基本规程，而日常技术则注重的是具体的生活情境和直接的实用目的。

那么，对于心理学的科学普及工作来说，对于心理学的科普宣传，最为重要的或最为核心的工作，就是怎么把科学心理学的语言转换成为常人可以接受和理解的日常生活化的语言，怎么把科学心理学的方法转换成为常人可以掌握和运用的日常生活化的方法，怎么把科学心理学的工具转换成为常人可以实施和推行的技术。

更为重要的问题还在于，因为常人有自己的日常的常识心理学，也即有自己的心理学语言、心理学方法和心理学技术，那么，科学的常识心理学就涉及可以怎么合理地替代日常的常识心理学，也即替代日常的常识心理学的语言、方法和技术。从而，引导和建构普通人的合理的心理生活，提升其心理生活的质量。

其实，在科学心理学的研究中，在科学心理学的应用中，存在着去日常化的过程，也存在着重新日常化的过程。所谓的去日常化，是指科学心理学的研究必须要超越常识心理学，超越常人的日常生活。所谓的重新日常化，是指科学心理学的研究还必须要回归常识心理学，回归常人的日常生活。

科学的常识心理学是科学心理学的科学普及所要达到的目标和所要实现的结果。正是通过心理学的科学普及的工作和科学普及的宣传，使常人也会拥有科学心理学的知识，也会理解科学心理学的方法，也会接受科学心理学的技术。心理学的科学普及不是把常人转换成为科学心理学家，而是让常人具有心理学的科学常识。

第五节　常识心理学的功能

对于常识心理学的性质来说，科学心理学诞生之后，常识心理学就被科学心理学认为是属于非科学的心理学，或者被认为是科学心理学所淘汰了的知识门类。因此，科学心理学的一个非常重要的任务就是怎样把自己与常识心理学区别开来。在科学心理学的发展历史中，科学心理学家总是力求与心理常识或常识心理划清界线。

常识心理学的基本内涵在于，常识心理学是普通人的心理学，是普通人在自己的日常生活中总结出来的经验，是普通人理解自己的心理行为和理解别人的心理行为的依据。常识心理学是来自于人的社会生活，是来自于人对自己的社会生活经验的总结，是来自于人与人之间的相互影响。在日常生活中，普通人会对自身的心理生活、他人的心理生活、及其相互之间的联系有着素朴的理解和解释。常识心理学使常人有可能涉入自己和他人的心理生活，达成交互的理解和影响。普通人不是科学意义上的心理学家，但却是常识意义上的心理学家。在日常生活中，普通人总是在观察、说明、解释、干预、影响自己的和他人的心理行为。

常识心理学的构成可以包含两个层次。一是个体的层次。尽管个体是从社会常识中获取心理常识，但是个体有自己的生活经历和生活经验。因此，个体对心理常识的理解是个体化的。二是社会的层次。心理常识通过社会个体之间的互动和交流，会逐渐地形成社会群体所能够共同理解的含义。这就是所谓"常识"的含义。

常识心理学在人的日常生活中具有重要的功能。常识心理学既是普通人理解心理生活的指南，也是普通人指导心理生活的指南。普通人在自己的日常生活中，是根据自己的经验常识来解释生活事件，来安排日常活动。如果没有心理常识，那么自己和他人的所有心理行为就都难以理解。同时，如果没有心理常识，那么自己和他人的所有心理行为就都无法安排。

常识心理学是常人探索自己生活的依据。普通人正是通过常识心理学来考察自己和他人的心理行为。常识心理学的最为重要的特征就是普通人试图追踪日常生活中人的心理行为的原因。这包括在日常生活中去推测或者推断人的打算、人的意图、人的思考、人的动因、人的感受、人的规划，等等。这会使周围人的行为变的可以理解，可以掌握。

常识心理学并不是一成不变的心理学，而是与个体的生活体验、生活经历，与共同体的共同目标、共同生活一起变化。所以，常识心理学的内容和形式总是会伴随着人的生活而不断地在演变。常识心理学在人的日常生活中有着非常重要的地位。尽管常识心理学一直是科学心理学所回避的、所排斥的、所贬低的、所放弃的，但是常识心理学又是科学心理学所无法回避的、无法排斥的、无法贬低的、无法放弃的。

在科学心理学诞生之后，科学心理学家就认为科学心理学取代了常识心理学。[①] 常识心理学就应该进入历史的垃圾箱。但是，实际上常识心理学仍然在普通人的日常生活中存在着，并发挥着重要的作用。可以说，常识心理学就是普通人日常生活的组成部分，是不可替代的。所以，最为重要的就是科学心理学应该把常识心理学当作自己的资源，是创新的资源，是发展的资源。常识心理学的未来并不会随着科学心理学发展和壮大而灭亡。相反，常识心理学会从科学心理学中吸收资源。当科学心理学的普及使心理学的科学知识变成常识，常识心理学就会通过科学化来进入和影响普通人的生活。

第六节　常识心理学的命运

在科学的或实证的心理学诞生和独立之后，许多的心理学家就认为，科学心理学已经和必然与其他形态的心理学划清了界线，其他形态的心理学都已经成为了历史的垃圾。这就包括常识形态的心理学。在科学心理学家看来，只有现代意义上的科学心理学才是唯一合理的和规范的心理学。

其实，这无疑是一种谬误。常识心理学以及其他各种不同历史形态的心理学，不仅有其独特的历史意义和价值，而且有其重要的现实意义和价值。现代的科学心理学实际上并不是简单地埋葬了其他历史形态的心理学，也不是简单地替代了其他历史形态的心理学。正相反，那些不同历史形态的心理学实际上成为被埋藏的矿产或者资源，它们仍然存在着，并在特定的生活领域里发挥着各自的作用。问题在于，只要能够有效地开发和利用这些不同形态的心理学，就会推动和促进科学心理学的发展或飞跃。心理学是当代最有发展潜力的学科。这不仅在于它有着非常巨大的社会应用的前景，而且在于它有着非常深厚的文化历史的资源。但是，当代心理学的发展重视的是它的未来前途和未来前景；而轻视和忽略了它的历史的和文化的资源。这无疑大大限制了心理学的进一

---

① Joynson, R. B. *Psychology and Common Sense*. London：Routledge & Kegan Paul, 1974.

步的发展，或者大大限制了心理学的眼界或视野。科学心理学的独立，并不等于说就是横空出世，独来独往。科学心理学仍然还是植根于文化和历史的土壤之中。关键的或核心的方面在于，科学心理学应该怎样提取文化传统中的资源，并从中去吸取什么样的养分，并把这种养分变成自己成长的动力和内容。[①]

在科学心理学之外，其他历史形态的心理学传统对当代心理学发展的实际意义和价值主要体现在如下的一些方面。一是提供了某种特定的透视人的心理行为的角度，这为全面和深入地理解人的心理行为带来了可能。任何一种心理学传统都是在特定的方面或特定的层面去理解人的心理。这尽管带有片面性、素朴性、扭曲性，但这却具有某种独特性、真实性、直白性。毫无疑问，常识心理学会在某种程度和某些方面启发科学心理学的研究和探索。二是提供了解释人的心理行为的独特的概念、理论、思想。这其中有着多样的说明人的心理行为的内涵和意义。这些内涵和意义都是在长期的生活实践中累积和积淀起来的。三是提供了揭示和了解人的心理行为的非常独特的方式和方法。如中国文化中的儒家、道家和佛家都提供了特有的心灵内省的方式和方法。这不仅仅是心灵认识自身的方式和方法，而且也是心灵改变和提升自身的方式和方法。四是提供了影响和干预人的心理行为的技术和手段。任何的一种心理学传统都有其改变或提升人的心灵的技术手段。从上述来看，科学心理学的发展其实拥有非常深厚的文化资源。丢弃、放弃、抛弃、舍弃这些文化资源，是科学心理学发展的一种不幸。任何的心理学的创新，都不是凭空的飞跃，而应该是广泛地吸收所有可能的营养。这是心理学创新的必由之路。中国心理学不仅是缺少创新，也缺少创新的根基，也缺少对创新根基的认识、理解和把握，也缺少对创新资源的挖掘、提炼和再造。这就是探讨心理学各种历史形态的基本价值和实际意义。

关于常识心理学的研究，关于常识心理学在人的心理行为方面的影响的研究，不同的心理学研究者关注的是不同的方面、不同的侧面、不同的内容。有关"心理理论"的考察和探索，就是非常重要的切入点。有研

---

① 葛鲁嘉：《中国心理学的科学化和本土化——中国心理学发展的跨世纪主题》，《吉林大学社科学报》2002 年第 2 期，第 5—15 页。

究者指出，心理理论是推测他人心理的能力，是对所谓的无法直接观察的人的心理状态的推测，是对所谓的他人的可能行为的预测。这包括对自己的和对他人的需要、信念、意图、感受等等的理解、解释和预测。当然，心理理论的"理论"并不是指科学的理论，或者并不是指科学家通过科学研究的程序得出或建构的科学理论，而是常人由自己的日常生活经验引出的，关于自己和他人的心理行为的因果关系的推论、推测、解说、解释。尽管心理理论不是科学的理论，但却是日常的理论，也在关于人的心理行为的解说中有着重要的解释性功能。那么，心理理论也就是常识心理学。心理理论也与人的元认知有着重要的关联。元认知是人对自身的认知活动的认知、监控、规划、调节等的认知。这在某种程度上是由个体拥有的心理理论所制约。那么，心理理论就会影响和制约人的关于自己和他人的心理行为和社会互动。这就包括人的社会生活中的人际交流、人际知觉、人际情感、人际关系等等。[①]

在有的研究者看来，有关儿童"心理理论"的研究在"心理理论"研究中占据着重要的和核心的地位。这方面的研究是 20 世纪 80 年代西方发展心理学研究的一个最为重要的研究领域，也是取得大量重要研究成果并且前景看好的研究热点。在发展心理学或儿童心理学的研究中，"心理理论"的概念就被看做是儿童掌握的常识心理学，是儿童形成的和具有的关于人的心理行为的一种"理论"。这种心理理解的基本特征就在于类同于心理学家关于人的心理行为的理论形成和理论建构的过程。[②]

心理理论是指凭借一定的知识系统对他人的心理状态进行推测，并据此对他人的行为做出因果性预测和解释的能力。心理理论作为一种重要的社会认知能力，对于个体终生的社会适应能力有着重要的影响。因此，探讨儿童心理理论的研究是近年来发展心理学中的一个研究热点。早期的研究主要探查儿童获得心理理论的年龄，以及不同的任务带来的结果差异等

---

① 陈友庆：《"心理理论"的研究概述》，《江苏教育学院学报》（社会科学版）2005 年第 5 期，第 31—38 页。

② 熊哲宏：《儿童"心理理论"发展的"理论论"（The theory-theory）述评》，《心理科学》2001 年第 3 期，第 334—337、333 页。

方面，而近期的研究则注重儿童心理理论的发展和影响因素。[①] 其实，关于儿童心理理论的研究也就是关注普通人关于心理行为的理解和解释。儿童是获得或形成关于人的心理行为的理解和解释的最为重要、最为关键、最为敏感的时期。当然，目前的研究主要关注于和集中在儿童的心理理论上，成为儿童心理学研究的一个重要的领域和课题。其实，成人的心理理论也同样是非常重要的。成年人有更为丰富的日常生活经验，包括关于自己和他人的心理行为的经验。成年人有更为丰富的日常生活知识，有一套相对稳定的日常概念、日常方法和日常技术。

有研究者对常识心理学与科学心理学的关联进行了批判性的反思。研究认为常识心理学是指常人在长期的生产、生活活动中所创造、传承、演变和积累的，并伴有鲜明地域性、复杂性、民族性等文化历史象征的日常规范、准则、制度、习俗、谚语、神话、故事、诗歌、仪式等文化遗留物，作为人类历史承续、积淀、享用的心理智慧，绵延不绝地支配、指引和解释着人们的日常心理生活和日常活动。

该研究分析了常识心理学具有的文化特征。第一是常识心理学具有民族性的特征。不同的民族和不同的民族文化生成和养成的是不同的常识心理学。民族文化传统是常识心理学发生、流传和承继的根基和土壤。第二是常识心理学具有历史性的特征。过去的某一常识心理学今天可能会变换形式存在着，维持着常识心理学的民众心理功能，表现出连续性、传承性和变异性。第三是常识心理学具有隐秘性的特征。常识心理学包含传统和现实中常人对人的心理行为的认知、感受、理解等。常人之间可能会心照不宣，却又不明确其存在的方式。这构成一个日常语言的松散语义网络，左右、指引着人们的日常心理生活。第四是常识心理学具有价值性的特征。常识心理学表达的是常人自己的好恶和选择。

该研究者认为，科学心理学与常识心理学是可以"共在"的。所谓的"共在"包含着三层的含义：一是存在权力共在，即无论是科学心理学，还是常识心理学，都拥有平等存在和发展的权力，而不是凭借着话语霸权凌驾于对方之上，这是它们之间实现对话的保证与前提。二是文化价

---

① 罗杰、卿素兰：《心理理论研究的起源与进展》，《湖北大学学报》（哲学社会科学版）2005 年第 5 期，第 578—582 页。

值观共在。无论是科学心理学还是常识心理学，对于人类而言，都有着相同的价值。三是发展机遇共在。科学心理学可以从常识心理学中汲取自身发展的传统文化滋养、借鉴和启示，在时代精神中得到长足进步。也要使常识心理学从科学心理学中获取新的技术、新的方法和新的程序等科学精神，使其发展紧跟时代潮流。不但使常识心理学总是汲取科技理性精神，也要使科学心理学获致足够的文化资源。①

有研究者强调了心理学的日常性质，认为在科学心理学的研究中，过度地张扬了心理学的科学性，导致心理学与现实生活之间的距离越来越远，面对现实问题束手无策。心理学应该是科学性与日常性的有机统一。心理学的日常性就是关注个体的心理生活，关注个体的常识理解，把心理学理论的支点回归到现实的个体身上。所谓心理学的日常性强调的是两层内涵：一是研究以真实的问题为重心；二是关注个体的自我心理生活。这也就是说，心理生活的主体性和独特性决定了心理学的研究必须关注个体的心理生活体验。心理学理论不应该漂浮在现实生活之上，而应该把常人的"外行理解"纳入到研究中，注重研究的实效性，这是心理学未来发展的方向。② 该研究表明，在心理学的发展中，实际上有把心理学的科学性和心理学的日常性对立起来的倾向。这无疑极大地限制了心理学在社会或现实生活中的功用和地位。科学对于生活的融入，心理科学对心理生活的融入，这是科学心理学的发展中最为重要和核心的问题。

---

① 孟维杰：《常识性心理学与科学心理学关联的批判性反思》，《自然辩证法通讯》2007 年第 2 期，第 1—6 页。

② 周宁：《论心理学的日常性》，《自然辩证法研究》2001 年第 11 期，第 13—17 页。

第四章

哲学形态的心理学

　　哲学的心理学也是心理学最古老的历史形态之一。[①] 在科学心理学诞生之前，心理学就曾经长期寄生或寄居在哲学之中，是哲学探索的一个重要的构成部分，是哲学探索的一个重要的相关领域。哲学形态的心理学的最为典型的研究方式是猜测、思辨和推论。正是通过猜测、思辨和推论，哲学形态的心理学涉及和探索了人类心理行为几乎所有重要的方面。[②] 在相当漫长的历史时期之中，哲学家是以学术的方式探索和探讨人的心理行为的最为重要的势力。当心理学成为科学门类之后，哲学的心理学在哲学研究中成为心灵哲学的研究。但是，心理学哲学的研究则是在反思和考察心理学研究中关于对象、关于方法和关于技术的理论前提或前提假设。[③] 哲学反思已经不同于哲学的猜测和推论。通过哲学的反思，可以揭示心理学研究中的重要的思想前提和理论预设，可以对心理学发展中的一系列重大的理论问题进行考察和定位。[④] 所以，心理学的研究与哲学的研究一直

---

　　① 葛鲁嘉：《心理学的五种历史形态及其考评》，《吉林师范大学学报》（人文社会科学版）2004 年第 2 期，第 20—23 页。

　　② 葛鲁嘉：《哲学形态的心理学考评——心理学的五种历史形态考察之二》，《河北师范大学学报》（教育科学版）2005 年第 4 期，第 76—79 页。

　　③ 葛鲁嘉、陈若莉：《论心理学哲学的探索——心理科学走向成熟的标志》，《自然辩证法研究》1999 年第 8 期，第 35—40 页。

　　④ 葛鲁嘉：《大心理学观——心理学发展的新契机与新视野》，《自然辩证法研究》1995 年第 9 期，第 18—24 页；葛鲁嘉：《对心理学科学观的反思》，《自然辩证法研究》1996 年第 12 期，第 67—70 页；陈健：《科学划界——论科学与非科学及伪科学的区分》，东方出版社 1997 年版，第 1—7、208—218 页；Boden, M. N. The philosophy of artificial intelligence. New York: Oxford University Press. 1990. 1 – 20.

具有十分密切的关联。

第一节　哲学心理学的界定

如何界定哲学心理学，如何理解哲学心理学的研究，如何解说哲学与心理学学科之间的关系，如何看待心理学与哲学的关系演变，这是探讨哲学形态的心理学的重要的方面。哲学心理学关于人的心理行为的探索或探讨曾经有过什么样的价值和地位，还可以有什么样的价值和地位，都需要深入的考察和研究。

实际上，哲学心理学所探索的内容在其他许多相类近的学科中也有不同的和相应的探索。例如，心灵哲学的探讨就与哲学心理学相类近。心理学哲学的探索也与哲学心理学相搭界。心灵哲学的研究有传统的心灵哲学，也有现代的心灵哲学。有语言分析的心灵哲学，也有科学主义的心灵哲学。有现象学的心灵哲学，也有存在主义的心灵哲学。心灵哲学的研究有两个目标。一个是哲学的目标，就在于通过心灵哲学的探索而寻找到哲学思考的基础或者心灵基础。一个是心理学的目标，就在于心灵哲学的研究为心理学的研究提供了理论前提。心理学哲学的研究也与哲学心理学相类近。但是，心理学哲学是对科学心理学研究中的理论前提或理论假设的哲学反思。这包括两个层面。一是有关心理学研究对象的理论设定。二是有关心理学研究方式的理论设定。这些理论前提或者是明确的，或者是隐含的。心理学哲学的研究就是为了揭示那些隐含的假设，就是为了梳理那些明确的假设，就是为了矫正那些错误的假设，就是为了提供那些必要的假设。当然，无论是心灵哲学的研究，还是心理学哲学的探索，都与哲学心理学有着各种各样的联系。哲学心理学实际上是它们的历史传统和现实根源。

哲学心理学的研究有着十分漫长的历史。应该说，哲学心理学有其研究的价值和学术的意义。当然，哲学心理学的研究也有其历史的局限性和现实的缺陷性。这就体现在哲学心理学的最基本的研究方式是思辨的方式，是思辨的猜测，是思辨的推论。对于科学的或实证的心理学研究来说，这种研究方式使研究本身得出的结论根本无法验证。其实，哲学思辨推论的方式有对心理行为的性质、活动、规律的理论说明。但是，问题在于这种理论的猜测和推论并没有合适的方式和手段去验证和证实自己的理论。

不过，这也并不是等于就可以宣布哲学心理学的死亡。其实，在非常漫长的历史过程中，哲学心理学的探索提出了和积累了大量的关于人的心理行为的理论学说。尽管按照科学心理学的标准去衡量，这些学说都是思辨猜测，缺少实证科学的价值，但这却是人类文化的财富。哲学心理学的这些思辨猜测的最直接的依据，就是人类文化中和日常生活中积累起来的常识心理学。哲学心理学本身也给现代科学心理学的研究提供了相应的理论预设或理论前提。所以，当实证科学的心理学放弃了哲学的探索，抛弃了哲学的根基的时候，重要的是应该只放弃和抛弃传统哲学中无益的东西，而不应该放弃和抛弃哲学探索中对心理学研究有益的东西。

哲学心理学的传统遗留了很多的思想理论的矿藏，这些矿藏中内存着许多对科学心理学未来发展十分有益的东西。问题就在于，怎么样去挖掘这些矿藏，怎么样去提炼这些矿藏，怎么样去利用这些矿藏。例如，在中国本土文化的资源中，就存留着心性的学说。这实际上就是一种传统的心理学，即心性心理学。那么，怎样才能在心性心理学提供的传统资源的基础之上，去发展出或创造出新的心理学，这才是中国心理学努力的方向。正是在中国本土的心性心理学中，蕴藏着丰富多样的关于人的心理行为的理论解说、考察方法和干预手段。

其实，哲学形态的心理学仍然值得研究者的重视，特别是值得心理学研究者的关注。当然，问题的关键是挖掘、整理、提炼和转用。这是历史的形态，也是现实的资源，也是未来的根基。现在有了科学心理学，但还是应该有对哲学心理学的关注、考察、挖掘、探讨、利用。这仍然是一个十分重要的学术目标和学术任务。对于作为文化历史传统资源的哲学心理学，需要放弃的是那种无视、漠视、歧视的态度。因为这样的态度从学术的角度来看是一种无知，是一种刁蛮，是一种盲目，是一种无赖，是一种霸道，是一种耻辱。

第二节　心理学与哲学关系

无论是在哲学的发展史中，还是在心理学的发展史里，心理学与哲学的关系都是非常重要的内容。这构成了心理学与哲学的复杂的和多面的关系。了解和理解心理学与哲学的关系，解说和阐释心理学与哲学的关系演变，这是涉及心理学现实成长和未来发展的非常重要的方面。

一　关系的确立

确立心理学与哲学的关系，考察心理学与哲学的关系演变，是可以划分为不同的历史时期的。在人类思想史的早期，心理学是从属于哲学的，是哲学探索的一个组成部分。哲学的探索就包含着心理学的探索。哲学心理学是最早出现的心理学历史形态之一。在人类文明的发展史上，哲学是一门最古老的学问。哲学一开始是无所不包的，或者说是包罗万象的。那么，在哲学的追问当中，哲学家们也非常关注人类的灵魂、心灵、意识、心理的问题，并不断地在探讨人类心理的基本性质、主要构成及活动方式。

当然，心理学与哲学的关系可以是学术之间的关系，也可以是学科之间的关系，可以是理论之间的关系，也可以是方法之间的关系。确立心理学与哲学之间的关系，对于心理学的研究来说，是关系到其身份、地位、影响、作用等等的大问题。

确立心理学与哲学的关系，可以有学科立场之间的差别。从哲学学科的立场出发，考察哲学与心理学学科之间的关系，就是哲学作为一种特定学科的视角。哲学作为母体学科、哲学作为领袖学科、哲学作为反思的学科，都会使哲学学科对与心理学的关系有着自己的界定和解说。在心理学成为实证科学的门类，从哲学母体中分离出去之后，心理学就从形而上学的学科转变成为形而下学的学科。当然，哲学的研究也有心灵哲学的分支，在心灵哲学的研究中，仅仅是借用了心理学对心灵进行探索的文献资料和研究结果。

从心理学学科的立场出发，考察心理学与哲学学科之间的关系，也是一种特定学科的视角。心理学在成为独立的学科门类之后，就有了自己独立的视野和眼光，就有了自己专属的领域和方向。心理学一度排斥过哲学的研究，认为自己已经与哲学划清了界线。但是，随着心理学的学科进步和学科成熟，心理学又重新开始去定位自己与哲学的关系。心理学与哲学之间的跨界研究也对心理学的研究产生了重要的影响。

二 关系的演变

心理学与哲学有着独特的和密切的关系。在学科林立的当代，心理学与哲学都是独立的学科门类。但是，在哲学和科学的发展历史上，心理学与哲学却有着十分独特的关系。这种独特的关系仍然决定着心理学和哲学的学科发展。那么，了解和认识心理学与哲学之间的关系，对于揭示哲学心理学和心理学哲学的内涵与功能，显然是具有十分重要的意义。从学科的历史发展的角度来看，心理学与哲学的关系经历了三个重要的发展阶段。那就是哲学完全包含或基本包容心理学的阶段；哲学与心理学彼此分离或相互排斥的阶段；心理学与哲学重新组合或相互促进的阶段。

第一个阶段是哲学完全包含或基本包容心理学的阶段。心理学成为独立学科门类的时间很短，仅有一百多年的历史。在这之前的漫长时期里，心理学主要是被包含在哲学当中。这个阶段中的心理学可称之为哲学心理学。哲学心理学是哲学家通过思辨的方式对人的心理行为的说明、阐述和解释。这种思辨的方式带有推测、推论和推断的性质。当然，哲学心理学是一种最古老形态的心理学。这种心理学在历史上存在了相当长的时间，并且是历史上的对人的心理行为的最具有主导性的解说和解释。所以，心理学在相当长的历史时期中都是从属于哲学的。

第二个阶段是哲学与心理学彼此分离或相互排斥的阶段。科学意义上的心理学是在 19 世纪中后期才诞生的。至今不过一百多年的历史。心理学成为独立的学科门类之后，是以实证科学或实验科学自居的。那么，在心理学独立之后，心理学与哲学曾经有过彼此的分离和相互的排斥。对于心理学来说，为了维护自己的独立学科或实证科学的地位，它在相当长的时间里都极力排斥哲学，把自己与哲学严格地区分开来，否定自己与哲学有任何的关联。甚至在今天，仍然有许多的心理学家持有这样的态度。这甚至成了心理学家的一种病态的反应和一种病态的排斥。

第三个阶段是心理学与哲学重新组合和相互促进的阶段。到了 20 世纪末期，随着哲学学科的研究有了重大的转折和转向，随着心理学学科的迅速扩展和壮大，心理学与哲学的关系又有了新的变化。在众多的科学学科从哲学中分离出去之后，哲学已经放弃了自己包罗万象的研究心态和研究方式。哲学开始致力于对思想或理论前提的反思。其实，这并不是哲学的畏缩或萎缩，而是哲学的重新定位。同样，心理学在经历了急速的发展和扩张之后，也发现了自己的学科理论基础的极度薄弱。学科理论基础的建设有一个十分重要的任务，那就是对学科的思想或理论前提的分析和反思。这不仅决定了心理学科进行理论建构的能力，也决定了心理学家提出理论假设的水平。当然，心理学与哲学的关系改变，并不能说明心理学与哲学就脱离了关系，就没有了关系。相反，只能说明心理学与哲学有了更为特殊的和更为密切的关系。这不仅对哲学家的研究提出了更高的要求，而且对心理学家的研究也同样提出了更高的要求。

三　相关的学科

要了解哲学心理学的研究，就必须先要了解它与其他一些相关的重要研究领域的关系。正是这些关系决定了哲学心理学研究的性质、内涵、特征、未来等。这包括心灵哲学、心理学哲学、理论心理学等。这都是涉及通过哲学的方式对人的心灵、对人的心理、对人的意识、对人的欲望、对人的意向、对人的思维等等的探求。

首先是哲学心理学与心灵哲学的关系。要想区分开心理学哲学与心灵哲学的关系，并不是很容易做到的。心灵哲学或心智哲学是哲学的一个分支学科，是以哲学的视角和哲学的方式探讨心灵的性质和活动。心理学哲学则并不直接涉猎人的心理行为，而是反思或探讨心理科学研究人的心理行为的前提假设。它或者是使原有隐含的前提假设明确化，或者是使原有不合理的前提假设得到纠正。这直接决定着心理学家对心理学研究对象的理解。有研究者指出，当代的心灵哲学研究已经成为哲学研究的中心论题。这主要有三个方面的原因：一是哲学家在哲学研究中已经普遍意识到，对许多哲学问题的理解，实际上依赖于对最基本的心灵过程的理解。二是从知识增长的角度来说，知识的增长使人们更加关注实质性的、建设性的哲学。而这种哲学始于对人类心灵本质的认识，因为心灵是联系自我与世界的桥梁。三是认知科学的崛起为哲学开辟了全方位的研究领域。认知科学是由交叉学科群集合的研究。认知科学涵盖了哲学、心理学、语言学、计算机科学、神经科学和人类学等众多学科。

心灵哲学的研究可以概括为有 12 个基本的问题。（1）心身问题。这也就是心与身之间的确切的关系是什么？目前，心身问题已经转化成为如下的两个问题：一是物理实体如何对人的心灵产生影响？二是心灵世界是如何影响物理世界的？（2）他心问题。人是怎么知道他人也有心灵？人在认识自己拥有的心灵时，如何知道他人也有心灵？人能否认识他心的存在？应该如何去认识他心的存在？（3）对外部世界的怀疑。这是怀疑是否存在着外在的世界。（4）个人感受问题。人确切感受到的只是自己的视觉经验、听觉经验等，人所感受的只是心灵对现象的表征。那么问题在于，人怎么知道这种表征真正表示着某物，或正确表示着某物？（5）自由意志问题。人拥有自己决定做某事或选择某物的经验。这似乎表明人具有自我意志的自由性。人是真的拥有自由意志，还是这种自由意志只是一种幻觉？如果人的自由意志是人的心灵的一个特征，那么它是如何影响外部世界的？（6）自我与人格的同一性问题。这也即自我在不同的时间、不同的地点的一致性。（7）动物是否具有心灵。如果所有的心灵都是一个精神的或心灵的实体，如果心灵是不灭的，那么动物也应该拥有心灵，每一个动物也都会拥有一个不朽的灵魂。（8）睡眠问题。这一问题是指，如果心灵是有意识的，如果意识是心灵的本质，那么可以推出，如果没有意识就没有心智。可是又如何解释人的睡眠状态。（9）意向性问题。意向性涉及两个基本的方面，一是人的大脑如何指向外部世界的事件？这种"关于"和"指向"何以可能？二是人的心灵或大脑是怎样拥有意向内容的？（10）心灵因果和副现象问题。心灵状态为何可以作为不属于物理世界的因素而对物理世界起作用呢？（11）无意识问题。无意识的确切含义是什么？大脑中的什么因素使其既为心灵状态同时又无意识。（12）心理和社会的解释问题。对心理和社会事件的解释与对物理和化学事件的解释相比有着不同的结构。①

其次是哲学心理学与理论心理学的关系。理论心理学是心理学研究的一个重要的分支学科。其实，理论心理学的最重要的作用或最直接的功能，是负担关于人的心理行为的理论假设的建构。理论心理学对于心理学的发展来说是非常关键的，因为心理科学提出或构想理论假设的能力至少在我国的心理学界是非常的薄弱。所以，人们也许已经见惯了对外国心理

---

① 邱惠丽：《当代心智哲学研究的 12 个问题及其他》，《哲学动态》2006 年第 1 期，第 46—50 页。

学理论的照搬，却很少看得惯自己的理论创新。心理学哲学的研究则并不直接去提出关于人的心理行为的理论解说，而是反思或批判有关人的心理行为的理论前提或理论假设。

随着各个学科相继从哲学中分离出来，心理学也脱离了哲学，走上了自己的追求科学化的道路。但是，哲学与心理学仍始终保持着某种特定的关联。现在的哲学通过对理论思维前提的批判与反思，实际上影响着各个具体科学学科的具体研究。因为各个学科的研究都存在着理论预设，而它具有隐含性。哲学将隐含的预设明确化，并提供合理的理论预设和理论前提，来支配和影响各个科学分支学科的具体研究。

当然，传统哲学是以思辨的方式来探讨人类的心理和行为。那么，哲学的思辨对人的心理行为的说明就存在着两个根本的缺陷。第一，哲学家无法证明他关于心理行为的说明涉及的就是心理行为本身，而不是一种猜测或推论；第二，哲学家缺乏实际的技术手段去干预人的心理行为，使人的心理行为按照特定的构想去发生变化。基于这样两点，哲学心理学被后来的心理学家称之为"安乐椅中的心理学"，并被后来的心理学研究所排斥。指出哲学心理学的缺陷，并不是要否定哲学思辨方式在心理学研究中的作用。心理学需要哲学的指导，哲学思辨也以各种不同的方式影响到了后来心理学的发展。如古代西方的"颅相学"是通过人的头骨的凸起和凹陷来判断人的性格与能力。那么，头骨凸起的地方相对应的功能就要强，而头骨凹陷的地方相对应的功能就要弱。这种缺乏依据的推测实际上深刻地影响到了后来解剖学和生理学对大脑神经系统机能定位的研究。当然，后来科学心理学的诞生，自然就放弃了哲学心理学。但是，这并不等于说，哲学与心理学就没有了关系。现代哲学不再是包办心理学的研究，而是转向去反思和探讨心理学研究中的理论预设，使之从隐含的转变成明确的，从不合理的转换成合理的。这样的哲学探讨就不再是传统的哲学心理学，而是现代的心理学哲学。

哲学心理学的研究是哲学完全包含或基本包容心理学的阶段。当然，哲学心理学是一种最古老形态的心理学。这种心理学在历史上存在了相当长的时间，或者说心理学在相当长的历史时期中都是从属于哲学的，并且曾经是历史上对人的心理行为的最具有主导性的解说和解释。哲学与心理学后来才彼此分离或相互排斥。心理学成为独立的学科门类之后，是以实证科学或实验科学自居的。那么，在心理学有了自己的科学身份之后，心理学与哲学曾经有过彼此的分离和相互的排斥。对于心理学来说，为了维护自己的独立学科的地位，它在相当长的时间里极力排斥哲学，把自己与哲学严格地区分开来，否定自己与哲学有任何的关联。甚至在今天，仍然有许多的心理学家持有这样的态度。这甚至成了心理学家对哲学探索的一种病态的反应和一种病态的排斥。

第三节　传统的形态

哲学心理学是一门非常古老的学问。当然，任何的哲学心理学的探索都是根基于特定的文化传统。在不同的文化传统中，其哲学心理学探讨的问题，研究的方式，强调的重点，得出的结果，形成的影响等，都有所不同，甚至是有很大的差异。因此，由于文化的差异，就存在着西方的哲学心理学和中国的哲学心理学。

一　西方的哲学心理学

西方的哲学心理学是哲学家以哲学思辨的方式对人的心理行为的探索。西方的哲学心理学是建立在西方文化主客体相分离的基础之上的。人的心理行为被当作客观的研究对象，研究者只是毫不相关的旁观者。哲学家依据于日常生活的经验，来说明和解释人的心理行为。问题在于，这种关于心理行为的描述、解说和理论是否就是心理行为作为客观对象的实际状况。显然，研究者没有办法去证实。经验直观的研究必然是揣测、猜测、预测，必然是推论、推断、推演等等。所以，在科学心理学诞生之后，科学心理学家就放弃、抛弃、舍弃了哲学心理学，把其当成了历史的垃圾。

有研究者认为，西方哲学心理学的研究也为后来心理学的发展提供了理论基础和发展生机。哲学思辨具有方法论的作用，哲学阐释具有启蒙性的作用，哲学理论具有导向性的作用。哲学心理学的思辨性通过理性的分析，也阐发了许多有见地的心理学思想。[1]

---

① 杨鑫辉主编：《心理学通史》第三卷，山东教育出版社 2000 年版，第 429—437 页。

西方的哲学心理学包括联想主义心理学和官能主义心理学。联想主义心理学的基本主张在于：一是所有的心理都可以由联想加以说明；二是以简单的心理活动的联合来解释复杂的心理活动；三是联想遵循着一定的规律，可以分为联想主律和联想副律。联想主律如接近律、相似律、对比律等。联想副律也有许多研究细分。联想主义心理学是西方近代最早的心理学流派，17—19世纪盛行于英国，为英国哲学家霍布斯和洛克所发端，代表人物有英国学者哈特莱、穆勒父子、布朗、培因等等。

官能主义心理学的基本主张在于：一是注重心理活动的内在基础；二是把心灵看做是一个完整的和能动的整体；三是心灵具有各种不同的官能，而不同的官能决定着不同的心理活动。官能主义心理学也是西方近代最早的心理学流派，17—18世纪盛行于德国，主要代表人物有德国哲学家沃尔夫、苏格兰哲学家黎德、德国医学家加尔等。

西方的哲学心理学的一个非常重要的学派就是联想主义心理学。联想主义心理学实际上是西方的哲学心理学的历史性的贡献。对后来的心理学发展产生了深远的影响。联想主义心理学是起源于古希腊时期，形成和发展于西方近现代哲学和心理学中的一种心理学理论。如果从产生的时间来看，联想主义心理学是西方心理学思想史中历史最为悠久的心理学思想流派。联想主义心理学一方面继承了古希腊哲学家柏拉图和亚里士多德提出的联想律，另一方面则一直延续在近现代西方心理学思想发展和演变之中。联想主义心理学产生于18世纪的英国。在西方心理学思想史中是一个时间延续长久、影响十分广泛的学派。联想主义心理学把人的心理活动都看做是观念的联想。所谓联想，即各种观念之间的联系或联结。观念联想的形成遵守三个基本规律：相似律，相似的观念易形成联结；接近律，时间上接近的观念易形成联结；对比律，有着鲜明对比的观念易形成联结。早期的联想主义心理学是在17世纪中叶到19世纪末叶，代表者有英国哲学家霍布斯。他被认为是联想主义心理学学派的创始者。霍布斯认为人的一切心理活动实质上有两种，即感觉和联想。外部的事物运动影响人的感官，形成人的感觉，感觉通过神经的传导过程，在人脑引起内部运动。当外部运动的影响停止后，所引起的内部运动由于惰性的作用，仍会继续存留，这种残存的内部运动就是表象和观念。英国哲学家洛克、贝克莱、休谟等人则发展了联想主义心理学的思想，认为各种经验都是由感觉或观念的联想形成的。

二　中国的哲学心理学

中国的哲学心理学则与西方的哲学心理学有所不同。中国哲学的思想家提供的不仅仅是关于人的心理行为的思辨猜测。中国的哲学心理学是建立在中国文化主客一体的基础之上的。在这样的哲学心理学中，没有所谓的研究者与研究对象的分离。每个人都可以既是研究者，也是被研究者。物我不分的道就在每个人的心中。心道一体导致的是对人的心理的揭示就是内心体道的过程，是心灵境界的提升，是人对内心道的体悟和体验，是人对内心之道理的实践或实行。这就是中国文化传统中的内圣和外王。内心体道才能成为圣人，外在行道才能成为王者。那么，如何体道和践道，中国本土的传统心理学就给出了理论的解说和实践的行使。

中国本土文化中的非常独特的和非常重要的理论贡献就是心性的学说。当然，在中国的文化传统中，不同的思想派别有不同的心性学说。不同的心性学说，发展出了不同的对人的心灵或心理的解说。首先是儒家心性说。儒家的学说是由孔子和孟子创立的。在中国传统文化的儒、道、释三家中，儒家学说的重心在于社会，或者说在于个体与社会的关系。儒家强调的是仁道。当然，仁道不是外在于人的存在，而就存在于个体的内心。那么，个体的心灵活动就应该是扩展的活动，体认内心的仁道。只有觉悟到了仁道，并且按仁道行事，那就可以成为圣人。这就是内圣外王的历程。其次是道家心性说。道家的学说是由老子和庄子创立的。在中国传统文化的儒、道、释三家中，道家学说的重心在于自然，或者说在于个体与自然的关系。道家强调的是天道。当然，天道也不是外在于人的存在，而就是潜在于个体的内心。那么，个体也可以通过扩展自己的心灵，而体认天道的存在，并循天道而达于自然而然的境界。再次是佛家心性说。佛家的学说是由释迦牟尼创立的，是从印度传入中国的。在中国传统文化的儒、道、释三家中，佛家学说的重心在于人心，或者说在于个体与心灵的关系。佛家强调的是心道。当然，心道相对于个体而言是潜在的，是人的本心。那么，个体可以通过扩展自己的心灵而与本心相体认。

在中国的文化传统中，哲学就是无所不包的学问。正如有学者所指出的，从某种意义上来说，中国的哲学就是一种心灵哲学，就是回到心灵，解决心灵自身的问题。中国哲学赋予了心灵特殊的地位和作用，认为心灵是无所不包的和无所不在的绝对主体。[1] 其实，中国本土文化中的心性说，就是关于人的心灵的重要学说。

儒家的心性论也是儒学的核心内容。通常认为，儒学就是心性之学。[2] 也有的学者认为，心性论是儒学的整个系统的理论基石和根本立足点。所以，儒学本身也就可以称之为心性之学。[3] 儒家的心性论强调人的道德心和仁义心是人的本心。对本心的体认和践行，就是对道德或仁义的体认和践行。那么，人追求的就是尽心、知性、知天。这也就是孟子所说的"尽其心者，知其性也。知其性，则知天矣。"[4]这也就是孔子所说的下学上达。儒家所说的性是一个形成的过程，也即"成之者性"，所以孔孟论"性"是从生成和"成性"的过程上着眼的。[5]

道家的心性论也是把道看做就是人的本性，也就是人的道心，也就是人的本心。这强调的是人的自然本性，这也就是人的"真性"，这也是人的自然本心，这也是人的本心。道家的心性论把"无为"当作根本的方式。无为是道的根本存在方式，也是人的心灵的根本的活动方式。"无为"强调的是道的虚无状态，强调的是"致虚守静"的精神境界。无为从否定的方面意味着无知、无欲、无情、无乐。无为从肯定的方面意味着致虚、守静、澄心、凝神。道家也强调"逍遥"的心性自由境界。[6] 老子强调的是人的心性的本然和自然，庄子强调的是人的心性的本真和自由。[7]

佛教的心性论强调佛性就在人的心中，是人的本性或本心。禅宗是佛

① 蒙培元：《心灵的开放与开放的心灵》，《哲学研究》1995 年第 10 期，第 57—63 页。

② 杨维中：《论先秦儒学的心性思想的历史形成及其主题》，《人文杂志》2001 年第 5 期，第 60—64 页。

③ 李景林：《教养的本原——哲学突破期的儒家心性论》，辽宁人民出版社 1998 年版，第 2—3 页。

④ 《孟子·尽心上》。

⑤ 李景林：《教养的本原——哲学突破期的儒家心性论》，辽宁人民出版社 1998 年版，第 7—8 页。

⑥ 郑开：《道家心性论研究》，《哲学研究》2003 年第 8 期，第 80—86 页。

⑦ 罗安宪：《中国心性论第三种形态：道家心性论》，《人文杂志》2006 年第 1 期，第 56—60 页。

教的非常重要的派别。参禅的过程就是对自心佛性的觉悟过程。这强调的是自心的体悟、自心的觉悟的过程。禅宗也区分了人的真心和人的妄心，区分了人的净心和染心。妄心和染心会使人迷失了真心和污染了净心。①禅宗的理论和方法可以有两个基本的命题。一是明心见性，一是见性成佛。禅宗的修行强调的是无念、无相、无住。"无念为宗，无相为体，无住为本。"②

第四节　现实的发展

在心理学的历史发展中，心理学与哲学的关系是最引人注目的和最引起争论的。心理学哲学的探索就是心理学与哲学之间的交叉或跨界的研究。这是心理学走向成熟的标志，并为心理学的发展带来了新的生机。

一　心理学与哲学的关系定位

心理学与哲学的关系并不是固定不变的，而是随着时代的发展在不断地演变。大致上可以分成两个发展阶段来看心理学与哲学的关系，区分这两个阶段的标志就是心理学作为独立的学科门类的诞生。在前后两个不同的阶段，心理学与哲学的关系发生了重大的改变。

从哲学中分离出来成为独立的学科门类之前，心理学就包含在哲学之中，是哲学研究的组成部分。在这个阶段中的心理学探索也被称之为哲学心理学的探索。这是哲学家或思想家对人类心灵的性质与活动的解说和阐释，是他们建立起来的有关人类心灵的性质与活动的明确的思想体系。哲学心理学是建立在心理生活经验的直观基础上的哲学探索。实际上，在不同的文化传统中，存在着不同的哲学心理学的探索。例如，可以区分开西方文化传统中的哲学心理学和中国文化传统中的哲学心理学。这是哲学心理学的两种文化样式。③

---

① 方立天：《心性论——禅宗的理论要旨》，《中国文化研究》1995 年第 4 期，第 13—17，4 页。
② 汤一介：《禅宗的觉与迷》，《中国文化研究》1997 年第 3 期，第 5—7 页。
③ 葛鲁嘉：《心理文化论要——中西心理学传统跨文化解析》，辽宁师范大学出版社 1995 年版，第 176—179 页。

西方文化传统中的哲学心理学是建立在主体与客体相分离的基础之上，或者说是建立在研究者与研究对象相分离的基础之上。西方的哲学心理学是把人的心灵、精神、心理或行为作为哲学思辨的对象，并构造出概念化和体系化的理论说明。这样的哲学心理学理论仅仅是有关人类心灵的一种直观推论或思辨猜测。那么，西方哲学心理学的理论就存在着两个致命的缺陷：第一，哲学心理学家缺乏验证的手段，而无法证实自己阐释人类心灵的理论揭示的就是对象本身的特性和规律。第二，哲学心理学家缺乏干预的手段，而无法使自己阐释人类心灵的理论控制和改变对象本身的属性和活动。后来的西方科学心理学的建立，就在于突破了哲学心理学的这两个缺陷。科学心理学一方面采用了实证的方法来验证理论的假设，另一方面采用了技术的手段来干预心理的活动。

中国文化传统中的哲学心理学则是建立在主体与客体的一体化的基础之上，或者说是建立在研究者与研究对象的一体化的基础之上。中国的哲学心理学强调的是心灵的自觉或自我的超越。这是一种返身内求的学问，是通过人的内心修养，提升人的精神境界，去体认内心潜在的天道，从而达于天人合一。显然，中国古代哲人对人的心灵的阐释就不仅是思想观念的理论体系，同时也是精神生活的践行方式。中国的哲学心理学从根本上来说，就不存在西方的哲学心理学的那两个缺陷。第一，中国的哲学心理学提出的思想理论本身就是心灵的自觉活动过程的结果，那么，形成一种思想理论的过程实际上也是体悟印证它的过程。第二，中国的哲学心理学提供的思想理论本身就是心灵自我超越的精神发展道路，任何个人对它的掌握实际上都是在践行着一种心理生活的方式。可以说，西方科学心理学的诞生不可能终结中国的哲学心理学。它依然有其生命力。在 19 世纪的中后期，心理学脱离了哲学的母体，成为独立的学科。显然，此后心理学便不再从属于哲学，而与哲学之间有了清晰的边界。这使心理学与哲学的关系发生了根本的变化。科学心理学借用了最早从哲学中分离出来的自然科学的研究方式，并力图把心理学建设成一门经验科学和使之完全立足于经验事实。一方面，心理学运用了实证的方法，以证实关于人的心理行为的理论说明。另一方面，心理学运用了技术的手段，以干预或影响人的心理行为。因此，科学心理学家开始排斥哲学心理学，认为哲学心理学的探索毫无价值，仅仅是哲学家在安乐椅中关于心灵的玄想，是没有任何意义的思想垃圾。

但是，科学心理学脱离了哲学并不等于与哲学没有了关系，而仅仅是改变了与哲学的关系的性质。其实，在科学与哲学分离开之后，哲学就在改变着自己的探索方式。哲学家不再去直接说明经验的对象，而把经验的对象交给了经验科学去研究。哲学的探索则是反思经验科学家进行科学研究的理论前提或理论预设。

可以说，心理科学使人的心理行为成为经验科学的对象，使心理学的探索成为经验科学的方式。但在心理科学的研究中，任何一个心理学家都有自己从事研究的理论前提或理论预设。这是心理学家的研究立场，决定其对心理学研究对象的理解和对心理学研究方式的理解。当然，心理学研究的理论预设可以是隐含的，心理学家没有明确地意识到自己的理论立场，或者说是不自觉地运用了相应的理论前提。心理学研究的理论预设也可以是明确的，心理学家能够清楚地意识到自己的理论立场，或者说是自觉地运用了相应的理论前提。

实际上，心理学从哲学中独立出来成为经验科学中的成员之后，并没有就此摆脱了对哲学的依赖，而仅是改变了对哲学的依赖方式。心理学的研究不可能是空中的楼阁，它必然要有自己的理论基础。对心理学研究的理论前提或理论预设的反思就是心理学哲学的探索。心理学哲学不再去直接探索人的心理行为，而是去直接探索心理科学的立足基础。

这种探索的目的就在于使心理学的研究能够从盲目性走向自觉性。心理学哲学的探索，一是反思心理学家关于心理学研究对象的预先的理论设定，二是反思心理学家关于心理学研究方式的预先的理论设定。

二 反思有关研究对象的理论预设

关于心理学研究对象的理论预设可以是隐含的，也可以是明确的。但它都决定着心理学家对研究对象的理解。有什么样的关于研究对象的理论预设，就会有什么样的对研究对象的理解。心理学家关于研究对象的理论预设可以有两个来源。一是心理学家提供的研究传统。在先的心理学家建立的理论可以成为在后的心理学家理解对象的理论前提或理论预设。二是哲学家提供的理论基础。哲学家对人类心灵的探索也可以成为心理学家理解对象的理论前提或理论预设。这包括哲学心理学和心灵哲学的探索。如果以西方科学心理学的发展为例，就可以了解到心理学家是如何理解人类心理的，或者说可以了解到心理学家理解人类心理所依据的理论前提。

首先是心理与物理的关系。心理学的研究对象无疑是物质世界演化的产物，那么心理学家持有的世界观就会成为理解人的心理的理论前提。或者说，心理学家对世界有什么样的看法，就会对心理有什么样的理解。

科学心理学的诞生直接采纳了近代自然科学得以立足的理论基础。在涉及对心理学研究对象的理解方面，西方心理学的主流采纳了近代自然科学中的物理主义（physicalism）的世界观，把人的心理现象类同于其他的物理现象。尽管心理现象具有高度的复杂性，但却可以还原为构成心理现象的更为简单性的基础。在自然科学贯彻物理主义的过程中，物理学中有过反幽灵论的运动，生物学中有过反活力论的运动，心理学中也相应地有过反心灵论或反目的论的运动。这就使得西方心理学对研究对象的理解存在着客观化的倾向，而客观化甚至导致了对研究对象的物化。

实际上，人类心理与自然物理既有彼此的关联，又有彼此的区别。最根本的关联在于，人类心理也是自然的存在，也是自然发生和变化的历程。最根本的区别在于，人类心理具有自觉的性质，这种自觉的心理历程也是文化创生的历程。正是由于人类心理的特殊性质，导致了人类心理的多样性和复杂性，也导致了理解人类心理的分歧、争执、对立和冲突。

其次是心理与人性的关系。心理学研究的主要是人的心理，那么心理学家有关人性的主张就会成为理解人的心理的理论前提。或者说，心理学家对人性有什么样的看法，就会对人的心理有什么样的理解。涉及有关人性的主张，可以体现在两个维度上。

第一个维度是有关人性的本质属性。这基本上有三种不同的主张。一是以人性的自然属性为理论前提，在心理学的研究中有依据于生物本性对人的心理行为的理解。一是以人性的社会属性为理论前提，在心理学的研究中有依据于社会关系对人的心理行为的理解。一是以人性的超越属性为理论前提，在心理学的研究中有按照心理的自主创造对人的心理行为的理解。第二个维度是有关人性的价值定位。这基本上也有三种不同的主张。一是以人性本善作为理论前提，在心理学的研究中就会把人的心理理解为向善的追求。一是以人性本恶作为理论前提，在心理学的研究中就会把人的心理理解为向恶的追求。一是以人性可善可恶作为理论前提，在心理学的研究中就会把人的心理理解为受后天环境的制约。

除了上述两个一般理论前提，心理学家对人的心理还有许多具体的理论设定。这些具体设定也决定了心理学家理解人的心理的性质和内涵。

一是个体与群体的关系。人的心理的独特性在于，每个人都拥有完整的心理，而没有脱离开个体心理的所谓群体心理。但反过来，人类群体又拥有共同的心理，而不存在彼此隔绝的和截然不同的个体心理。这给理解心理学的研究对象带来了分歧。在西方心理学的研究中，个体主义的观点就十分盛行。这种观点强调通过个体的心理来揭示群体的心理，而这无疑限制了心理学从更大的视野入手进行科学研究。

二是心理与生理的关系。人的心理与其生物基础相互关联。心身关系或心理与生理的关系一直是困扰着心理学研究者的重大问题。在西方心理学的发展历史中，流行着心身一元论和心身二元论的观点，包括唯物的心身一元论、唯心的心身一元论、平行的心身二元论、交互作用的心身二元论等。这无疑制约着心理学家对研究对象的理解。

三是内容与机制的关系。人的心理活动是内容和机制的统一体。但如何对待心理的内容和机制却有着不同的观点。在心理学的研究中，存在着研究人的心理内容与研究人的心理机制的对立。相比较而言，心理活动的内容是复杂的、多样的和表面的。因此，心理学的研究常常倾向于抛开心理内容而去探索心理机制。

四是元素与整体的关系。人的心理是由许多的要素构成的，但又是一个相互关联和不可分割的整体。在对心理学研究对象的理解中，有着相互对立的元素主义的观点和整体主义的观点。元素主义是要揭示心理的最基本的构成元素，以及这些基本元素的组合规律。整体主义则是要揭示心理的整体特性，而反对割裂人的心理的原貌。

五是结构与机能的关系。人的心理是依照特定原则构成的结构，而该结构也具有特定的功能。在心理学的研究中，就有过构造主义心理学与机能主义心理学的对立和争执。构造主义强调心理学是研究人的心理的结构的，包括心理结构的构成要素和构成规律。机能主义则强调心理学是研究人的心理的机能的，包括心理适应环境和应对生活的机能。

六是意识与行为的关系。人的心理有内在的意识活动，也有外在的行为表现。心理学的研究曾经偏重过对意识的揭示，着眼于说明和解释人的内在意识活动。但心理学的研究后来也曾经抛弃过意识，把意识驱逐出了心理学的研究领域，而把人的行为当作了心理学唯一的研究对象。

三 反思有关研究方式的理论预设

有关心理学研究方式的理解涉及的是心理学作为一门科学的预先设定。该预设可以是隐含的，也可以是明确的。但无论是隐含的还是明确的，它都决定着心理学家对心理学研究方式的理解和运用。有关心理学研究方式的理论前提也有两个主要的来源。一是心理学家对其所从事的科学事业所持有的立场或主张。当他们接受了一套心理学科学研究的训练，他们实际上也就确立了关于心理学科学研究的设定。二是科学哲学家以科学为对象的哲学探讨，他们提供了什么是科学的研究、什么是科学研究的方法论等的基本认识。例如，实证主义哲学就是主流心理学的基本立场。

首先是关于心理学的科学性质的问题。这也可以称之为科学的划界（demarcation of science），即如何在科学与非科学之间作出区分的问题。心理学家正是依据于科学的划界而区分出了所谓科学的心理学、前科学的心理学、非科学的心理学和伪科学的心理学。心理学从哲学当中分离出来之后，心理学家就一直力图确立心理学的科学身份，就一直没有放弃过对科学性的追求。西方心理学采纳过实证主义的绝对标准，强调的是科学与非科学的非此即彼的标准，而划分科学的标准或是可证实性或是可证伪性。西方心理学也采纳过历史主义的相对标准，强调的不是超历史的标准，而是对科学进行历史的分析。所谓的科学是指科学家共同体持有共同的研究范式，科学活动就是在共同研究范式之下的释疑活动，而科学的进步就是科学研究范式的转换。在心理学中，心理学家总是依据自己对科学性的理解来对待心理学的探索。科学主义取向的心理学就总是否认人本主义取向的心理学研究的科学性质。

其次是关于心理学研究中的研究者与研究对象的关系的问题。西方心理学的主导科学观分离了研究对象和研究者，或者说分离了研究客体和研究主体。研究客体是已定的存在，是客观的现象。研究主体则是描摹的镜子，是冷漠和中立的旁观者。在心理学的研究中，这是占有支配性的理论预设。这给心理学带来了巨大的进步，但也限制了心理学的研究。实际上，研究对象与研究者的分离是基于异己的自然物与人作为认识者的区分。但是，心理学的研究对象与研究者却具有共同的性质。它们可以按研究对象与研究者加以区分，也可以形成超越这种区分的联系。在心理学的研究中，研究者与被研究者也可以是一体化的，那就是心灵的自我超越活动和自我创造活动。这不仅是个体化的过程，而且也是个体超越自身的过程。这不仅是心灵的自我扩展，而且是心灵与心灵的共创活动。

除了上述两个一般理论前提，涉及心理学的研究方式，还有一些具体的理论预设。这些设定关系到心理学的研究方法、理论概念和技术手段。

一是心理学的研究方法。在心理学的研究中，主流的心理学家坚持了可验证性的原则。这个原则体现在两个重要的方面：一是感官经验的证实；二是以方法为中心。心理学的研究者对与己分离的研究对象的认识应始于他的感官经验。那么，研究的科学性就建立在研究者感官经验的普遍性上。因此，心理学的研究总是极力推崇客观的研究方法。这无疑是成功的，但也有不尽如人意的后果。人的心理也是内在的自觉活动，只通过外在观察者的感官是无法直接把握到的。只依赖于研究者感官经验的普遍性，心理学便无法把握到人的心理的完整面貌。确立实证方法的中心地位强调的是通过实证的方法来确立心理学的科学性质。心理学的研究运用实证方法是重大的进步。但是，运用实证方法和以实证方法为中心具有不同的含义。以实证方法为中心是为了确立实证方法的绝对支配性地位。这导致了研究是从实证方法出发，而不是从对象本身出发。

二是心理学的理论概念。在心理学的研究中，主流的心理学家在运用概念和通过概念来建立理论时，总是力求坚持合理性的原则。这个原则体现在两个重要的方面：一是对概念进行操作定义；二是强调理论符合逻辑规则。心理学中的许多概念都是来自日常语言，那么对研究者来说，就存在着如何将日常语言转换成为科学概念的问题。心理学中流行过操作主义，许多心理学家都希望借助于操作主义来严格定义心理学的概念。操作定义的长处在于保证了科学概念的有效性，也即任何科学概念的有效性取决于得出该概念的研究程序的有效性。心理学理论的构成也强调逻辑的一致性。这需要的是科学语言的明晰性和科学理论的形式化。

三是心理学的技术手段。在心理学的研究中，主流的心理学家对人的心理进行技术干预坚持的是有效性的原则。这个原则也体现在两个重要的方面：一是被干预对象的性质；二是技术干预的限度。心理科学的技术干预对象与其他自然科学的技术干预对象既有类同的地方，也有不同的地方。人对其他自然对象的技术干预是为人谋福利，那么对象就具有为人所用的性质。心理科学对人的心理的技术干预则是直接为对象谋福利，那么对象就不具有为人所用的性质。这就是人的尊严或价值的问题。同样，其他的自然对象作为技术干预的对象，可以是被动的和按人的意愿进行改变的。然而，人作为技术干预的对象，就不是被动的和可以任意改变的，那么心理科学的技术手段就是有限度的。这就是人的自由或自主的问题。

四　心理科学成熟的重要标志

心理科学是从哲学传统中分离出来的，这种分离被看做是心理学的重大进步。在心理学家看来，心理学成为独立的学科门类之后，心理学中的任何哲学探讨或哲学思辨就已经被终结了或没有存在的必要了。换句话说，心理学取得的进步在于它脱离了哲学，那么心理学的研究就不应再有哲学的参与。否则，就是心理科学的倒退，退回了它实际已经超越了的时代。心理学家嘲弄哲学心理学的研究，将其称之为"安乐椅中的心理学"，是最为省力的胡思乱想，是毫无价值的思想垃圾。然而，许多心理学家在抛弃哲学心理学的同时，还进一步排斥所有关系到心理学的哲学探讨。似乎只要心理学的研究有哲学的参与，就会使心理学研究的科学性受到影响，就说明心理学的研究还是幼稚的或不成熟的。对于心理学来说，哲学已经不再能够有助于心理学的研究，而心理学反过来却可以为哲学的研究提供科学的依据或证明。心理学在独立发展的很长一段时期里排斥所有的哲学探索，使之一直缺乏对自身理论基础的哲学反思。这造成了心理学的学科根基非常虚弱。

实际上，从上述的探讨可以看出，心理学从哲学中独立出来之后，并没有使心理学脱离了哲学，而只是改变了心理学与哲学的关系的性质。当然，这本身也是哲学的研究产生了重大的改变，哲学不再去直接说明经验对象，而是去反思关于经验对象的科学研究的理论前提或理论预设。任何心理学家的研究都有自己立足的理论设定，但是这种理论设定可能是隐含的。这很可能给心理学的研究带来盲目性。心理学哲学的探讨和研究却可以消除心理学研究的盲目性，使心理学拥有健康发展的自省能力。因此，心理学哲学的探讨不仅不是心理学研究不成熟的标志，反而恰恰是心理学研究走向成熟的重要标志，是心理学摆脱幼稚和盲目的重要标志。

对于心理学与哲学之间的关系，无论是在心理学的学术界还是在哲学的学术界，都还存在着许多相当混乱和相当模糊的认识。当然，也有着出发点不同的各种各样的考察和探索，各种不同的理解和认识，各种侧面的引申和应用。①

从心理学界来看，有研究者引述了国外学者关于理论心理学的研究成果，并试图在我国的心理学界为理论心理学的研究正名。这无疑是一件非常有意义的事情。当实证心理学的研究排斥理论心理学的研究，这不能不说是心理学研究的悲哀。尽管其认为理论心理学中的元理论的探讨与哲学息息相关，但有研究者还是过于担忧哲学探讨的加入，认为理论心理学与哲学的出发点不同，它利用哲学的成果，但它本身并不是哲学。② 结果，对心理学元理论的探索成了心理学家的专利。其实，重要的不在于哲学是否加入了心理学研究，而在于哲学加入心理学研究的方式。

从哲学界来看，有研究者曾探讨了心灵哲学、哲学心理学与心理学哲学的异同。该研究认为，这三个概念并没有什么根本的区别。③ 这不仅把哲学心理学与心理学哲学混同在了一起，而且将两者又与心灵哲学归在了同类。心灵哲学（philosophy of mind）显然是哲学的分支学科。那么，心理学哲学的研究便成了哲学家的专利。其实，心理学哲学还是与心灵哲学有所不同，它是对现代科学心理学的理论基础的反思。

有的研究者则是从心理学和哲学的跨界角度探讨了心理学哲学。有的研究就认为，心理学哲学是心理学与哲学的交叉。"心理学哲学的任务就是研究心理学和心理学研究的哲学含义，具体地说，就是考察心理学概念的预设和意义，以便为心理学和哲学的进一步发展开辟道路。"④显然，可以把心理学哲学的探讨看做是心理学与哲学的跨界的探讨。但遗憾的

---

① 周宁：《心理学哲学视野中的主体心理学与存在心理学》，《学习与探索》2003 年第 4 期，第 19—21 页；周宁：《本土心理学的两种哲学视野》，《西北师范大学学报》2003 年第 4 期，第 31—35 页。

② 叶浩生：《论理论心理学的概念、性质与作用》，《心理学探新论丛》（第 1 辑），南京师范大学出版社 1998 年版，第 65—74 页。

③ 高新民：《现代西方心灵哲学》，武汉出版社 1994 年版，第 2 页。

④ 章士嵘：《心理学哲学》，社会科学文献出版社 1996 年版，第 1 页。

是，该研究仅仅探讨了有关心理学研究对象的一些理论问题，而基本上没有探讨有关心理学研究方式的理论问题。

尽管存在着不同认识，但可以肯定，心理学哲学近年来的兴起已经引起了广泛的关注。而且，心理学哲学的探索是心理科学走向成熟的重要开端和重要标志。特别是在我国心理学的发展当中，更是迫切地需要心理学哲学的研究。中国现代的心理学并不是从中国本土产生出来的，而是从国外引入进来的。这导致了中国心理学发展的两个重大问题。一是中国心理学对国外心理学的盲目接受和模仿。中国心理学通过引进和学习国外的心理学而获得了极大的益处，使自己有了很高的研究的起点而无须从头开始。但是，如果缺乏对国外心理学的理论基础的反思，就会使积极的引进和学习变成盲目的接受和模仿。二是中国心理学的学术开拓力的缺失或微弱。长期的接受和模仿，使中国心理学的自主研究没有确立起来，知识创新受到了很多限制。这其中非常重要的就是尚缺乏对自主创造的立足基础的理论反思，从而使学术开拓力的提升受到了不利的影响。[1] 那么，加强心理学哲学的研究就成为决定中国心理学跨世纪发展的重要任务。

第五节　反思的功能

心理学哲学的研究无论是对哲学的发展来说，还是对心理学的发展来说，都具有十分重要的理论功能。当然，心理学哲学研究的更为直接的功能是对当代心理科学发展的引导和促进的作用。心理学的研究不可否认的有着自己的理论前提或前提假设。当然，在心理学独立成为实证的科学之后，心理学家就一直矫枉过正，在反对哲学思辨的同时，强烈地反对所有形式的哲学研究进入心理学的研究领域，认为这是安乐椅中玄想的心理学，没有任何科学的意义和价值。这在某种程度上维护了心理学的实证科学的性质，但也在相当程度上使心理学一直缺乏对自己的理论基础或理论前提的反思。这导致心理学实证研究的资料得到了迅速的增加，但理论根基和理论建树却一直十分薄弱。这体现在心理学缺失统一的理论根基，缺

---

① 葛鲁嘉：《中国心理学的科学化和本土化——中国心理学发展的跨世纪主题》，《吉林大学社会科学学报》2002年第2期，第5—15页。

少多样的理论创造。心理学从诞生之日一直到目前为止，始终就处在四分五裂的境地。无论是对心理学的学科性质和学科发展的理解，对心理学的理论概念和理论学说的建树，对心理学的研究方式和研究方法的确立，对心理学的应用手段和应用技术的实施等等，都没有统一的和普遍的认识、理解和采纳等等。那么，心理学哲学的研究则可以在如下的一些方面引导和促进心理学的研究。

一是构建心理学的理论基础。科学心理学在诞生之后，在短短的一百多年的历史中，就经历了非常迅猛的发展、壮大和扩张。例如，心理学的分支学科高度分化，到目前为止已经有了数百个分支。心理学通过这些分支学科而广泛深入到了人类心理和社会生活的方方面面。当然，尽管这在某种程度上代表了心理学的繁荣，但是这也在某种程度上显示出了心理学的理论基础的薄弱。这就是所谓的枝繁叶茂，但主干虚弱。这已经开始极大地限制了心理学的进一步的发展。可以说，科学心理学在很大程度上是受其研究对象的多样化和复杂化的影响，因此在对研究对象的所谓客观描述和说明上迅速地积累了大量的所谓客观知识。但是，这些所谓的客观知识却缺乏彼此的关联，甚至相互矛盾和彼此冲突。这充分显示出了心理学的发展其实还要受到自身的思想根基或理论根基的影响。这决定了心理学研究的思想取向、研究立场、理论构想、方法设置、技术运用等。心理学哲学的研究或心理学哲学的探索，就可以有助于构建心理学的理论基础，强化心理学的理论根基，挖掘心理学的理论源泉。其实，任何学科的科学研究都有自己的理论核心或理论内核，心理学的研究也不例外。心理学哲学的研究就理应成为心理学研究的理论核心或理论内核。

二是促进心理学的理论创新。心理学成为独立的学科门类之后，就一直没有摆脱对其他成熟的学科门类的模仿和跟进。例如，对物理学的模仿。把心理事实等同于物理事实，按照解释物理事实的方式来解释心理事实。例如，对化学的模仿，去分割心理的元素，去探讨心理元素化合和分解的规律。例如，对生理学的模仿，以神经系统的活动规律去解释人的心理行为等。这都在很大程度上使心理学习惯了对其他相对成熟的学科的模仿和复制，也使心理学的研究中一直十分盛行还原论。这也就是把对心理行为的说明还原到物理的基础、化学的基础、生物的基础、生理的基础等等，从而极大地限制了心理学的理论创新。同样，中国心理学的起始，也是来自于对外国心理学的引进和模仿，这使中国的心理学缺少创新的根基和动力。中国心理学的发展已经习惯了引进、复制、借用、照搬外国心理学的现成的模式、理论、方法和技术，反而却不那么容忍和不那么接受新的思想、新的理论、新的方法、新的技术。其实，心理学的学术创新必须要有自己的理论平台，而心理学哲学的研究就可以使心理科学建立起自己理论创新的平台。提高心理学哲学研究的水平，实际上就是强化心理学的学术创新。这对于中国心理学的学术发展是至关重要的。

三是推动心理学的学科统一。心理学从诞生成为独立的学科门类之日起，就一直没有统一过，或者说就一直处于四分五裂的状态之中。心理学的研究无论是它的学说流派、思想观点、理论主张、研究方法、考察手段、应用技术等等，都是五花八门，层出不穷。也许在心理科学诞生之初，这还是受到赞扬，得到鼓励的，因为这说明了心理科学的壮大和繁荣。但是，这很快就成了心理学发展的制约和负担。已经有心理学家指出，一门陷入分裂和缺乏统一的学科，根本就不可能是真正意义上的科学。心理学学科独立之后，就一直受到这样的指责或责难。因为，在心理学的研究中，更为多见的是彼此的对立、相互的指责，甚至是彼此的攻击、相互的拆台。目前，探讨心理学统一的可能，寻求心理学统一的实现，开辟心理学统一的途径，已经成为心理学的十分重要的理论工作。心理学应该寻求什么样的统一，已经成为十分重大的发展问题。其实，心理学的统一应该追求科学观上的统一。正是在统一的科学观的基础之上，心理学可以有不同的理论探索、不同的研究方法、不同的技术手段。那么，心理学哲学的研究就会给心理学的统一提供必要的思想基础或理论基础，使心理学在一个特定的平台上寻求统一的可能。

四是强化心理学的社会应用。应用心理学就是运用心理学的实用技术、考察方法和理论知识对心理行为的干预或影响，以改变心理行为，提高心理生活的质量。心理学的应用研究也同样涉及一些重大的理论问题。这些问题的解决要依赖于心理学哲学的探讨，而这些问题的恰当的解决又会推动心理学的实际应用。例如，心理学的基础研究与应用研究的关系问题。心理学的基础研究与应用研究既相互区别又相互联系。区别主要体现在研究目的不同，评价标准也不同。基础研究的目的是说明对象，形成知识体系。应用研究的目的是解决问题，提高生活质量。基础研究的评价标准是合理性，在于衡量心理学的理论学说、研究方法和应用技术是否是合理的。应用研究的评价标准是有效性，在于衡量心理学的理论学说、研究方法和应用技术是否是有效的。心理学的基础研究和应用研究又有着密切的联系。脱离任何一个方面，心理学的研究都是不完整的。基础研究为应用研究提供了必要的基础，而应用研究则是基础研究的延伸。科学世界是科学家通过科学研究构造出来的。生活世界则是普通人通过日常活动实践出来的。其实，这两个世界就是一个世界，是通过不同的方式展现出来的世界。脱离了生活世界的科学世界是抽象的世界，而脱离了科学世界的生活世界则是盲目的世界。所以，生活世界与科学世界必然是紧密地联系在一起的。其实，心理学哲学的研究就可以探讨心理学应用当中的重大的理论问题。例如，有关人的心理的本性，即人的心理既是自然的存在，也是自觉的存在。例如，有关基础研究与应用研究的区别和联系；科学世界与生活世界的关系；心理学研究的理论、方法和技术之间的关联。从而，使心理学的社会应用更为合理和更为有效，以发挥其更大的社会作用。

总之，如果没有心理学哲学的研究，心理学的发展就会存在着盲目和迷惘。启动和促进心理学哲学的探讨，则会推进心理学的快速发展，强化心理学的学术创新，提升心理学的学术地位。可以说，一个人的成熟在于其有了自我意识、自我监控、自我约束、自我调整、自我促进等等。同样，心理学的成熟也在于心理学的自我了解、自我反思、自我认识、自我推动、自我构建等等。那么，心理学哲学的研究就是承担着这样的使命。强化心理学哲学的研究，实际上就是在促进心理学的成熟。昨天，心理学的研究曾经靠摆脱哲学的思辨而走向新生和独立。今天，心理学的研究正是靠推进哲学的反思而走向成熟和壮大。明天，心理学的研究必将靠哲学的支撑而走向成功和辉煌。

第五章

宗教形态的心理学

宗教的心理学是心理学的一个重要的形态。宗教心理学可以有两种不同的含义和存在。一是科学的含义或是科学传统中的宗教心理学，是科学家运用科学方法对宗教心理的研究。这是科学心理学的一个分支。目前，宗教心理学的科学研究和知识构成，就是科学心理学对宗教心理行为的科学考察。[①] 二是宗教的含义或是宗教传统中的宗教心理学，是宗教家按照宗教的方式对人的心理行为的说明、解释和干预。后者既是宗教活动提供的传统文化资源，同时也是现代科学心理学的文化历史资源。宗教中的心理学提供了关于人的信仰心理方面的重要的阐释，以及干预人的心理皈依的重要的方式。这为科学心理学的发展和进步提供了非常丰富和重要的心理学思想理论、心理学研究方法、心理学干预技术。心理学的创新就必须提取宗教的心理学中的资源。

第一节　宗教心理学的界定

宗教形态的心理学也是心理学的六种形态之一。当涉及宗教心理学，可以有两种不同的含义，也就是说存在着两种不同的理解。那么，也就有两种不同性质的宗教心理学。第一种是实证科学的含义和科学传统中的宗教心理学，是科学心理学家采纳科学的方式和运用科学的方法对宗教心理

---

① 阿盖尔：《宗教心理学导论》，陈彪译，中国人民大学出版社 2005 年版，第 8、13—14 页；梅多、卡霍：《宗教心理学》，陈麟书等译，四川人民出版社 1990 年版，第 14—17 页；世瑾：《宗教心理学》，知识出版社 1989 年版，第 1—3 页。

的研究。① 这实际上就是科学心理学的一个分支学科，形成的是科学形态的宗教心理学，或者可以称之为科学的宗教心理学。第二种是宗教体系的含义和宗教传统中的宗教心理学，是宗教家按照宗教的方式和宗教的教义对人的心理行为的说明、解释和干预。这是宗教历史的文化学创造，是宗教形态的心理学传统。这是宗教提供的心理学资源，是宗教涉及的心理学内容，是宗教开发的心理学方式。这形成的是宗教形态的宗教心理学，或者也可以称之为信仰的宗教心理学。

　　在此所涉及的宗教的心理学，其含义就是指宗教传统中的或者宗教源流下的宗教心理学，即宗教所创立的宗教心理学，宗教中所蕴含的宗教心理学。尽管这种宗教的心理学并不是科学心理学的方式，并不是科学形态的心理学，但却是十分丰厚的文化学的资源、宗教学的资源和心理学的资源。当然，科学心理学和科学心理学家长期以来并没有重视这种重要的心理学传统资源，也没有去开发和利用这种重要的心理学传统资源。② 其实，这种宗教的心理学提供了非常丰厚的心理学的理论知识、探索方法和实用技术。这种宗教的心理学传统不仅考察人的心理，解释人的心理，而且干预人的心理，影响人的心理。世界上有三大宗教，即基督教、伊斯兰教和佛教。中国的文化传统中也有三大流派，即儒家、道家和佛家。无论是哪一种宗教，还是哪一种派别，都非常关注人的心灵的性质、功能和活动，都有对人心理行为和内心生活的系统的阐述和全面的干预。③

　　以佛教为例，中国的禅宗是佛教的一个流派。禅宗的心理学对人的心理行为的阐述有着非常重要的意义和价值。④ 禅宗心理学强调的是常心和

　　① Spilka, B. & McIntosh, D. N. *The Psychology of Religion：Theoretical Approaches.* Westview Press，1997，3；Wulff，D. M. *Psychology of Religion：Classic and Contemporary View.* John Wiley & Sons, Inc. 1997，12－13.

　　② 葛鲁嘉：《心理文化论要——中西心理学传统跨文化解析》，辽宁师范大学出版社1995年版，第35—36页。

　　③ 杜维明：《儒家思想新论——创造性转换的自我》，曹幼华等译，江苏人民出版社1991年版；张广保：《金元全真道内丹心性学》，生活·读书·新知三联书店1995年版；蔡仁厚：《儒家心性之学论要》，文津出版社1980年版，第5—6页。

　　④ 方立天：《佛教哲学》，中国人民大学出版社1986年版，第40—41页；南怀瑾：《禅宗与道家》，复旦大学出版社1991年版，第42—44页；潘桂明：《中国禅宗思想历程》，今日中国出版社1992年版，第11—12页；铃木大拙、弗洛姆：《禅与心理分析》，孟祥森译，中国民间文艺出版社1986年版，第13、21页。

本心的区分。那么，以"常心"去观察和以"本心"去观察，就会看到完全不同的东西，就会体悟和见证到完全不同的生活。从见山是山和见水是水，到见山不是山和见水不是水，再到见山还是山和见水还是水。这就是禅悟的过程，是一种心理的意义系统的转换。同样的山和同样的水，但它们的意义已经发生了根本性的转变。因此，人的心理生活就会发生根本性的变化。那么，怎样才能够从"常心"证见到"本心"，禅宗给出了一套修身养性的工夫。所谓的"禅悟"，所谓的"禅定"，所谓的"解脱"，所谓的"证见"等等，这都有其特定的心理学的含义和价值。因此，这就是根据禅宗的基本学说来阐释和改变人的心理的禅宗心理学。这种宗教的心理学显然就是科学心理学发展的非常重要的源流，心理学可以从宗教的源流中获得有意义的资源和启示。

第二节　两种宗教的心理学

关于宗教心理学研究的归类可以有不同的尺度和方式。按照这些不同的尺度和方式来进行划分，就可以有不同性质和类型的宗教心理学探索。不同的学者也许就有对自己的研究的基本定位。在前苏联的心理学研究中，就有把宗教心理学区分为马克思主义的宗教学研究和宗教心理学研究，非马克思主义的宗教学研究和宗教心理学研究。这构成的就是所谓的马克思主义的宗教心理学和非马克思主义的宗教心理学。这是一个重要的研究尺度。在前苏联的心理学研究中，也有把宗教心理学区分为心理学体系中的宗教心理学，以及宗教学体系中的宗教心理学。[①] 当然，这种区分或分类的论证和依据还存在着许多的问题，或者说还缺少基本的论证。当然，把宗教心理学按照意识形态的标准进行分类，这超出了学术的范围，所以不予讨论。而把宗教心理学按照不同的探索和考察的性质进行划分，区分为心理学的宗教心理学和宗教学的宗教心理学则是应该加以讨论的内容。应该说，宗教心理学的确是存在着两种不同的类别，这两类宗教心理学是有着重要的区别的。当然，这两类宗教心理学也存在着联系。

---

① 乌格里诺维奇：《宗教心理学》，沈翼鹏译，社会科学文献出版社 1989 年版，第 1—29 页。

　　其实，宗教心理学的探索有两种不同的方式，也就形成两种不同的宗教心理学。一就是按照宗教的方式探索的宗教心理学，即宗教的宗教心理学。二就是按照科学的方式探索的宗教心理学，即科学的宗教心理学。这两种宗教心理学具有不同的性质，因而也就具有不同的内容。这成为宗教心理学探索的完全不同的路径，得出的也是完全不同的知识形态和理论构成。当然，科学与宗教是两种不同的，甚至是完全对立的关于世界、社会和人生的理解和认识。

　　美国是世界上心理学学科最为发达的国度。有研究者指出，在美国，宗教心理学的不同研究领域就造就和形成了两支不同的研究队伍。一支队伍由心理学家组成，其研究领域和研究取向可以称之为"宗教心理学"（Psychology of Religion）。宗教心理学强调运用心理学的理论、方法和技术对宗教现象进行客观研究或科学研究。另一支队伍则是由宗教的神职人员所组成，其研究取向可以称之为"宗教的心理学"（Religious Psychology）。宗教的心理学强调依据于某种或某个特定的宗教教义，来解释或阐释宗教活动中和日常生活中的心理现象或心理行为。目前，这两个不同的研究领域和两支不同的研究队伍共存的不融洽局面仍在延续，这种不同源流的、不相融洽的，甚至是彼此对立的和相互对抗的局面，还将会成为一种所谓的"趋势"。[①]

一　宗教心理学的宗教形态

　　宗教的宗教心理学是体现在不同的宗教流派或宗派中。对于世界的三大宗教，即基督教、佛教和伊斯兰教，都有自己的宗教教义，也都有宗教的心理学阐释。

　　方立天先生曾探讨和考察了佛教的禅、禅定和禅悟。揭示和解释了佛教作为宗教的有关人的心理的内容和方式。[②] 他认为，从宗教心理的角度来看，禅的修持操作主要是"禅思"、"禅念"和"禅观"等活动。禅思是修禅沉思，这是排除思想、理论、概念，以使精神凝集的一种冥想。禅

---

　　① 陈永胜、梁恒豪、陆丽青：《宗教心理学在美国的发展历程及态势探析》，《世界宗教研究》2006年第1期，第15—22页。

　　② 方立天：《禅、禅定、禅悟》，《中国文化研究》1999年第3期，第1—3页。

念是厌弃世俗烦恼和欲望的种种念虑。禅观是坐禅以修行种种观法，如观照真理，否定一切分别的相对性，又如观佛的相好、功德，观心的本质、现象等。

在方立天先生看来，禅修的过程中，最为重要的是开悟和悟入。开悟与悟入是悟的不同形态。开悟是依智慧理解佛教真理而得真知，也称"解悟"；悟入则是由实践而得以体证真理，主体不是在时空与范畴的形式概念下起作用，而是以智慧完全渗透入真理之中，与客体冥合为一，也称"证悟"。证悟和解悟不同，它不是对佛典义理的主观理解，不是对人生、宇宙的客观认识，不是认识论意义的知解，而是对人生、宇宙的根本领会、心灵体悟，是生命个体的特殊体验。也就是说，证悟是对人生、宇宙的整体与终极性的把握，是人生觉醒的心灵状态，众生转化生命的有力方式。

方立天先生指出，中国禅宗还大力开辟禅悟的途径和创造禅悟的方法。禅宗历史悠久，派别众多，开创的途径和方法繁复多样，五花八门。然概括起来，最可注意者有三：一是禅宗的根本宗旨是明心见性，禅悟的各种途径与方法，归根到底是为了见性。二是性与理、道相通，悟理得道也就是见性。而理、道与事相对，若能理事圆融，事事合道，也就可见性成佛了。三是禅悟作为生命体验和精神境界具有难以言传和非理性的性质。与此相应，禅师们都充分地调动语言文字、动作行为、形象表象的功能，突出语言文字的相对性、动作行为的示意性、形象表象的象征性，以形成丰富多彩的禅悟方法，这又构成了禅悟方法论的一大特色。

方立天先生还指出，悟的境界是追求对人生、宇宙的价值、意义的深刻把握，也即对人生、宇宙的本体的整体融通，对生命真谛的体认。这种终极追求的实现，就是解脱，而解脱也就是自由。禅宗追求的自由，是人心的自由，或者说是自由的心态。这种自由不是主体意志的自由，而是意境的自由，表现为以完整的心、空无的心、无分别的心，去观照、对待一切，不为外在的一切事物所羁绊，所奴役，不为一切差别所拘系，所迷惑。

二 宗教心理学的科学形态

有研究者指出，1976年美国心理学会的第36分会宗教心理学会的建立，标志着宗教心理学进入了快速发展时期。自 20 世纪 80 年代以来，有多种的宗教心理学教材纷纷出版，这一趋势一直持续到 21 世纪初。西方宗教心理学研究涉及如下的重点和热点。一是宗教和精神性的概念化。在宗教心理学的研究中，有关精神性（spirituality）和宗教的含义就一直缺乏统一。但是，有研究者认为，对神圣的探求是宗教和精神性的共同基础。无论是宗教还是精神信仰都包括探索神圣事物而产生的主观感受、想法和行为。二是精神和宗教概念测量的进展。包括宗教信仰与实践、宗教态度、宗教价值观、宗教发展、宗教取向、宗教信奉与卷入、信仰和神秘主义、宽恕、宗教应对以及宗教的原教旨主义等。三是宗教和情绪。宗教一直是丰富情绪体验的源泉。如何界定宗教对情绪的影响，历来就有两种传统：一种是天赐神赋运动强调在宗教体验和集体宗教仪式中强烈积极情感的熏陶作用；另外一种则是注重默观（contemplative）的传统强调平息欲望和培养情绪的宁静。除这两种情绪调节方法以外，还有一种修行观，它把宗教和情绪的高度知觉（可能是情绪智力）以及情绪的创造性表达联系起来。禅宗的打坐、长期的精神信仰以及与宗教传统有联系的超个人状态的熏陶等，都对情绪调节有益处。四是宗教和人格。人格心理学和宗教心理学的关系一直很密切。人格心理学为宗教心理学引入了新的分析单位，从实证角度检验人们生活中的宗教意识和精神性。这突出体现在对"精神超验"和"终极关怀"的研究中。宗教信仰系统和宗教世界观的一个重要的功能，就是提供一个"人们都应该为此奋斗终生的终极景象"，以及为达到这一目标所采用的策略。宗教心理学目前正在进行和经历范式的转变，多水平的、多学科的交叉研究范式应是适合宗教心理学的研究范式。它结合各个交叉学科的研究，包括心理学其他领域的研究以及相关的学科，如进化生物学、神经科学、哲学、人类学和认知科学。这样，宗教心理学的发展就和这些相关科学领域的发展与进步紧密联系。同时，宗教心理学的发展也会促进其他学科的进步。①

在美国心理学的发展和演变中，心理学研究是划分为主流的心理学与非主流的心理学，或者说有科学主义的心理学研究和人文主义的心理学研

① 王昕亮：《当代西方宗教心理学研究综述》，《国外社会科学》2006 年第 3 期，第 10—14 页。

究。应该说，在科学的宗教心理学和宗教的宗教心理学之间，主流的心理学是与科学的宗教心理学相关联的，非主流的心理学则与宗教的宗教心理学相关联。

在美国宗教心理学的研究中，宗教观念、宗教体验、宗教行为系三个基本的研究内容和研究维度。当前对宗教观念的探讨，主要是围绕精神性（spirituality）的含义及其与传统宗教信仰的关系展开学术上的争论。在宗教体验方面，研究者更加关注宗教体验的跨文化研究，并且在尝试建构宗教体验的理论模型或新的理论思路。对宗教行为的研究目前主要集中在祈祷的年龄特征与类型、祈祷的神经生理机制、祈祷的社会心理效应等方面。从近几年的研究态势看，宗教与人格的关系、宗教与心理健康的关系作为两个具有整合意义的研究主题，在美国宗教心理学的研究中一直处于突出地位。①

三　相互之间的学术性关联

其实，两类宗教心理学，也即科学的宗教心理学和宗教的宗教心理学，既有着十分重要的区别，也有着不可忽视的联系。区别在于，科学的宗教心理学是所谓的科学性质的或实证形态的心理学，这是科学心理学的一个分支学科，属于科学的阵营。宗教的宗教心理学则是所谓的宗教性质的或宗教形态的心理学，这是宗教学说的重要构成内容，属于信仰的阵营。所以，这两种不同的宗教心理学，其立足的基础不同，探讨的方式不同，说明的内容不同，干预的技术不同。但是，这两种不同形态的宗教心理学的联系在于，两者都是对宗教心理的研究和考察，都是对宗教心理的说明和解释，都是对宗教心理的干预和影响。当然，科学心理学和科学心理学家给了了实证科学的宗教心理学以系统的探索和全面的推进。在心理学成为科学的门类之后，在有了科学的宗教心理学之后，宗教的宗教心理学似乎就没有了存在的意义和价值。科学心理学的发展不但放弃了宗教形态的心理学，而且忽视了宗教形态的心理学所体现的学术价值和所具有的学术资源。这就使得宗教传统中的心理学并没有得到适当的考察和研究，

---

① 陈永胜、梁恒豪、陆丽青：《宗教心理学在美国的发展历程及态势探析》，《世界宗教研究》2006 年第 1 期，第 15—22 页。

或者说是受到了冷落和忽视。这成为理解历史传统中的心理学和理解不同形态的心理学的一个十分薄弱的环节。

其实，科学的宗教心理学与宗教的宗教心理学之间的关系，就体现为科学与宗教之间的关系。科学与宗教之间的关系是一个非常古老的话题。这不仅在科学界有着长期的探讨，而且在宗教界也有着长期的探索。在长期的历史进程中，科学与宗教经历了复杂的关系演变。美国学者巴博（I. Barbour）就提出过，科学与宗教的关系有对立、分离、对话和整合四种关系。① 有研究者认为，科学与宗教的关系可以概括为五论。一是对立论。认为科学与宗教是对立的两面。这是一种传统的观点，认为两者一直处于不断冲突之中，在本质上是具有不相容性的。二是相关论。认为宗教与科学相互关联，具有走向综合理解的可能性。三是分离论。认为宗教与科学是人类精神的两种不同机能，各有其特定的领域，各司其职，并行不悖。四是单向论。认为宗教可能促进科学研究，两者是单向度的推动关系。五是互动论。认为宗教与科学是互动促进的，存在着互动机制。他们认为宗教在其发展的三个阶段中都是与科学存在着此种关系。在史前时期，科学理性与宗教情感作为一个相互交汇的融合体分化后，它们的内容依然相互渗透。到了近代，一方面宗教既对科学的发展起严重阻碍的作用，同时又不自觉地"膨胀"和扩大了科学的功能与价值，另一方面科学的发展也不断地证伪了宗教的教义。现代宗教以其对宇宙秩序内在和谐的追寻促进了科学理论的发生和成长，同时科学技术的进步又滋养出愈来愈强烈的宗教感情。总之，该研究的结论在于，宗教和科学的关系是相辅相成、互相促进的关系。没有宗教，科学的发展便失去了它的根本动力；同样，没有科学，宗教就会因其愚昧、无知而失去前进的方向和目标。②

关于科学与宗教的关系的探讨有着各种不同的视角和主张。有研究认为，以往人们考察宗教与科学关系时，常常强调它们是对立的，但却忽略了它们在一定意义上是共生的关系。人类文明是不可分割的整体，各种文化知识之间总是存在着联系。研究提示：一是古代宗教孕育了科学技术的

---

① 伊安·巴伯：《当科学遇到宗教》，苏贤贵译，生活·读书·新知三联书店 2004 年版，第 4—37 页。

② 杜红燕：《科学与宗教关系五论》，《世界宗教文化》2003 年第 4 期，第 6—8 页。

萌芽；二是宗教与科学曾长期并存；三是宗教为科学家提供信仰和研究的动力；四是科学与宗教的决裂；五是宗教与科学从对抗到对话。科学和宗教代表了人类思想的两大体系。宗教和科学相通的地方，在于人的认识过程中常常有非理性的因素起作用。在科学时代，宗教需要接受科学的挑战，科学需要不断证明自身存在的意义，宗教与科学将不再是纯粹的对抗，而是对话。①

有研究者是从后现代语境考察了科学与宗教的关系。首先，语境分析方法是后现代主义者常用的基本策略。他们认为，从表面上看，科学与宗教的关系所讨论的问题是世界观问题，实际上，这完全是"普遍主义"立场的误导。因为对于科学与宗教关系的问题，由于二者都涉及多种多样的可能性而变得更为复杂。其次，从摒弃二元对立的思维方式出发，一些后现代主义者从单纯的反思和批判以科学技术为代表的现代性，转向了寻求解决矛盾的"视阈融合"的基本观点。在后现代主义者看来，对于科学与宗教关系的语境化理解，表明科学与宗教在文化传统或意识形态中所具有的所谓优先或优越地位，完全是一幅人为的、虚幻的图景。要打破这种图景，必须实现科学技术、宗教与其他各种文化形式之间的"视阈融合"。这是后现代文化区别于现代文化的根本特征之一。

显然，后现代主义者对科学与宗教关系的理论探讨，是有其积极的和重要的意义的。它摒弃了传统观念把二者看做是"直面相对的关系"的简单做法，从科学与宗教各自意义的多元性出发，揭示了二者交互作用的历史复杂性。借助后现代主义的反思，去重新认识科学与宗教关系，确立科学与文化发展的新型关系，就可以进一步超越科学与宗教在具体问题上的历史纷争，揭示科学与宗教在意识形态、文化、社会价值观等层面的复杂关系。重新认识科学与宗教关系有助于破除对科学的"神"化。重新认识科学与宗教关系，也有助于理解科学与创造性的关系。②

第三节　宗教的宗教心理学

但是，在上述科学的宗教心理学之外，还有一种另类的宗教的心理学，

① 胡春风：《宗教与科学关系探析》，《南京社会科学》2007年第12期，第48—55页。
② 崔伟奇：《后现代语境下的科学与宗教的关系》，《学术研究》2006年第2期，第29—34页。

这有其另类的或不同的内容和含义。这就是在宗教活动中由宗教家所建立起来的，隶属于特定宗教的心理学。这是以宗教的方式和方法建立起来的，并服务于特定宗教的心理学。可以说，宗教是以其自己的方式建构了一种独特的心理学。正是在这种宗教形态的心理学中，各种不同的宗教都给出了自己关于人的心理行为的宗教式的解说，都给出了自己对于人的心理行为的宗教式的干预。其实，在任何一个宗教教义和宗教学说中，都能找得到关于人的心理行为的阐述、理论、学说、方式、方法、技术、工具等等。在不同的宗教教派中，所谓的宗教都不仅只是理论的活动，而且也是实践的活动；都不仅包含着对人的心理行为的解说，而且也包含着对人的心理行为的干预。因此，可以说宗教的心理学也是一种特殊形态的心理学。这种心理学就孕育和蕴涵在宗教之中，就是以宗教的方式在影响人的心理生活。这也就是说，宗教有对人的心理行为的解说，也有贯彻和实施自己学说的践行。宗教形态的心理学正是通过宗教的方式来考察、解说和改变人的心灵的性质和活动。这其中给出了大量的说明或解说、阐述或阐释人类心灵和心灵活动的理论，其中也给出了许多的影响或干预、改变或转换人类心灵和心灵活动的方式和方法。[①] 当然，宗教的心理学所给出的对人的心理行为的解说和阐释都是从宗教的视野或视角出发的。这是宗教的理论，是宗教的学说，是宗教的传统。宗教的心理学提供的对人的心理行为的干预和改变都是采取的宗教的方式和手段。这是宗教的方法，是宗教的工具。但是，这里面实际上也包含着关于人的心理行为的许多有益的学术性资源。

宗教体系的含义和宗教传统中的宗教心理学，是宗教家按照宗教的方式和宗教的教义对人的心理行为的说明、解释和干预。这是宗教历史的文化学创造，是宗教形态的心理学传统。这是宗教提供的心理学资源，是宗教涉及的心理学内容，是宗教开发的心理学方式。这形成的是宗教形态的宗教心理学，或者也可以称之为信仰的宗教心理学。

一　不同的宗教流派

在世界宗教和中国宗教的发展过程中，出现了不同的宗教流派。这些

---

① 葛鲁嘉等：《天命与中国民众的心理生活》，《长白论丛》1995 年第 5 期，第 21—24 页；葛鲁嘉：《超个人心理学对西方文化的超越》，《长白学刊》1996 年第 2 期，第 84—88 页。

不同的宗教流派无论是在宗教的信仰系统、教义教理、组织形式、活动方式等各个方面都有着重要的不同。世界宗教的种类和形态有许许多多，但是影响最大，传播最广，历史最长的是基督教、伊斯兰教和佛教。在中国本土文化中，则有着儒教、道教和佛教的流传。

基督教（Christianism）是以信仰耶稣基督为救主的宗教。基督教有天主教（Roman Catholicism）、新教（Protestant churches）、东正教（Eastern Orthodoxy）、基督教马龙派等不同的教派。基督宗教是信奉耶稣基督为救主的各教派的统称。该教与佛教、伊斯兰教并称世界三大宗教。尽管有不同的教派，但是其基本教义都是相同的。这包括上帝创世说，原罪救赎说，天堂地狱说。基督教的《圣经》由《旧约全书》和《新约全书》两部分组成，是基督教的经典。十字架是基督教的标志。他们信奉的"上帝"或"天主"本体上是独一的，但其包括圣父、圣子、圣灵。

伊斯兰教是世界性的宗教之一，与佛教、基督教并称为世界三大宗教。中国旧称大食法、大食教度、天方教、清真教、回回教、回教等。伊斯兰系阿拉伯语音译，原意为"顺从"、"和平"，指顺从和信仰宇宙独一的最高主宰安拉及其意志，以求得和平与安宁。信奉伊斯兰教的人统称为"穆斯林"（Muslim，意为"顺从者"）。他们共同恪守着古老的真谛，即宇宙间只有一个主宰"安拉"，并且依照各自的理解，遵循着《古兰经》的教义。伊斯兰教于7世纪初兴起于阿拉伯半岛，由麦加人穆罕默德所创传。主要传播于亚洲、非洲，以西亚、北非、中亚、南亚次大陆和东南亚最为盛行。20世纪以来，在西欧、北美和南美一些地区也有不同程度的传播和发展。它作为一种宗教信仰、意识形态和一种文化体系，传入世界各地后，与当地传统文化相互影响和融合，在不同的历史条件下，对许多国家和民族的社会发展、政治结构、经济形态、文化风尚、伦理道德、生活方式等都发生了不同程度的影响。

佛教是世界三大宗教之一，相传与公元前6—前5世纪古印度的迦毗罗卫国（今尼泊尔境内）王子乔达摩·悉达多所创，因父为释迦族，成道后被尊称为释迦牟尼也就是"释迦族的圣人"的意思。佛教广泛流传于亚洲的许多国家。东汉时自西向东传入我国。佛教与基督教、伊斯兰教并称为世界三大宗教。佛教是佛陀的教育，所谓佛教就是佛的教育而不是拜佛的宗教，佛教非宗教，非哲学，讲佛教是宗教只是一种通俗的方便说而已，实则以般若的智慧自内证打破无明烦恼，成就菩提（觉悟）之道，佛教在历史上曾对世界文化传播做出了不可磨灭的贡献。佛教的创始人是释迦牟尼佛，这个名号是印度梵语音译过来的，释迦是仁慈的意思，牟尼是寂默的意思，寂默也就是清净的意思，佛是觉悟。禅宗以菩提达摩为中国始祖（达摩大师是印度禅宗第 28 代祖师，中国初祖），故又称达摩宗；因其得佛心印为佛陀之正统法脉，又称为佛心宗。后人神秀、惠能二人分立为北宗渐门与南宗顿门。六祖慧能是禅宗的发扬光大者，提倡心性本净、佛性本有、直指人心、见性成佛。慧能以后，禅宗广为流传，于唐末五代时达于极盛。禅宗使中国佛教发展到了顶峰，对中国文化的发展具有重大影响。

儒教是中国专制社会长期形成的特殊形式的宗教，中国是否存在儒教，学术界有不同的观点。有的认为不存在儒教，"儒"是中国春秋战国时代，"百家争鸣"中的一家，是一个学术派别。"儒"这个字，原本是古代对学者的尊称，它的字义是"优"及"和"的意思，说他们的思想学问，能够安定别人，足以说服别人。所以它只能称为"儒家"。有的认为存在儒教，孔子是教主，汉武帝利用政治权力把孔子学说宗教化，定儒教于一尊。隋唐时期"佛"、"道"、"儒"并称为三教，此后，三教出现合一的趋势。在封建政权的支持下，儒教体系完成于宋代，它以中国封建伦理"三纲"、"五常"为中心，吸收佛教、道教的宗教思想和修养方法。信奉"天地君亲师"，"君亲"是中国封建宗法制度的核心，"天地"是君权神授的神学依据，"师"相当于解释经典、代天地君亲之言的神职人员。《四书》、《五经》是儒教的经典，祭天、祭孔、祭祖是规定的宗教仪式。

道教是中国固有的一种宗教。道教的名称来源，一则起于古代之神道；二则起于《老子》的道论。道家的最早起源可追溯到老庄，故道教奉老子为教主。但是，一般学术界认为，道教的第一部正式经典是《太平经》，完成于东汉，因此将东汉时期视作道教的初创时期。道教正式有道教实体活动是在东汉末年太平道和五斗米道的出现，而《太平经》、《周易参同契》、《老子想尔注》三书是道教信仰和理论形成的标志。近年来，道教的"天人合一"的思想和宇宙观日益受到重视。道教以"道"名教，或言老庄学说，或言内外修炼，或言符箓方术，其教义就是以

"道"或"道德"为核心，认为天地万物都由"道"而派生，即所谓的"一生二，二生三，三生万物"，社会人生都应法"道"而行，最后回归自然。道教徒有两种：一种是神职教徒，即"道士"，另一种是一般教徒，人称"居士"或"信徒"。"宫观"是道家最主要的组织形式。宫观是道士修道、祀神和举行仪式的场所。道术是道教徒实践天道的重要宗教行为，一般认为它有外丹、内丹、服食和房中等内容。

禅宗以菩提达摩为中国始祖，故又称达摩宗；也因自称得佛心印，又称为佛心宗。以禅定作为佛教全部修习而得名。用参究方法彻见本有佛性为宗旨。公历纪元前后，佛教开始由印度传入中国，经长期传播发展，而形成具有中国民族特色的中国佛教。由于传入的时间、途径、地区和民族文化、社会历史背影的不同，中国佛教形成三大系，即汉地佛教（汉语系）、藏传佛教（藏语系）和云南地区上座部佛教（巴利语系）。六祖慧能是禅宗的真正创立者，主张教外别传、不立文字，提倡心性本净、佛性本有、直指人心、见性成佛。这是世界佛教史尤其是中国佛史上的一次重大改革。慧能以后，禅宗广为流传，于唐末五代时达于极盛。禅宗使中国佛教发展到了顶峰，对中国古文化的发展具有非常重大的影响。禅宗佛学特点在于其高度的理性化，几乎完全没有神学气息。禅宗修持以定慧一体为特色。后世禅宗流入禅语机锋、逞口舌之辩，违反了禅宗的本意。禅宗强调心性的运用，以明心见性为宗旨。

二 不同的宗教心理

不同的宗教教派，不同的宗教教义，不同的宗教体系，对人的心理行为的理解和解说，对人的心理行为的规范和约束，对人的心理行为的影响和塑造，就存在着根本的不同。这就构成了或促成了不同的宗教的心理。通常来说，任何的一种宗教不仅是一种学说体系，也是一种信仰活动，更是一种生存方式。因此，任何的一种宗教都有对人的心理行为的特定的理解，也有对人的心理行为的特定的约束，也有对人的心理行为的特定的引导。

高颖的研究以四部汉译阿含经为主要依据，从心理学角度探索了原始佛教教义。原始佛教认为心性本净，被其执著妄动生出的有为心法染污，从而产生各种心理结构和心理机能，即由眼、耳、鼻、舌、身、意五根和触、受、思、念、意、识等功能构成人类有情的心理整体；根据这些结构和机能对修行解脱的作用，分为染污烦恼和善心净法两种，并以后者对治前者。修行者借助这些心理机能修习戒、定、慧，依靠止心、观心、勤修习心这三个原则，达到止息心念妄动，离欲解脱的目的。

原始佛教的教理以释迦牟尼本人在世时的说教为主，后人集结为四部阿含经。佛陀说教的根本出发点，并不是单纯追寻一种理性逻辑的完美理论模式，也不是回答当时印度社会的各种问题，而是帮助人解脱苦难、断除烦恼、离苦得乐。其最核心的内容，乃是为不同根器（能力与气质）的求法者指出一条解脱和自我超越之路。用现代话语表达，就是建立一套包含了理论和实践的心理学体系。

心是佛教的重要名相，是贯穿释氏教化的一个重要线索。从四部阿含经表面上看来，佛教对心的观点不甚明确。"心"的梵语有两个：一为心法，指具有攀缘思虑作用的心理功能，类似于现代西方心理学所讲的具有认知和情感作用的功能性"心"。二为真实心或心性，指在心理思虑功能背后的那个本体的心，此心本性清净。

世人所具有的心理运作，在佛教看来都属于虚妄分别，染污执著，是产生烦恼和生老病死的重要原因，甚至说，就是烦恼本身。而那个最真实、最清净的永恒的心则被隐含在这些烦恼执著之中，这就是所说的"净心"。

与现代心理学相比，佛教更为尊重心理的整体性，并没有将心理作用区分为感性和理性两个截然不同的维度。其心理运作理论糅合了这两个方面，稍为侧重心的理性机制，即认知系统，而对感性机制的阐述则更多地隐含在对治烦恼的修法中。

佛法以教化众生解脱烦恼为最终目的，为了达到这个目的，它对烦恼和去除烦恼的方法进行了深入的剖析。佛教采取的心灵净化之路，叫做修行，简单说来就是一种遵循佛陀的教导的生活方式。修行的一贯宗旨，就是调伏心意，出离生死。佛教的修行，则是在起心动念之间，在日常举止之中，要求修行者达到一种无时无刻不安宁祥和的超越状态。

佛教所讲的戒、定、慧三学，实际上是从不同的侧重深入心灵整体的自我克制和自我超越之路。其最根本的特点，就是借助修行者个人的力量来止心、观心、勤修习心。止心令其不妄动，观心令其生智慧，勤修习心令其善法增长以对治种种猛烈烦恼。一种修行方法能够同时做到这三种功用，精进不舍，直至涅槃。

在高颖看来，佛教心理学的出路，应该是首先建立起自己的理论范畴，在此基础上，才可以和西方心理学互相对话，相互辉映。也只有在这个基础上，二者才可能互相合作，完成探索和超越人的心灵世界的共同任务。①

有学者考察了藏传佛教中的心理学，认为藏传佛教中蕴藏着独立的心理学。这种心理学对人的精神或心性的探索有着许多的独特之处。藏传佛教把心看做是连续的存在，包括今世的心就是前世的心的连续，心是无穷无尽的，是无生无灭的。藏传佛教把心、意、识看做是相等无差别的。藏传佛教用阿赖耶识来说明心。这可以用心、意、识来加以概括。心为本，其他眼、耳、鼻、舌、身、意、末那和阿赖耶识等八识，都是依心而生的识。藏传佛教用色、受、想、行、识五蕴来概括物质和心灵之间的错综复杂的关系。藏传佛教把佛的觉悟心理看做是无偏袒的、最彻底的、最圆满的智慧，把佛的大智、大悲、大能视为最高境界的人格。藏传佛教对心的构造有独特的理解和分析。从人格和心理结构上分析，可以把心概括为妄心、藏识和悟心三种。妄心也可称之为染心、无明、烦恼、妄念等。藏识是心灵的第二层，是一切意识或思维活动的发源地，包含了神性和魔性、善良和邪恶、无私和自私。悟心是心灵的第三层，即所谓的"如来藏"。这是未来佛性的种子，也称之为本元心、原始慧。藏传佛教对心的划分，目的在于削弱妄心、净化藏识、发展悟心。这种心理转换的连续性，即为藏传佛教所说的解脱过程。②

第四节　科学的宗教心理学

宗教、宗教信仰、宗教活动等，都不仅仅是人重要的社会性信仰活动，而且也是人重要的精神性改变活动。或者说，宗教不仅仅是系列的组织、制度、活动、规范等等，也不仅仅是多样的学派、思想、理论、学说

---

① 高颖：《原始佛教的心理思想》，《宗教学研究》2007 年第 1 期，第 201—205 页。

② 桑杰端智：《藏传佛教心理学内涵与文化更新》，《西北民族大学学报》（哲学社会科学版）2005 年第 1 期，第 119—124 页。

等等，而且是特定的心理、意识、信仰、皈依、灵性、体验等等，而且也是特定的行动、实践、作为、验证、弘扬等等。① 那么，宗教心理就是非常重要的人的心理存在。这不仅是科学心理学的研究对象，而且也是宗教学说的解说内容。

一 科学的宗教心理学的起源

科学的宗教心理学的研究起始于两个母体的学科，那就是宗教学学科和心理学学科。宗教心理学的学科就诞生于宗教学和心理学的交叉点上。

宗教学是以宗教作为研究对象，研究宗教的起源、演化、性质、规律、作用等的人文社会学科。按其研究方法可分为描述性的研究和规范性的研究两大类。描述性的研究是用描述的方法进行研究，对宗教采取价值中立的态度，侧重于宗教的历史性和结构性；规范性的研究是用规范的方法进行研究，不回避对宗教的价值判断，侧重于宗教的体验、命题和信念等的真实性和可接受性。

19世纪下半叶，西方宗教学者首先建立了这门学科。一般以麦克斯·缪勒1873年出版《宗教学导论》和率先使用"宗教学"一词为其开端。因对宗教学研究对象、主体、目的和方法等的不同看法，西方宗教学有狭义和广义之分。神学领域以外的学者一般只承认狭义宗教学，即纯历史性、客观性描述和比较、不带主观价值评断的宗教学，认为它是一门研究感性事实的经验学科，并非论述哲学主张的规范学科。因此既区别于相信神灵存在为前提的神学，也不同于否定神灵存在的无神论学说。而是把社会历史中存在的宗教现象作为其研究客体，探讨其起源与发展历史，考察其观念、行动及组织形态，分析其得以生存的社会文化背景与基础，找出其内在性质和规律、社会功能和作用。这些学者因强调对宗教的描述性展示而不同意采用带有规范意义的"宗教学"一词来概括其学科，突出历史性描述的学者称它为宗教史学，并使其成为国际宗教学学科组织和学术协会的正式名称，而突出比较性描述的学者则习惯称它为比较宗教学。但不少宗教学者本身又是哲学家或神学家，他们不同意把宗教学看成纯粹

---

① 里奇拉克：《发现自由意志与个人责任》，许泽民等译，贵州人民出版社1994年版，第60—63页；梁漱溟：《人心与人生》，上海人民出版社2005年版，第162—183页。

描述或理解的学科，认为不包括价值性判断和规范性研究的宗教学是不完备的，因此坚持一种广义的理解，主张将所有专门研究宗教现象的学科都归入宗教学，强调它应正视宗教的本质及价值取向问题，不能排斥对宗教的规范性、界定性研究。

狭义的宗教学包括对宗教发展进行系统研究的宗教史学、对各种不同宗教进行比较研究的比较宗教学、对宗教史实加以现象描述和抽象归类的宗教现象学、探究人类精神心理对宗教的体悟以及信仰者的各种宗教体验的宗教心理学以及宗教社会学、宗教人类学、宗教地理学、宗教生态学等描述性学科。广义的宗教学则增加了从哲学、世界观的角度对宗教本质、宗教意义、宗教概念进行研究和界说的宗教哲学，以及回顾总结人们从哲学、心理学、社会学等角度对宗教的鉴别与批评的宗教批评学和对各种宗教信仰观念和神学理论进行比较研究的宗教神学等规范性学科。

二 科学的宗教心理学的探索

科学的宗教心理学的探索在理论建构、研究方法和应用技术的方面都是属于规范科学的研究。或者说，科学的宗教心理学是研究宗教心理现象的实证科学分支。科学的宗教心理学是跨学科的科学研究，跨越了心理学、宗教学、社会学等不同的学科领域，所以是一门边缘学科的研究。科学的宗教心理学不同于宗教神学、宗教教派所涉及的宗教的宗教心理学。任何的宗教教派都有由宗教的教义、教理和教规构成的信仰体系。科学的宗教心理学是把宗教活动中的信仰个体或信仰群体的心理行为作为宗教的研究对象和研究内容，是通过科学方法进行的科学考察和研究。

科学的宗教心理学的研究内容涉及人的宗教心理行为的方方面面。其实，在当代科学心理学的研究中，宗教心理学就是众多分支学科中一个具体的分支学科。作为科学心理学的分支，宗教心理学就是科学心理学家通过科学的方式和方法，去揭示、描述、说明、解释、影响和干预人的宗教信仰活动中的心理行为。宗教心理学的研究考察宗教心理的性质和功能，宗教信仰的心理起因，宗教信仰的心理功能，宗教意识的发展和演变，宗教心理的培育和教育，宗教活动中的皈依心理，信仰的心理特征和作用，祈祷的心理历程和功能，等等。宗教心理学的研究涉及宗教体验中的罪感和耻感，宗教培养中的良心与良知，宗教信仰中的意志与品质，宗教情感中的崇高与境界，宗教活动中的爱心与宽恕，宗教感受中的焦虑与恐惧，宗教成就中的幸福与满足，宗教引领中的成熟与美满，宗教活动中的合作与共享，宗教心理中的变态与罪恶。宗教生活中的质量与享受，宗教活动中的合作与共享，宗教意识中的成长与成熟。[1] 这都是科学心理学能够以科学的方式和方法去探讨和探索、去影响和干预的方面，并提供的是科学的理解和阐释，进行的是科学的干预和影响。科学的宗教心理学诞生的时间很晚，或者说宗教心理学成为独立学科的时间很短，至今不过一百多年的学科历史发展。

宗教心理学的研究内容可以涉及人的宗教心理行为的方方面面。例如，宗教心理学涉及社会化的内容，宗教信仰、宗教信念、宗教观念、宗教认知、宗教情感、宗教体验、宗教行为等等，都可以通过社会化的过程而进行代际之间的传递。宗教心理学也涉及宗教的人格特性的方面。通常，宗教性被看做是人的人格品性的组成部分。这可以包括对宗教的态度、宗教的经验、宗教的信念、宗教的行为等。人的宗教性是先天的还是后天的，这也是心理学的研究所关注的内容。人的宗教性可以包括专制主义的人格、教条主义的人格，包括暗示感受、自我实现、寻求意义等，包括男女的宗教性的性别差异。宗教心理学也涉及人的宗教经验的研究，包括宗教经验的种类、宗教经验的形成和变化、宗教经验的影响和作用、宗教经验的解说和解释。宗教心理学考察人的宗教信念，包括对宗教信念的调查和测量，宗教信念与宗教情感，宗教信念与宗教行为，等等。宗教心理学也涉及关于崇拜、献祭和祈祷的研究。宗教心理学也考察宗教仪式和宗教治疗。宗教心理学也研究宗教的幸福感和恐惧感。宗教心理学也考察宗教与婚姻、宗教与工作、宗教与成就。宗教心理学也探讨宗教与身心健康的关系，包括身体健康、心理健康、自杀行为等。宗教心理学也考察宗教教育和宗教辅导。宗教心理学也涉及典型和重要的宗教行为，包括慈善行为、越轨行为、犯罪行为、两性行为、心理偏见、利他主义、道德观念，等等。[2]

---

[1]　梅多等：《宗教心理学》，陈麟书等译，四川人民出版社 1990 年版。

[2]　阿盖尔：《宗教心理学导论》，陈彪译，中国人民大学出版社 2005 年版。

第五节 宗教形态心理学的价值

那么，宗教传统中的宗教心理学可以给科学的心理学带来什么呢？这涉及的是科学的心理学与宗教的心理学之间的关系问题。西方实证的科学心理学在诞生之后，就认为自己是唯一合理的和唯一合法的心理学，就认为自己已经把其他所有形态的心理学包括宗教形态的心理学都弃入了历史的垃圾堆，就认为宗教所提供的关于人的心理行为的解说和干预根本就不具有实际的科学性质，也就没有任何的学术价值。

其实，科学的心理学或科学的宗教心理学为人类理解和干预自己的宗教心理和宗教行为，提供了科学的方式、科学的理论、科学的方法、科学的工具和科学的手段。这使得人类从关于自己的宗教活动的盲目和愚昧中走了出来。但是，尽管如此，宗教形态的心理学实际上并没有真正的消失和灭亡，其仍然还在宗教生活的领域中发挥着自己特定的作用。应该说，宗教所提供的心理学是依据于宗教的生活和实践而得出的。普通人或者宗教信仰者在习得了和掌握了这种宗教形态的心理学之后，那这种心理学就会在普通人或宗教信仰者的生活中占据着十分重要的地位，就会对普通人或宗教信仰者理解他人的和自己的心理行为起着非常关键的作用。只不过，这种所谓的宗教形态的心理学并不是科学心理学的组成部分。

那么，现在的问题就在于，这种传统的宗教形态的心理学对于科学心理学来说有着什么意义和价值。其实，可以肯定地说，对于理解和解说人的心理行为来说，科学形态的心理学已经替代了宗教形态的心理学。但是，这种替代是否就意味着宗教形态的心理学已经没有了任何的意义和价值呢？宗教形态的心理学是通过宗教的方式和方法探讨和考察、说明和解说、影响和干预人的心理行为。其实，正是宗教的心理学所提供的独特的心理学内容，对现代科学心理学的研究具有重要的和历史的价值。当然，这种价值迄今还没有得到系统的考察，更没有得到合理的利用。那么，如何梳理、分析、考察和探讨宗教的心理学，就成为十分重要的学术任务。

在宗教形态的心理学中，也有着关于人的心理行为的系统的理解和解说。尽管这种独特的心理学并不具有科学的意义，但却是一种重要的心理学传统资源。科学心理学的成长和壮大可以从宗教形态的心理学中得到重要的启示，获取有价值的原料，提炼可利用的成分，补充能吸收的营养。这就是所谓资源的意义，资源的内涵，资源的挖掘、资源的利用、资源的消化，资源的吸收。当然，强调宗教形态的心理学作为资源，并不是要降低科学形态的心理学所具有的地位。反而是为了壮大科学形态的心理学，是为了提升科学形态的心理学的地位，是为了扩展科学形态的心理学的影响。

第六节　宗教形态心理学的功能

可以说，蕴含在宗教之中的或由宗教提供的宗教形态的心理学，存在着和拥有着十分丰富的心理学的学术意义，以及十分重要的心理学的学术价值。当然，这不是在贬低和忽视科学形态的心理学，而是在为其寻找和挖掘重要的学术资源。这主要可以体现在如下的几个方面。

首先，宗教形态的心理学以宗教的方式给出了关于信仰、信念、价值定位、价值追求等等人的心理的意向性方面的解释和阐释。这正是实证科学的心理学在自己的历史发展中有所回避、有所放弃、有所否定的方面。在科学心理学诞生之后，科学心理学家曾经把运用实证方法看做是心理学作为科学的唯一尺度。所谓实证的方法，实际上是建立在研究者感官证实的基础之上。那么，对于人的心理的意向性方面来说，却是研究者的感官所无法直接把握到的，因而是科学心理学的研究本身所无法证实的或无法揭示的。所以，无论是人的信仰、人的信念、人的意向、人的价值等，都是很难给予合理的科学探索，也都是很难运用科学的方法证实。那么，既然无法加以科学的证实，就意味着这是可以放弃的或是可以忽略的存在，就意味着这是根本不实的或完全虚假的存在。因此，在相当长的历史时段里，实证的科学心理学并没有去认真地和系统地研究和考察人的心理的意向性或价值性的方面。或者说，对信仰信念和价值取向的研究，实证的心理学至多是将其当作客观的对象加以考察的，仅仅是去描述、证明或验证其作为心理现象的存在。或者说，这样的研究就只能是中立的、客观的和价值无涉的。因此，实证心理学的研究根本就无法去说明和解释、无法去给出和引导对人的心理生活来说是非常重要的价值的取向、价值的定位、价值的赋予、价值的评判、价值的取舍等。这就等于是心理学研究放弃了原本在人的心理生活中起着非常重要作用的价值问题。当然，科学心理学的当代发展，正在努力去填补这样的缺失，正在努力去克服自己的不足。那么，从宗教形态的心理学中，就可以获取相关的学术资源。

其次，在宗教形态的心理学中，宗教家或宗教学者还把人的一些独特的心理行为放置在了一个重要的位置上，给予了十分特殊的关注，进行了宗教方式的探索。可以说，这些独特的心理行为是在人的宗教以外的其他活动领域中很少存在的，或者说是在人的宗教以外的日常生活中很少出现的。但是，这些独特的心理行为却在人的日常宗教信仰的生活中占有着十分重要的地位。这实际上就包括在宗教活动中的那种奇异体验，那种茅塞顿开，那种出神入化，那种心悦诚服，那种顿然开悟，那种宁静平和，那种幸福安详，那种超拔解脱，那种喜悦极乐。这也包括宗教信仰者实际上所得到的种种关于美好、高尚、圣洁、完善、永恒等等的心理体验；种种对事物本质、对存在价值、对高峰体验、对终极意义、对神圣使命、对神人相合等等的心理体悟。① 对于这些独特的心理行为的考察，对于这些涉及内在体验和精神追求的解说，正是实证的科学心理学研究中所长期遗留的和缺少考察的研究空白，也正是实证的科学心理学所必须面对的研究难题。尽管宗教形态的心理学并不是以科学的方式去说明和解释上述那些独特的心理行为，但其却是以宗教的方式体现了这些心理行为的现实存在和宗教意义。

再次，宗教形态的心理学还给出了各种各样的、十分独特的、特别不同的、力求实现的和达成目标的方式、手段、途径、步骤、程序等等。无论是基督教、是伊斯兰教，还是佛教，都提供了净化人的心灵、提升人的精神境界、引导人心向善的方式和方法。例如，佛教中的禅宗心理学实际上就提供了关于达成顿悟的、入静的、止念的、超拔的、无牵无挂的、无虑无忧的、无滞无碍的、精神解脱的、大彻大悟的、极乐无忧的等等境界的方式和方法。对于改变、转换或提升人的心理境界来说，这些技术和手段既都是十分独特的，也都是有着特殊功效的。其实，宗教形态的心理学

① 林方：《心灵的困惑与自救》，辽宁人民出版社 1989 年版，第 6—7 页；莫阿卡西：《荣格心理学与西藏佛教》，江亦丽等译，商务印书馆 1994 年版，第 116—119 页；瓦西留克：《体验心理学》，黄明等译，中国人民大学出版社 1989 年版，第 138—139 页。

正是通过相应的技术和手段，来改变人的心理和提升人的境界，来验证自己的理论和确立自己的学说。这种由宗教提供的体验和体证的方法，对于心理学的研究和应用来说，是有着重要的可借鉴的价值的。当然，怎样提取和借用宗教形态的心理学资源，是心理学研究者必须面对的问题。

可以肯定地说，宗教形态的心理学是一种十分重要的传统资源，是一种十分重要的文化资源，是一种十分重要的学术资源，是一种十分重要的心理资源，也是一种十分重要的心理学资源。对于科学心理学的发展来说，非常重要的不仅是自己的学术目标，而且是自己的学术资源。那么，实际的问题就在于，科学心理学应该怎样去挖掘宗教心理学的历史资源，应该怎样去提取宗教心理学的传统资源，应该怎样去利用宗教心理学的学术资源，应该怎样去转换这样的创新资源。这就是考察、探索和研究宗教形态的心理学实际具有的意义和价值。

中国本土心理学的当代发展，目前正在寻求的就是原始性的创新活动。中国现代的心理学有过太多的对外国心理学的引进和模仿，而十分缺少的和特别稀有的就是创新，特别是原始性的创新，尤其是立足于本土文化资源的原始性创新。因此，中国本土心理学的发展必须认真地对待各种文化传统中的，特别是本土文化传统中的那些心理学的资源。这是中国本土心理学的学术的根基，也是其发展的基础，也是其创新的起点，也是其思想的源泉，也是其成长的养分，也是其突破的动力。

第六章

类同形态的心理学

在心理学的六种重要的形态中，类同形态的心理学也是其中之一。这是在与科学心理学相类同或相类近的其他科学分支中的心理学思想、心理学理论、心理学方法、心理学技术。在与心理学相类同的科学分支或科学学科当中，也有关于人类心理行为的相关研究和相关成果。这些研究和成果也在特定的角度、特定的方面或特定的层次揭示和阐释了人类的心理行为，并为心理科学的诞生和发展提供了不可忽视的内容、十分重要的方法和实用便利的技术。

第一节　类同心理学的界定

类同形态的心理学是心理学的不同形态中的一种，这种形态的心理学在关于心理学的考察和研究中，一直都没有被当作是完整的和系统的心理学的探索。所以，其他学科中的心理学探索，并没有作为特定的心理学研究被认真地对待。因为很难找到合适的术语去概括这一类心理学的研究，所以就按照其与心理学研究相类同或相类近，而统称为类同形态的心理学。

所谓类同形态的心理学所指的是，在与心理学相类同的或相接近的科学分支或科学学科当中，也有关于人类心理行为的相关研究和研究成果。这是在与科学心理学相类同或相类似的其他科学分支中的心理学思想、心理学理论、心理学方法、心理学技术。这些研究和成果也在特定的角度、特定的方面或特定的层次，也以特定的方式、特定的方法或特定的技术，揭示和阐释了人类的心理行为，并为心理科学的诞生和发展提供了十分重要的和不可忽视的基础和内容。因此，这些相关的或相近的学科门类也都与科学心理学有着非常密切的关联。例如在物理学的发展过程中，无论是光学和声学的研究成果，都对心理学关于视觉和听觉的研究提供了丰富的内容。生物学特别是进化论对人类心理的发生和发展，对人类心理与遗传和环境的关系等，都提供了重要的理论解释框架和细致的特定学说。生物学、生理学，特别是神经生理学的研究成果，也对心理学的发展产生过十分重要和巨大的影响。像俄国生理学家巴甫洛夫的高级神经活动的学说，美国科学家斯佩里关于裂脑人的研究，都深深影响到了科学心理学的发展和进步。精神病学的发展也揭示了以异常形式表现出来的心理行为，为全面认识和了解人的心理行为提供了重要的内容。当代计算机科学特别是人工智能的研究，也提供了对人类智能活动的基本认识，也推动了现代认知心理学的发展。

实际上，心理学在自身的发展演变过程中，曾经不同程度上依附过一些相关联的或相类同的学科。心理学曾经隐身在哲学的研究之中，心理学也曾经化身在生理学的研究之中。其实，心理学在成为独立的学科门类之后，也还是曾经一再地以还原的方式，把类同学科的研究内容和研究方式并入于自身。这种还原的方式，使心理学的研究常常更像是物理学的研究、生理学的研究、神经科学的研究、身心医学的研究等等。当然，现在的心理学已经成为独立自主的学科门类，但是这并没有实际阻止其他的学科门类以其特定的方式、从其特定的视角、在其特定的方面，以及于其特定的层次等，去关注和揭示人的心理意识和心理行为。在当代科学的发展进程中，大科学的兴起，大学科群的出现，已经表明了，对许多特定对象的科学研究必须要集合许多个不同的和相关的学科门类。例如，对人脑的研究或者脑科学就属于大科学，就汇聚了大量的科学门类。那么，对人类心理行为的研究也同样是属于大科学，也必须要去汇聚大量相关科学门类的研究。这就必须对相关学科的有关人的心理行为的研究，包括研究结果、研究方式、研究手段、研究工具进行综合的和系统的考察。因此，心理学研究应该和必须改变自己原有的和现有的狭隘的小科学观，心理学研究必须树立起集合和融汇不同科学研究的大科学观。①

---

① 葛鲁嘉：《大心理学观——心理学发展的新契机与新视野》，《自然辩证法研究》1995 年第 9 期，第 18—24 页。

第二节　不同学科的贡献

现代科学已经发展到高度分化的阶段。在许多的科学分支当中，也有在各自分支领域中对人的心理行为的直接或间接的探讨。其实，无论是在历史上，还是在现实中，在对人的心理行为进行考察时，科学的心理学并没有独揽对人的心理行为的研究。各种不同的学科分支在许多角度中，在许多层次上，在许多侧面里，也揭示和阐释了人的心理行为的某个片面，某个方面，某个层面。这样的研究成果也同样可以汇集成一种心理学的历史和传统的资源。当代心理学的发展实际上就面对着其他科学门类或科学学科所给出的心理学思想、理论、学说、概念、方法、技术、工具等。①

在哲学的研究中就蕴涵着心理学的内容。其实，在科学心理学诞生之前，心理学就隐身在哲学之中。这就是哲学心理学的探索。而且，在科学心理学诞生之后，哲学心理学的探讨就让位给了心理学哲学的探讨。这是一个根本性的发展和转折。哲学心理学是哲学家以思辨的方式对人的心理行为的猜测和推论。心理学哲学则有所不同，是对心理学研究中的理论前提或理论预设的反思和批判。② 任何的心理学研究都有自己的理论前提或理论预设，这些理论前提或理论预设，要么是明确地被研究者所接受和掌握的，要么是隐含地被研究者所确立和所运用的。但是，无论是哪一种探讨，实际上都涉及了对人的心理行为的说明。哲学心理学是系统化的和深入性的探索，心理学哲学也同样是理论化的和原则性的探讨。尽管在科学的或实证的心理学脱离了哲学的怀抱和诞生为独立的学科门类之后，科学心理学家就极力反对一切形式的哲学探讨、哲学思辨、哲学推论，但哲学为科学心理学作出的贡献是不可磨灭的，也是不容忽视的。

一　物理学的贡献

物理学对科学心理学的影响在于其提供了考察和探究物理客体的基本

---

① 荆其诚：《现代心理学发展趋势》，人民出版社1990年版，第32页；朱滢、杨治良等：《当代心理学研究》，北京大学出版社1993年版，第69—70页。

② 葛鲁嘉、陈若莉：《论心理学哲学的探索——心理科学走向成熟的标志》，《自然辩证法研究》1999年第8期，第35—40页。

科学方式和基本科学方法。物理学是最早从哲学中分离出来的科学学科。物理学为了在研究中弃除哲学的思辨，而把物理学的研究对象确定为是物理现象。对物理现象的研究必须采用客观的、实验的、精确的研究方法或观察的、实验的、定量的研究方式。物理学在脱离了哲学的思辨之后，在成为实验的科学之后，就有了突飞猛进的发展和进步。并且，物理科学也成为带头的学科，成为科学研究的楷模。心理学在早期成为实验科学之时，就是以物理学为榜样的。甚至于科学心理学在研究中不惜把人的心理行为还原为物理的事实和规律。

有研究者在研究中指出，自牛顿以来直到 19 世纪末的物理学，是当时的最为成熟的学科门类，并且为其他学科的发展提供了自然科学的研究范式。自然，物理学也成为心理学家特别是行为主义者所效仿的科学典范。1955 年，人称"原子弹之父"的奥本海默应邀在美国心理学年会上发表演说，全文发表在次年的《美国心理学家》杂志上。奥本海默反对将一门学科的概念和方法运用到另一门学科中，比如用机械论解释心理现象。他一针见血地指出，心理学家竟然追随一种过时的物理学，就连在物理学中也已经过时的理论，竟然被心理学家视为科学的典范。这是对行为主义的批评。奥本海默甚至对格式塔心理学借鉴现代物理学的"场"的概念也不赞成，他说当他听到物理学家和心理学家都用同一个"场"字的时候，他就感到不舒服。这是一种立场，即反对将物理学中的概念和方法应用到心理学中。另一种立场是主张心理学应该以现代物理学的世界观和方法论为基础，起码应该注意到现代物理学对心理学的意义。超个人心理学就试图从现代物理学中寻求方法论的支持。

该研究者认为，心理学家可以从现代物理学中得到的方法论的支持。大体说来可以从以下几方面得到启示。一是传统的客观性原则的动摇。物理学的研究必须以直接可观察量为依据，似乎是无可置疑的。行为主义者就是以物理学的这一基本原则为根据，将意识置于心理学的研究领域之外，因为意识是不可直接观察的。然而爱因斯坦认为，在原则上，试图单靠可观察量来建立理论，是完全错误的。在对微观客体的研究中，纯粹客观的研究是不可能的，因为观察的方式会影响到观测的结果。二是决定论的动摇。决定论的原则不适合于微观的高速运动的物质世界，物质运动的可预测性是有限的，原子通常没有固定的轨迹，许多现象都只能借助于统计学的概念。传统的因果决定论只有有限的适用范围，它在量子力学中不再适用。决定论既然在物理学中受到挑战，那运用决定论来解释一切心理现象，将心理还原为环境或遗传因素的决定作用，或二者的共同作用，而否认人的自由意志，就更值得怀疑了。对决定论和还原论的质疑，为精神这种人性最高层面进入心理学研究领域开辟了道路。三是世界的整体性与统一性。在现代物理学中，世界不再是一台巨大的机器，而是紧密相关的有机整体。四是对东方宗教哲学的认同。现代物理学从根本上动摇了自笛卡尔和牛顿以来占统治地位的世界观和方法论，当那些物理学大师们创建了新的世界模型以后，发现现代物理学与东方宗教哲学在宇宙观上有着惊人的相似性。

该研究者得出的结论是，心理学家从物理学中可以有两点启示：第一，心理学家应该关注物理学的最新发展，特别是具有方法论意义的新的科学范式的出现，心理学家要能够敏锐地觉察到它对于心理学发展将意味着什么。第二，心理学家可以学习物理学，但不可效仿物理学。也就是说，心理学家应充分意识到心理学的特殊性，不可将物理学的方法和概念简单移植到心理学研究中，不能将心理学变成物理学。[①]

二 化学学科的贡献

化学与心理学也有着十分重要的关系或联系。无论是在其诞生时期里，还是在其当代发展中，心理学都与化学学科不可分割。化学曾经为科学心理学早期的发展提供了思想和理论建构的描述方法。化学的当代发展也为心理学解释人脑的心理意识提供了神经生物学和生物化学的知识和方法。这都在许多层面上，极大地推动了心理学的研究进步和研究扩展。

化学对科学心理学的影响，首先是在于其提供了元素分析的、分解化合的、物质合成的研究内容和研究方式。这在科学心理学诞生的初期，曾经极大地激发了科学心理学家的想象力和创造力。所以，最早的心理学派别就是元素主义的心理学。这种心理学的研究就是寻找和确定最基本的心理元素，以及考察这心理元素分解和聚合的基本规律。化学对科学心理学

---

① 郭永玉：《论物理学作为心理学的榜样》，《教育研究与实验》2002年第4期，第41—43页。

的贡献，其次是在于其对影响人的心理行为的神经传导化学递质的研究。这在非常精细的层次上，揭示了人的心理行为的实现基础和基本机制，提供了对人的心理行为的科学解说。

目前，认知神经科学已经成为一门重要的跨学科研究分支。近十多年来得到了快速的发展。认知神经科学的研究在于揭示心理活动的脑基础和脑机制。或者说，认知神经科学的任务就在于阐释心理与大脑的关系。认知神经科学是认知科学与神经科学相结合的产物，是建立在现代认知心理学和现代神经科学的基础之上，具有跨学科和学科交叉的特性。那么，认知神经科学具有许多的研究分支，其中就包括认知神经生物学的研究。认知神经生物学的研究层次是在分子水平、细胞水平、脑区水平，研究对象包括从低等动物到哺乳动物，研究方法包括生物化学测量和生物物理研究。[1]

应该说，对心理学的研究影响最大的化学学科分支是生物化学。生物化学对其他各门生物学科的深刻影响首先反映在与其关系比较密切的细胞学、微生物学、遗传学、生理学等领域。通过对生物高分子结构与功能进行的深入研究，揭示了生物体物质代谢、能量转换、遗传信息传递、光合作用、神经传导、肌肉收缩、激素作用、免疫和细胞间通讯等许多奥秘，使人们对生命本质的认识跃进到一个崭新的阶段。生物化学这一名词的出现大约在19世纪末、20世纪初，但它的起源可追溯得更远，其早期的历史是生理学和化学的早期历史的一部分。

三　计算机的贡献

电子科学对科学心理学的影响则在于其提供了理解人的内在心理的外在的途径。人的心理意识被看做是黑箱，没有办法直接观察到。但是，计算机科学则以模拟的方式实现了人工的智能。[2] 早期人工智能的研究采纳的是符号的模型。这也就是把人的心灵的性质和活动看做是符号的加工，是符号的表征和计算。这种被称之为认知主义的符号研究范式是以计算机

①　郭本禹主编：《当代心理学的新进展》，山东教育出版社2003年版，第359—382页。
②　朱宝荣：《计算机模拟：一种探索心理机制的现代方法》，《心理科学》2003年第5期，第891—893页；林崇德等：《计算机与智力心理学》，浙江人民出版社1996年版，第10页。

作为理论的启示，或者说是建立在人工智能与人类心理的类比的基础之上。尽管人工智能和人类心理分别是由计算机硬件和脑神经系统实现出来的，但它们在机能水平上却被认为具有相同的信息加工性质。那么，人的心灵活动便没有什么神秘之处，其符号的计算过程完全可以由计算机复制或模拟出来。后来的人工智能的研究采纳的是网络的模型。这也就是把人的心灵的性质和活动看做是神经网络的联结。这种被称之为联结主义的网络研究范式是以神经系统作为理论的启示，或者说是建立在神经系统与人类心理的类比的基础之上。

计算机的出现和计算机科学的发展，是 20 世纪人类最重大的发明和最伟大的成就之一。计算机也称为电脑，是用来模拟和替代人脑而从事各种运算的电子设备。计算机科学则为计算机的研究和开发提供了相应的理论和方法。

英国数学家图灵（A. M. Turing）是计算机理论的创始人之一。他在1936 年的一篇论文中，提出了著名的"图灵机"的设想，或者说提出了一种描述计算过程的数学模型。他认为，可以由机器来进行人脑的计算活动，这为人工智能的发展展示了光明的前景。后来，纽厄尔（A. Newell）和西蒙（H. A. Simon）提出了物理符号系统的假设，认为计算机就是物理符号系统，可以进行符号的表征和符号的计算。他们也同样把人的认知看做是物理符号系统，也同样是进行符号的表征和符号的计算。这就使心理学对人的内在认知的研究有可能摆脱心灵主义的缠绕，使对人的内在认知的工作原理进行客观的揭示成为可能。

计算机科学对现代认知心理学的具体影响主要表现在两个方面：一是计算机类比，一是计算机模拟。计算机类比是认为计算机的工作原理与人的认知的工作原理是类似的，都是物理符号的系统或信息加工的系统。计算机模拟是指以计算机作为工具，来验证对人的认知过程的研究设想。在计算机和人的认知之间建立的类比和模拟的关系，使认知心理学的研究获得了必要的理论基础。

认知心理学之所以可以借用计算机科学或人工智能的理论构造，就在于它们共同采取的功能主义立场，以及在此基础之上的人工智能与人类心理的类比。功能主义（functionism）强调的是对物理的装置和物理的过程作功能水平上的描述。这就把信息加工系统与实现它的基础相对地分离开了。显然，自然的或人类的信息加工是由生物性的神经系统或人脑实现出来的，而人工的或机器的信息加工是由物理性的电子器件或电脑实现出来的。尽管它们的实现基础不同，但它们在功能的水平上可以是相同的。功能主义所直接导致的是人工智能与人类心理的类比。这种类比给认知心理学和人工智能的研究者带来了很大的便利。认知心理学家可以通过人工智能的研究来确证人类认知乃至人类心理，人工智能的研究者则可以通过认知心理学的考察来推进和发展对人类认知能力的计算机模拟。

实际上，说计算机与人相类同是一种非常粗糙的描述，无论在人工智能领域还是在认知心理学领域，对计算机与人的类比均有程度不等的看法。塞尔（J. R. Searle）指出，在人工智能领域，对类比有两种不同的观点。一种是弱 AI（weak artificial intelligence）的观点，主张计算机的基本价值在于为研究心智提供了一个非常有力的工具，使研究者能够据此检验心理学的解释。另一种是强 AI（strong artificial intelligence）的观点，主张计算机不仅仅是研究心智的工具，恰当程序化的计算机，加之正确的输入和输出，本身就拥有与人类意义相同的心智，可以呈现各种与人相同的认知状态。[1] 巴尔斯（B. J. Baars）则指出，在认知心理学领域，对类比有三种不同的观点。第一是最保守的观点，主张精确的心理学理论能在计算机上得到模拟，这强调的是理论的精确性质。第二是不那么保守的观点，主张计算机和人都是信息加工系统，这强调的是信息的加工系统。第三是最激进的观点，主张计算机和人能够完成同样的智能任务，这强调的是问题的实际解决。[2]

无论是在人工智能领域，还是在认知心理学领域，都有很多学者持强硬和激进的观点。他们把人和计算机看做是信息加工系统的两个物种。人是自然的物种，计算机是人造的物种，但它们同为信息加工系统所具有的性质则并没有什么根本性的差别。著名的认知科学家纽厄尔和西蒙（A. Newell & H. A. Simon）认为，计算机与人的智力可以是类同的。他们提出

[1] Searle, J. R. Minds, brains, and programs. Behavioral and Brain Science, 1980 (3). 417 - 457.

[2] Baars, B. J. *The Cognitive Revolution in Psychology*. New York: The Guilford Press, 1986.

了物理符号系统用来说明智能。① 他们指出，物理符号系统的"物理"表示两个意思：一是这样的系统遵从物理规律；二是这样的系统并不限于人的符号系统。这实际上是把人工智能与人类心理统一在了物理主义的基础之上。计算机理论的先驱图灵（A. M. Turing）曾预期了人工智能的发展，他设想了一个检验去考察一台计算机或其他系统是否具有与人一样的认知能力。该检验是看一个专家能不能够区别机器与人从事的活动的结果，如果不能区别，那机器就拥有与人一样的认知能力。这就是广为人知的"图灵检验"（Turing test）。②

四 生物学的贡献

生物学对科学心理学的影响则在于其提供了关于人的心理行为基础的研究。生物科学中包括遗传学、生理学、脑科学、神经科学等等。其实，在科学心理学的发展历程中，生物科学扮演了十分重要的角色。生物进化论就曾经对科学心理学的进步产生了决定性的作用。其中，遗传学关于遗传基因的研究，给出了人的心理行为的遗传基础。生理学的研究，特别是神经生理学的研究，给出了人的心理行为的生理基础。脑科学是目前发展最快的大科学。生物学的研究，生理学的研究都曾一度支配了心理学的研究，甚至于替代了心理学的研究。例如，新中国诞生之后的心理学发展，就曾全盘接受过前苏联巴甫洛夫的高级神经活动学说。心理学没有了自己的研究，而只是介绍神经生理学的研究内容和研究方式。当然，目前心理学的发展早就摆脱了对生物学科的依赖和还原，但仍然意识到了生物学的研究成果对心理学发展和研究的价值和意义。

有研究者认为，人类心理的生物学研究有宏观与微观之分。宏观研究偏重从遗传与本能的角度说明决定心理的生物因素。微观研究则从细胞、分子角度探讨生物因素对心理的决定作用。心理学中的遗传决定论的研究包括高尔顿的家谱分析研究。家谱分析研究证实了遗传的作用，但却很难分辨遗传与环境的影响，因此广遭非议。有研究者提出了改进家谱分析的

---

① Newell, A. & Simon, H. A. Computer Science as Empirical Inquiry: Symbols and Search. In M. A. Boden（Ed.）, *The Philosophy of Artificial Intelligence.* Oxford University Press, 1990. 105 – 132.

② Turing, A. M. Computing Machinery and Intelligence. *Mind*, 1950（59）. 433 – 460.

研究模式。这就是关于双生子的研究。具有相同遗传基因的同卵双生子是双生子研究的主要对象。研究一般涉及了两个方面。第一，一起抚养的同卵双生子与分开抚养的同卵双生子之间的比较；第二，一起抚养的同卵双生子与异卵双生子之间的比较。关于双生子的研究指标国内外多采用的是智商。

心理学中的本能决定论的思想可上溯至 18 世纪的官能心理学，当时的哲学家普遍认为动物的活动决定于本能，人的活动决定于理性。在达尔文创立进化论之后，自然选择理论证明人类个体的一切行为都是本能进化的结果。从此，本能决定论日趋流行。机能主义与行为主义者桑代克，最早进行了关于动物学习的研究，并将动物学习的原理推演于解释人类的学习。人有先天的反应连结与习得的反应连结。前一类是不学而能的本能；后一类是在本能基础上受后天生活影响而形成的习惯。麦独孤的本能论认为人类的行为都是有目的行为，并由人的本能推动。他认为，本能是一种遗传的或先天的心身倾向，是长期的生物进化的结果。生物进化的过程，就是本能的分化与专门化过程。

在目前，已往的研究都日渐集中和统一到心理生物学的研究中，通过对心理的生理机制和生物基础的研究，揭示心理的本质。首先是从发展的过程看，心理生物学的研究是自然科学成果在心理本质认识问题上的反映。其次是从基本的内容看，心理生物学研究是先天论与经验论、遗传因素与环境因素对心理发展决定作用之争的延续。最后是从方法上看，心理生物学是对心理的还原，即将高级的心理活动还原到低级的生物水平上进行研究。[1]

有研究者从人格心理学的研究出发，考察了人格研究的生物学取向。现代人格心理学家已开始以新的视角来探索人格的生物基础，在解决原有问题的同时，对传统的人格理论提出了质疑和补充，并产生了新的人格生理理论。当代人格研究的生物学取向有立足于人格的生理研究和基因研究两个方面。当然，生物学取向只是人格研究的一种角度，在肯定其意义的同时，也不能忽视其他角度的研究。关于人格的生理基础问题，古代心理

---

① 蔡笑岳、向祖强：《人类心理的生物学研究》，《重庆大学学报》（社会科学版）1999 年第 1 期，第 111—114 页。

学家已从气质论的角度作过深入的研究，提出了许多理论和假设。这些气质理论在近代为心理学家所吸收和发展，形成了相应领域的研究内容。如"颅相学"发展为近代的神经心理学，"体液说"发展为气质类型说等。但是，这些学科的发展只是从侧面促进了人格生理理论的研究。在人格研究中，很多心理学研究者都意识到了人格生理基础的重要性。此外，关于大脑和生化物质对人格的影响及有关变态人格生物基础的探讨，也为人格的生理理论的研究提供了依据。人格的生理研究和认知、行为、医学等方面的研究是互补的，近代生理学、精神病学、社会心理学等学科的发展，都促进了人格的生理基础研究。①

近年来，进化心理学成为研究的热点。这是在 20 世纪 80 年代开始形成的一个心理学研究取向。进化心理学是以生物进化论作为心理学研究的指导思想，认为人的心理是人类进化的过程中，通过自然选择所形成的适应装置。进化心理学的产生有着自己的生物学的背景，这其中就包括拉马克的进化论思想，达尔文的进化论思想，高尔顿的遗传学思想，洛伦茨的习性学思想，等等。进化心理学的研究体现在了许多心理学分支的研究中，其中包括进化认知心理学、进化社会心理学、进化发展心理学、进化教育心理学、进化临床心理学的研究等。在相关的研究看来，进化心理学的主要贡献就在于如下。一是进化心理学把心理学的研究纳入到生命科学的范围，与现代科学发展的趋势是一致的。心理学研究长期都是以物理学作为自己的榜样，把人当作是机器。进化心理学则把心理学的研究纳入到生物学的范围之中。二是进化心理学开辟了心理学研究的一些新的研究领域和研究课题，并取得了许多重要的研究成果。三是进化心理学的研究促进了对心理和人性问题的深层思考。这包括人性的本质、心理的来源、心理与行为的关系、文化与心理机制的关系、心理的普遍性与差异性的关系。四是进化心理学的研究对其他学科的研究具有重要的启发作用。该研究认为，进化心理学是 21 世纪心理学发展的新方向，对我国心理学的发展具有重要的启发价值。②

---

① 叶海燕：《人格研究的生物学取向述评》，《南京师大学报》（社会科学版）1999 年第 6 期，第 78—83 页。

② 朱新秤：《进化心理学》，上海教育出版社 2006 年版，第 1—11、275—276 页。

五 生态学的贡献

生态学是研究生物与环境之间关系的一门科学。生态学对科学心理学的影响则在于提供了共生发展的生态学方法论。对人的发展,包括心理发展,一开始都是采纳的单一发展的方法论。人的发展可以破坏环境,可以破坏未来。随着环境的恶化,随着生态的危机,人们开始越来越重视共生的发展。生态学本身也开始研究生态心理,研究人与环境的共同发展。生态学也考察人的心理行为对环境的影响,对环境的破坏。因此,生态心理学和心理生态学就应运而生。在生态学的框架中,人的心理与他人、与社会、与环境、与世界等等,都是彼此共存的,都是相互依赖的,都是共同成长的。

生态的核心含义是指共生。生态的视角是指从共生的方面来考察、认识和理解环境、生物、社会、人类、生活、心理、行为等。在中国的文化传统中,一个非常重要的原则性主张就是天人合一。这是人与天的合一,是我与物的同一,是心与道的统一。

(一) 生态学和心理学的交叉

生态的核心含义是指共生。所谓的共生不仅是指共同生存或共同依赖的生存,而且是指共同发展或共同促进的发展。其实,生态学的含义不仅仅是指生物学意义上的,而且包含着文化学、社会学和心理学的意义。当然,生态学的含义在一开始的时候,更多的是在生物学意义上的理解。只是随着生态学的进步和发展,其意义才开始扩展到其他的学科领域,才开始进入到人类生活的各个方面。其实,正因为有了生态的含义,才使得科学的研究和思考有了更为宽广的域界。

人的生存所具有的含义是多样性的,不可能就被局限在某一个方面。那么,多样化地理解人的生存的含义,或者说统合性地理解人的生存的含义,就是非常必要的。人生的意义并不仅仅就是物理意义上的,也不仅仅就是生物意义上的,而在很大的层面上是心理意义上的。任何一个人都同时既是一个个体的生命,也是一个种族的生命。这就是所谓的性命和使命的含义。生命的最直接的含义是个人或个体的生存。个人或个体是人的最现实的形态。当然,在西方和中国的文化中,对个体存在的指称是不同的。在西方文化中,个体是以心来划分的。在中国文化中,个体则是以身来划分的。个体的生命是有限的，是短暂的。但是，个体的生命却可以与种族的延续关联在一起。这就使个体的生命成为无限的，成为永恒的。其实，种族的延续是由个体汇聚的过程，而个体的发展不过是种族历史的重演。关于发展也可以有多种多样的理解。其实，无论是变化、变迁、演变、流变、生长、成长等等，都与发展有着某种关联。当然，发展的含义可以被理解为是扩展、是升级、是多样化、是复杂化。

生态学的出现不仅仅是一个新的学科的诞生，而且是一种新的思考方式的形成。这种思考方式是突破了传统的分离的、孤立的、隔绝的思考，而是建立了系统的、联结的、共生的思考。这种思考方式不仅带来了对世界和事物的理解上的变化，也带来了研究者的视野和思路的扩展，还带来了对待世界和改变生活的方式和行动的变化。这是导致生态环境和谐与繁荣的非常重要的思想前提或理论前提。

生态学与心理学的结合形成了一个新生的学科，一个重要的学科，一个有着发展前景的学科，一个理应得到重视的学科。这就是生态心理学和心理生态学。生态学诞生之后，就与心理学开始有了非常重要的结合。这形成了全新的学科领域，提供了丰富的研究课题。无论是生态心理学，还是心理生态学，都是人类为了解决自己与环境的关系问题，都是人类为了解决环境的健康发展与人类的健康成长的问题。目前，生态心理学和心理生态学都正在以非常快的速度发展和壮大。作为新兴起的学科门类，作为具有重要生活意义和学术价值的科学研究，生态心理学是考察生态背景下的人的心理行为，研究环境问题、环境危机、环境保护等背后的心理根源，探索生态环境对人的心理、对人的心理问题的解决、对人的心理疾病的治疗的价值。① 其实，严格地说来，所谓的生态心理学是从生态学出发的研究，去考察生态环境中的、生态危机中的人的心理行为问题。但是，所谓的心理生态学则是更进一步去考察反过来的问题，也就是从心理学出发的研究，去考察心理生活过程中的生态环境的问题。这是把人的心理生

---

① 肖志翔：《生态心理学思想反思》，《太原理工大学学报》（社会科学版）2004 年第 1 期，第 69—71 页；刘婷、陈红兵：《生态心理学研究述评》，《东北大学学报》（社会科学版）2002 年第 2 期，第 83—85 页；易芳：《生态心理学之背景探讨》，《内蒙古师范大学学报》（教育科学版）2004 年第 12 期，第 24—28 页；易芳：《生态心理学之界说》，《心理学探新》2005 年第 2 期，第 12—16 页。

活看做是包容性的和完整性的生态系统。

当生态学的研究迅速地成为科学研究中的显学，生态学方法论就不仅带来了理解世界的特定思考方式上的变革，而且带来了特定学科的基本研究视野上的扩展。有的研究者就此而认为，生态心理学本身目前还并没有一个统一的研究范式。那么，把生态心理学看做是一种取向，要比将其看做是一个学科更为合适，更能反映生态心理学本身的现状。[①]

生态心理学的研究一方面是试图去寻找导致生态危机的人类心理行为的根源，另一方面则是试图去寻求导致人类心理危机的生态学的根源。其实，这表明正是因为人类毫无节制地和最大限度地满足自己的需求，而消耗和破坏了自然的和生态的链条。正是因为人类人为地割断了自己与自然的有机联系，而导致了自身的生理和心理的失衡和疾病。所以说，自然的和生活的生态系统的平衡，就决定了人的生活的实际质量，也决定了人的心理生活的实际质量。因为，对生态系统的破坏不仅导致了人的生活环境的恶化，而且也导致了人的心理生活的损害。

在西方科学心理学诞生之后，完形主义心理学和机能主义心理学被认为是导致了和促进了生态心理学产生和发展的重要心理学派别。[②] 这两个心理学派别所强调的整体不可分割和心理对环境的适应，就是后来生态心理学的整体主义和共生主义的基本主张和观点。但是，在生态心理学的研究中，则反对完形心理学把人的心理看做是自足的系统，也反对机能心理学把环境看做是自足的存在。生态心理学强调的是环境与心理是交互依存的。在认知科学和认知心理学的演变和发展的过程中，也有研究者主张采纳生态学的研究方法论，反对把人的认知活动从人的生活活动中分离出来，放到实验室中进行分离的研究。这就是认知的研究强调的所谓生态效度。这强调的是对人的生活认知的考察。[③]

心理学研究中的生态学方法论反对传统心理学的二元论的思想前提或

① 易芳：《生态心理学之界说》，《心理学探新》2005 年第 2 期，第 12—16 页。

② 易芳：《生态心理学之背景探讨》，《内蒙古师范大学学报》（教育科学版）2004 年第 12 期，第 24—28 页。

③ Neisser, U. The Future of Cognitive Science: an Ecological Analysis, In D. M. Johnson & C. Emeling（ed.）. *The Future of the Cognitive Revolution.* New York: Oxford University Press, 1997. 245 – 260.

哲学设定。这就是把心理与环境看做是分离和分裂的存在，这就是把个体与社会看做是分离和分裂的存在，这就是把生理与心理看做是分离和分裂的存在，这就是把认知和意向看做是分离和分裂的存在。心理学研究中的生态学方法论则强调的是整体主义和共生主义的观点和主张。近些年以来，越来越多的心理学家通过多元的和互动的观点来理解人的心理，来理解人的心理与环境的关系。[1] 那么，生态学所理解的生态系统，就是把系统中的存在看做是相互依赖、相互制约、相互促进、共同生存、共同成长、共同繁荣的。那么，如果人为地割断人类与自然的联系，就会导致人的生活的失调和人的心理的疾病。"生态心理学将深层生态学与心理学和治疗学相结合，一方面探寻人们的环境意识和环境行为背后的心理根源，为解决生态危机开辟新的途径；另一方面研究自然对人类的心理价值，在保护生态的更深层次上重新定义精神健康和心智健全的概念。"[2] 按照生态心理学的理解，人类与自然有着天然的联结。这体现在人类心理方面，就是所谓的生态潜意识。这是人的天性或本性。然而，这种生态潜意识在后天则很容易受到压抑、抑制和扭曲。目前，人类正面临着严重的环境危机，同时也正面临着严重的精神危机。生态心理学则是要解除对人的生态潜意识的压抑，使人在意识层面上与自然达成和谐。生态心理学也是要促进人的生态自我的建立。人的健康的生态自我会使人合理地面对环境，合理地满足需求。在良好的生态环境中，可以使人增进心理健康、消除心理压力、治愈心理疾病、促进心理成长、形成健康人格。显然，生态心理学为理解人类与环境的关系提供了新的视野和方法。[3]

（二）生态学的视角及其方法

生态学的视角是指从共生的方面来考察、认识和理解环境、生物、社会、人类、生活、心理、行为等等。这否定的是片面的和孤立的认识和理解，而强调的是系统的、动态的、发展的认识和理解。生态学的方法论和生态的方法是指以生态的或共生的观点、手段和技术来考察、探讨、干预

---

① 傅荣、翟宏：《行为、心理、精神生态学发展研究》，《北京师范大学学报》（人文社会科学版）2000 年第 5 期，第 109—114 页。

② 刘婷、陈红兵：《生态心理学研究述评》，《东北大学学报》（社会科学版）2002 年第 2 期，第 83—85 页。

③ 同上。

生活世界、生活过程和生活内容。也就是说，生态学的方法论和生态的方法对于人和人的生活来说，既可以是考察的方式和方法，也可以是解说的方式和方法，还可以是干预的方式和方法。

那么，重要的是生态学给定了一种独特的看待世界、看待事物、看待社会、看待人生的视角、视野、视阈或视界。人的认识或人的认知常常是开始于朦胧的、模糊的、笼统的了解。但是，随着人的成长，随着人的认知的发展，人又去分析、分解、分离不同的事物。这使人会形成一种特定的认知习惯，那就是对事物进行分门别类地定位，把事物按照其构成的单元来理解。生态的视角则恰好相反，是试图把事物理解成为是相互关联的整体，是彼此互惠的整体，是共同促进的整体。这样，分离的部分、分解的存在、分开的理解就要让位于整体的互动、互动的整合、整合的理解。

其实，生态学的方法论提供的是整体观、系统观、综合观、层次观、进化观、同生观、共生观、互惠观、普惠观，等等一些重要的思路、思想、思考。这可以改变原有心理学研究中盛行的思想方法和研究方式。整体观是通过整体来理解部分，或者是把部分放到整体中加以理解。系统观是把系统的整体特性放在优先的位置上。综合观是相对于分析观而言的，是把构成的部分或组成的部分统合或统筹地加以理解。层次观是把构成的部分看做是或者分解成不同水平的、不同层次的、不同阶梯的、不同构成的存在。进化观是从发展的方面、接续发展的方面、上升发展的方面、复杂化发展的方面、多样化发展的方面等等，去理解事物的进程、进展、优化和优胜。同生观是把生命或生物的生长和发展看做是相互支撑的、是互为条件的、是互为因果的、是互为前提的。共生观是把发展看做是彼此促进的、是协同发展的、是共同生长。互惠观是把自身的发展看做是对他方发展的促进，同时又反过来促进自身的发展和进步。普惠观则是把个体成员的成长和发展看做是对整体的不可或缺的条件，在一个整体中，个体的变化和发展都是具有整体效应的。

当然，心理学研究采纳生态学的方法论，可以带来关于心理学研究对象或者关于人的心理行为的理解上的重大改变和转向，可以带来关于心理与环境的关系的理解上的重大改变和转向，也可以带来心理学研究中关于心理学的研究方式和研究方法的理解上的重大改变和转向。

生态学是作为一门学科出现的，但是同时生态学也是作为一种方法论出现的。生态学作为一门学科，是考察和研究生态现象的。生态学作为一种方法论，则成为科学研究活动中的一种看待世界、理解对象、提出问题、提供思考、给出结果、提供方案的特定的研究方式和方法。生态的方法是指人以共生的主张、观点、方式、方法、手段和技术来考察、探讨、影响和干预人的生活世界、生活过程和生活内容。也就是说，生态的方法即可以是考察的方式和方法，也可以是解说的方式和方法，还可以是干预的方式和方法。

在生态学的研究中，也有生态学的学科自身所运用的研究方法。生态学的研究方法可以包括野外观察和实验观察两大类。但是，在这里所说的生态的方法，重心并不在于生态学的研究所使用的方法是什么，关键在于生态学的研究为心理学的研究所提供的方法论的重要的改变。这种生态学带来的方法论改变就包括哲学思想方法的改变，也包括一般科学方法的改变，也包括具体研究方法的改变。

生态学的方法论就是一种生态学的整体观，就是一种生态学的发展观，就是一种生态学的科学观，就是一种生态学的历史观，就是一种生态学的心理观。这对于心理学的学科来说，这对于心理学的发展来说，这对于心理学的研究来说，都是非常重要的改变。这是眼界视野的开阔，这是进入思路的扩展，这是研究方式的变革，这是探索途径的转向，这是考察重心的挪移，这是关注内容的丰富。

生态学的方法论使心理学家有可能在相互关联的、相互制约的、相互促进的、相互构成的方式下，去理解人的心理行为，去理解人的心理行为与环境的关系，去理解心理学学科与其他学科之间的关系，去理解心理学的研究所应包含的内容，去理解心理学研究者所能看到的生活。这也就是生态学方法的根本的含义。科学心理学的研究一直在寻求自己的研究内容的定位。一直是试图从纷繁复杂的人的生活中去分离出自己的研究对象。这常常是带来分离和分割的考察和理解，而不是关联和互惠的考察和理解。但是，生态学的方法论则可以提供那种关联性和互惠性的考察视野和理解方式。

（三）文化学的含义及其原则

在中国的文化土壤中，在中国的文化传统中，一个非常重要的原则性和核心性主张就是天人合一。中国的文化传统并没有区分和割裂主体和客体，或者是主观与客观。中国的文化传统强调的是道，道是浑然不分的，是自然一体的，是生灭不息的。道不远人。其实，按照中国思想家们的理解，道并不是在人心之外，而是在人心之内。这就是所谓的心道一体。这就是心性论的思想。人对道的把握，并不是到人心之外去寻找。所谓的道，就是人的本心。但是，在人的现实生活中，人却常常会蒙蔽了自己的本心，迷失了自己的本心，放弃了自己的本心。例如，人会受到自己的欲望驱使，人会受到自己的贪念引导，人会受到外界的刺激干扰，人会受到外界的多种引诱。从而，人就会随波逐流，人就会得过且过，人就会见利忘义，人就会泯灭良心。这就会偏离了正道，这就会误入了歧途。

　　人的生活，更进一步地说人的心理生活，实际上都是寻找和追求意义的生活。对意义的理解，对意义的把握，对意义的创造，就是人的心理生活。人的心理生活是建立在人的意识觉知的基础之上的，是形成和发展于生存的体验和生活的创造。或者说是对生活意义的体验和对生活意义的创造。有意义的生活就是有道理的生活，那么有意义的心理生活就是有道理的心理生活。所以，人的心理生活都应该是寻求道理的生活，都应该是合乎道理的生活，都应该是具有道理的生活。生活的道理就在于适应和创造。人可以在心理上接受自己的生活所赋予自己的意义，并按照这样的意义来理解和接受自己的生活。这就是个体对自己生活的适应。人还可以在心理上改变自己的生活所具有的意义，并创造新的意义来赋予和充盈自己的生活。这就是个体对自己生活的创造。

　　对于人的生活来说，对于人的心理生活来说，非常重要的就是适应。人要通过改变自己来适应自己的环境。因此，所谓的适应就是人改变自己，人改变自己的心理行为，来应合环境的条件，来达到环境的要求。没有适应，就没有人的正常的生活。在人的现实生活中，有着许多的对环境的适应问题。许多不适应环境的生物就会被环境所淘汰。对于每一个人类个体来说，他从一降生就开始了对外界、对环境、对社会、对他人的适应过程。个体必须适应他所处的生活世界，他才能够生存，他才能够发展。但是，对于人的生活来说，对于人的心理生活来说，更为重要的是创造。可以说，没有人的创造，也就没有人的合意的生活。所谓的创造则是人改变自己的生活环境，改变自己的现实境遇，改变自己的心理行为，建构自己的生活环境，建构自己的心理生活。因此，人就可以进而来把握自己的命运，来把握自己的未来。

生活的道理就在于理解和沟通。人的生活或人的心理生活并不是单一个体的封闭的生活，而是群体性的或社会性的生活。在群体性的或社会性的生活当中，重要的不仅仅是空间上的接近，而在于对生活意义的共同的理解和沟通。对于人的生活来说，非常重要的是理解。人要通过理解而达到和解，人要通过和解而达到和谐。人与物的分隔，或者是物与我的分隔，是在人具有意识、具有主体意识、具有自我意识之后才开始有的。当人能够把自己的存在、把自己的身体、把自己的心理与外界区分开之后，与他物区分开之后，与他人区分开之后，这就是所谓主体意识的产生，这就是所谓独立意识的产生，这就是自我意识的产生。这种主体的意识、独立的意识、自我的意识，表明了个人或个体的成长，表明了个人或个体的成熟，表明了个人或个体的自立，表明了个人或个体的自主。其实，随着个人的成长、成熟、自立和自主，也就意味着个体可以把自己与外界、与事物、与社会、与他人等，区分和分离开了。但是，这种区分和分离也带来了一个十分重要的问题，那就是一种分裂，也就是主与客的分裂，或者是心与物的分裂，或者是我与他的分裂。

那么，这种主与客、心与物、我与他的分裂带来的是，在主体之外的存在，在人心之外的存在，在个体之外的存在，就是外在影响人的存在，就是与人心对立的存在，就是异于个体的存在。那么，对人来说，要么就是人受物的压迫，要么就是物受人的支配；要么就是物影响了人，要么就是人利用了物。对于心理学的研究来说，要么是环境决定论的观点，环境塑造了人的心理行为；要么是心理决定论的观点，心理决定了环境的性质和改变了环境的条件。这就是人与物的对立，这就是主体与客体的对立，这就是自我与他人的对立，这就是主我与客我的对立。任何的分裂，任何的对立，都意味着一种被占有和占有，都意味着一种被征服和征服，都意味着一种被消灭和消灭。这是一种原始的关系，是一种原始的关联，是一种原始的关切，是一种原始的关涉，是一种原始的关注。这是一种你死我活的关系，这是一种你消我长的关联，这是一种你失我取的关涉，这是一种你无我有的关注。

但是，在中国的文化传统中，重要的、重大的、重视的，是人与天的合一，是我与物的同一，是心与道的统一。人在自己的成长和发展的过程中，开始经历了逐渐地能把自己与外界、与环境、与社会、与他人分离开的过程。这是人的成长历程，这也是人的成熟过程。但是，在这个过程中，人也很容易把自己所分离的对象看做是自己的对立面，是自己要征服的对象，是自己要占有的对象，是自己要利用的对象。那么，人也就孤立了自己，人也就隔绝了自己，人也就膨胀了自己，人也就放纵了自己。实际上，在人的发展和成长的过程中，最为重要的就是消除我与物的分裂，就是促进物与我的融通。这就是中国的文化传统的核心内涵。这是强调统一的文化，是强调和谐的文化，是强调容纳的文化。在这样的文化背景或在这样的文化环境之中，重要的就不是征服和占有，就不是索取和利用。而恰好相反，最为重要的就是和谐和统一，就是融汇和融通，就是容忍和容纳。

（四）心理学的追求及其目标

天人合一不仅是指在根源上天与人是一体的，而且是指在发展中人与天也是一体的。当然，这里的天不是指自然意义上的天，不是指宗教意义上的天，而是指生活意义上的道理或规律。所谓的天道是指自然演化过程中、生物进化过程中、人类实践过程中的规律。这里的人不是指自然意义上的人，也不是指生物意义上的人，而是指创造意义上的人。天人合一的含义就是指人的心理行为与人的生活环境的共生的关系。如果单纯说环境创造了人，这是不完整的。环境决定论导致的是，把人看做是被动地受到环境的影响，受到环境的制约，受到环境的塑造。那么，人就成为环境的奴隶，成为环境的附属，成为环境任意宰割的对象，成为环境挤压蹂躏的存在。同样，如果单纯说人创造了环境，那也是不完整的。主体决定论导致的是，把人看做是无所不能的主宰者，人可以任意妄为，人可以无所不为。那么，人就成为不受约束的主人，成为破坏的源头，成为自然的敌人，成为自毁前程的存在。其实，人与环境是共生的关系，是共同成长的历程。可以说，人是通过创造了环境而创造了自己。或者说，环境通过改变了人而改变了自身。人与环境是要么共荣、要么共损的关系，是或者共同成长、或者共同衰退的历程。

天人合一的基本体现就是心道的一体。道是容含的总体，但是道又不是在人心之外，而就是在人心之内。所以，人心可以包容天地，包容天下，包容世界，包容社会，包容他人。这就是人在自己的内心中体道的过程，也是人在自己的践行中证道的过程。但是，在人的生活中，人却常常会失去自己的本心，被自己的欲望所蒙蔽。从而，人就会背道而驰，人就会倒行逆施，人就会见利忘义，人就会为富不仁。那么，怎么样才能复归本心，怎么样才能明心见性，怎么样才能仁爱天下，这就是体道的追求，这就是证道的工夫，这就是践道的过程，这就是布道的行为。当然，心道一体可以有许多不同的理解，可以有许多特定的含义。

首先，心道一体的一个最为重要的含义在于，道并不是在人心之外。也就是说，道并不是外在的对人心的奴役，也不是人迫不得已所接受的外在的限制，也不是人必须无可奈何接受的外在的存在，也不是人力所不及的天生的存在。其实，道就是心，心就是道。道是人心的根本，是人心的根基，是人心的根源。这其中的含义就在于，人只要觉悟到内心的道的存在，人只要遵循着内心的道的引导，人就会随心所欲，就会创造世界，就会无中生有，就会促进新生。其次，心道一体的一个非常重要的含义在于，心与道是相互共生的，是共同创生的。所谓彼此是互相创造出来的含义，就是指心迷失了道就会迷失了自己生长的根基，道离开了心就会失去了自己演出的舞台。正因为人心中有道，才会有所谓的心正，才会有所谓的心善，才会有所谓的心诚，才会有所谓的心真。道为正，道为善，道为诚，道为真。人心可以无所不包，但这正是因为人心中有道。所以，正是在人的生存中，在人的生存境遇中，在人的生活中，在人的生活追求中，在人的心理中，在人的心理生活中，也就是对人而言，心正而正天下，心善而善天下，心诚而诚天下，心真而真天下。最后，心道一体的一个非常重要的含义在于，道创生了万物，创造了世界，而心也同样是创生了生活，创造了人生。道是万物演生的根本，心则是人生演化的根本。人通过自己的心来体认道的存在，也通过自己的心来创造自己的生活，也通过自己的心来创造社会的生活。人可以在心理文化、心理生活、心理环境的通路中，生成自己的生活和心理的根基，生成自己的生活和心理的平台，生成自己的生活和心理的意义，生成自己的生活和心理的价值。这是人体认道的存在的最为根本的方面。

这就是人的文化，这就是人的心理文化，这就是人的创造所形成的文化，这就是决定了人的生活和环境的文化。这就是人的生活，这就是人的心理生活，这就是人的有质量的心理生活，这就是人的有追求的心理生活，这就是人的有成长的心理生活，这就是人的有成就的心理生活。这就是人的环境，这就是人的心理环境，这就是人的有和谐的心理环境，这就是人的有建构的心理环境，这就是人的有意义的心理环境，这就是人的有生命的心理环境。对每一个社会个体来说，心理文化、心理生活、心理环境、心理资源、心理成长等，都是其安身立命的根本和根基。对于每一个特定社会来说，心理文化、心理生活、心理环境、心理资源、心理成长等，也都是其必不可少的构成。新心性心理学就是立足于中国本土文化资源的心理学探索。作为立足于本土的心理学理论建构，"新心性心理学"是以探讨和揭示心理科学、心理文化、心理生活、心理环境、心理资源、心理成长为目标，是以开创和建立中国自己的心理学学派、思想、理论、方法、技术和工具为己任，是以推动和促进中国心理学的创新、创造、改变、突破、发展和繁荣为宗旨。[①] 因此，新心性心理学就是把生态学方法论纳入了自己的研究视野和研究范围。并且，新心性心理学就是把心理生态学作为了自己的理论、方法和技术的核心内容和核心原则。

六　经济学的贡献

心理学家获得 2002 年诺贝尔经济学奖是经济学与心理学两个学科汇合的一个非常重要的标志和象征。这不仅是心理学对经济学的影响和贡献，而且也是经济学对心理学的影响和贡献。经济学的研究也在促进和推进心理学研究的发展和扩展。[②]

长期以来，经济学与心理学这两门同样研究人类行为的学科像两条平行线，各自遵循着自己的前进轨迹发展。传统经济学过度推奉和固守理性的研究范式，躲在精心营造的"理想国"中闭门造车，丝毫不顾其"经济人"假设与逻辑演绎的方法论已面临越来越多的现实挑战和困境。而

---

① 葛鲁嘉：《新心性心理学的理论建构——中国本土心理学理论创新的一种新世纪的选择》，《吉林大学社会科学学报》2005 年第 5 期，第 140—149 页；葛鲁嘉：《心理生活论纲——关于心理学研究对象的另类考察》，《陕西师范大学学报》2005 年第 2 期，第 112—117 页；葛鲁嘉：《心理环境论说——关于心理学对象环境的重新理解》，《陕西师范大学学报》2006 年第 1 期，第 103—108 页。

② 周国梅、荆其诚：《心理学家获 2002 年诺贝尔经济学奖》，《心理科学进展》2003 年第 1 期，第 1—5 页；皇甫刚、朱莉琪：《Vernon Smith 开创的实验经济学及其对心理学研究的启示》，《心理科学进展》2003 年第 3 期，第 243—248 页。

心理学也囿于学科界限，迟迟不愿介入经济行为的研究，从而极大地影响了其研究领域的拓展和对于人类行为的理解与认识。

20 世纪以来，在一批具有良好心理学素养的经济学家和具有良好经济学头脑的心理学家的积极倡议和参与下，诞生了跨越经济学和心理学之间人为藩篱的新兴学科——经济心理学。

经济心理学与传统经济学的差异主要有三个方面。首先，从研究内容来看，经济心理学范围相对狭窄，它更关心形成消费、储蓄、投资等经济行为的过程，而不像传统经济学那样对经济活动的数据进行统计分析和研究。其次，从理论依据来看，传统经济学试图揭示社会经济的理想状态下"应该发生什么"，而经济心理学则将心理变量引入经济学的研究，试图告诉计量化、数学化给经济学披上了貌似严谨的公理化外套人们，现实的社会经济"实际发生了什么"。第三，从研究方法来看，传统经济学通过建立数学模型，运用数理统计的方法来检验分析商品市场、货币市场、劳动力市场的经济现象，而经济心理学则以实验为依据对经济行为及心理活动规律展开研究。

国际经济心理学研究会认为，经济心理学作为一门科学，它研究构成消费和其他经济行为基础的心理机制和过程，涉及偏好、选择、决策及其影响因素；同时还要研究与需求的满足有关的决策和选择的结果，包括外部经济现象对人类行为和幸福的影响。它的研究跨度是从个体消费者和家庭的微观层次到整个国家的宏观层次。

经济心理学的创新意义首先体现在研究领域的创新，它是对经济学和心理学研究领域的一体化拓展。建立在演绎推论基础上的传统经济学理论开始对人类的实际决策行为进行归纳和经验研究，而将理论重点置于个体行为的心理学也通过经济学的概念和工具将研究领域拓展到了群体行为。因此，一个完整的经济心理学框架涵盖了社会个体、社会群体、微观情景和宏观情景等所有四个层次的分析。[①]

为了纪念凯尼曼（D. Kahneman）和史密斯（V. L. Smith）获得 2002年诺贝尔经济学奖，曾有心理学研究者介绍、综述和评价行为经济学、行

---

① 鲁直、陈卓浩：《两个傲慢绅士的握手——从传统经济学的困境到经济心理学的新地平》，《社会观察》2005 年第 3 期，第 47—49 页。

为金融学、风险决策等方面的研究。认为心理学家的研究工作的主要贡献和重要目的，就在于倡导心理学与经济学、金融学等其他学科的交叉与融合。心理学与其他学科的彼此交流和相互渗透不但有利于自身的发展与完善，同时也可以形成新的交叉学科和边缘学科。① 因为凯尼曼本人就是美国普林斯顿大学的心理学教授。当然，这不仅是心理学对经济学的影响和贡献，反过来也是经济学对心理学的影响。

有研究者指出，随着中国改革开放力度的加大，推进和促进对经济心理学的研究就会成为重要的任务。这显然是需要研究消费、投资、保险、储蓄等经济活动的心理规律，而且特别是需要研究中国人特有的、影响经济活动的深层心理结构。例如，财富的心理意义、从熟人社会的人际信任到商品社会的制度信任机制的转变、风险的承受力与成败归因倾向、公平观念、个人与政府及个人与社会的关系、幸福观念、慈善观念、命运观念等等。②

七 社会学的贡献

社会学对人类社会、对社会群体、对人际关系、对社会个人的研究，也涉及了社会心理的方面，也提供了对人的群体心理和社会心理的描述和解说。所谓的社会心理不同于个体心理，而是有新的性质、新的特征、新的表现和新的功能。社会心理包括社会生活环境中的个体心理，小群体心理和大群体心理。社会学的研究也包含社会文化、文化心理、文化人格等方面，也提供了对文化与心理、文化与行为、文化与人格的研究成果。其实，对于社会心理学的学科来说，就有社会学中的社会心理学。这是从社会学的视角，以社会学的方式，对人的社会心理行为的研究。

社会学提供了考察人的社会心理的社会视角。这种社会视角的透视为心理学的研究提供了一系列的核心性概念。这些核心概念使心理学的研究有了解说人的心理行为的基本内容和方式。这些概念包括社会互动。社会互动是指社会上个人与个人，个人与群体，群体与群体之间通过信息的传

---

① 王辉：《心理学与经济学的交叉与渗透》，《心理科学进展》2003 年第 3 期，第 241—242 页。

② 阳志平、时勘、王薇：《试评凯尼曼经济心理学研究及其影响》，《心理科学》2003 年第 4 期，第 724—726 页。

播而发生的相互依赖性的社会交往活动。这些概念包括社会关系或人际关系。社会关系或人际关系是指人们在人际交往过程中所结成的心理关系，它反映了个人或群体寻求满足需要的心理状态。这种关系的变化与发展取决于交往双方需要的满足程度。这些概念还包括社会角色。社会角色是由一定的社会地位所决定的，是社会地位的外在表现，是符合一定社会期望或行为规范的行为模式。它是人的多种社会属性或社会关系的反映，是构成社会群体或社会组织的基础。这些概念还包括社会群体。社会群体是指通过一定的社会互动和社会关系结合起来并共同活动的人群集合体。社会群体是构成社会的基本单位之一。社会群体的本质在于其内部有一定的结构，即由规范、地位和角色所构成的社会关系体系。这些概念还包括社会大众。社会大众是社会生活中的大多数社会个体的统称，是社会生活中的松散社会集合。

社会学的研究最直接影响到的就是社会心理学的研究。社会学取向是社会心理学研究中的一个重要的研究取向。正如有的研究者所指出的那样，一般而论，社会学取向的社会心理学的突出特征表现在，它以群体变量为研究基点，以社会互动和社会关系为主要研究内容，多采用能在较大范围内实施的研究方法，如观察法、问卷法、跨文化比较研究法等。因而其优势是利于把握宏观的社会心理层面，敏于反映现实生活中的心理动态，研究成果干预社会实际领域的能力较强。所以，加强社会学取向的研究无疑是促使社会心理学把关注点更多地朝向社会的合理策略。①

八　文化学的贡献

在心理学的研究中，文化与心理的关系、文化与心理学的关系，都是非常重要的关系和方面。这两种关系是相互贯通，但又是有所区别的关系。文化与心理学的关系是涉及心理学的发展和未来的十分重要的关系。在探讨文化与心理的关系时，有研究者指出了文化与心理的关系是相互作用的关系。这也就是说，心理过程影响社会文化的形成与发展，社会文化又给心理过程打上文化的"烙印"，使其折射出所在文化的色彩。因此，

---

① 沈杰：《社会心理学中两种研究取向的历史作用及其综合趋势》，《社会科学辑刊》1996年第 3 期，第 25—30 页。

它们之间是一种动态交互作用的关系。心理学研究者已经开始重视文化的存在和文化的问题，并开始重视关于文化心理和文化心理学的研究。

　　当然，在实际的研究进程中，大多数的心理学研究关注的是文化与心理的关系在动态过程中的稳定的部分，通常使用静态的术语使文化概念化，因此加强了对文化的刻板形象，忽视了文化与人类心理过程相互作用的动态的发展变化的一面。为了更充分和更准确地理解文化与心理学之间的关系，在将来的研究中，有必要更明确地关注于文化与心理的动态交互作用过程。一些研究阐述了考察这个动态交互作用过程的几个策略。其中一个策略是考察目前的文化模式如何影响了人际交流过程，而这些人际交流过程又如何对目前文化的发展产生影响。还有一个策略是运用动态系统理论中的逻辑与数学工具，来考察人际互动在个体和文化水平上的纵向结果。①

　　但是，这种关于文化与心理学关系的探讨，是一种非常简单的相互作用或交互影响的定位。这实际上是关于文化与心理的关系的探讨，而不是关于文化与心理学关系的探讨。严格地说来，所谓文化与心理的关系同文化与心理学的关系是既有关联，也有区别。文化与心理的关系是指人类文化与人类心理之间的关联，而文化与心理学的关系则是指人类文化与心理学探索之间的关系。这一个涉及的是心理学的研究对象，一个涉及的是心理学的学科本身。这两个方面都是十分重要的。

　　文化学的研究是关于人类文化的考察和探索。这是对人类文化或社会文化的性质、构成、演变、发展、内涵、功用的研究。当然，文化学是多学科或大学科的研究领域。许多学科都要涉及文化的问题，都要涉足文化的研究。那么，文化学研究与心理学研究的关系，应该是两个学科的研究及研究结果的互涉的问题。

　　其实，在心理学的研究中，无论是关于人的心理行为的理解和解说，还是关于心理学学科的理解和解说，都会与文化产生重要的关联。在心理学成为实证科学的门类之后，心理学的研究曾经以物理学、化学为榜样和为楷模，也曾经以生物学、生理学为根基和为依据。这给心理学力求成为

---

　　① 纪海英：《文化与心理学的相互作用关系探析》，《南京师大学报》（社会科学版）2007年第4期，第109—113页。

精密科学带来了希望。但是，心理学在这样做的同时，却忽略了、忽视了、歪曲了、扭曲了人的心理的文化的性质和内涵。

那么，在心理学的研究中，文化心理学的兴起就至少可以关系到两个重要的方面。一个是关于心理学的研究对象的理解，一个就是关于心理学的学科本身的理解。前者使文化成为的研究的内容，后者使文化成为研究的取向。前者是对象化意义上的，后者是方法论意义上的。

同样，在心理学的研究中，关于多元文化论的探讨，关于多元文化论对心理学研究和探索的影响，也是非常重要的。

有学者考察了心理学中的文化意识的演变，认为心理学中的文化意识经历了跨文化心理学、文化心理学、文化建构主义心理学三次重大的演变。跨文化心理学视文化为心理规律的干扰因素，认为理论研究应力求"去文化"；文化心理学认为心理是文化的"投射"，寻求理论的"文化敏感"；文化建构主义心理学则认为心理与文化是相互影响、相互建构的关系，因而更加关注"心理"、"意义"与"现实"的双向建构过程。①

跨文化心理学预设了贯通性、普适性的心理学规律的存在，所谓"跨文化的"就是"贯通"所有文化的，也就是对所有文化都通用的。跨文化心理学的主要功能在于阐述适用于一切个体的规律，因为跨文化心理学家相信，在一定数量个体中的研究结果就代表一个逻辑层次，它将适用于一切个体，并因而适用于人性。所以，尽管跨文化心理学采用了跨文化比较的研究方法，但就其本质而言，它还不属于文化取向的研究范畴，而是一种完全的经验主义范式。

20世纪80年代末至90年代初，真正文化取向的心理学研究开始出现，其主要的理论形态就是"文化心理学（cultural psychology）"。与早期跨文化心理学谋求对理论的"去文化"不同，文化心理学的"文化取向"表现在：一是把心理看做是文化的投射。正因为将心理视为文化的投射物、对应物，文化心理学坚决反对跨文化心理学把文化作为寻找具有普遍意义的心理规律所要规避、排除、克服的"干扰因素"。文化心理学认为人的任何内在的和深层的心理结构及其变化不可能独立于文化的背景和内

---

① 杨莉萍：《从跨文化心理学到文化建构主义心理学——心理学中文化意识的衍变》，《心理科学进展》2003年第2期，第220—226页。

容，心理和文化既有着相对区分的各自不同的动态系统，又彼此贯穿、相互映射、相互渗透。心理学永远不可能将自己的研究对象与文化情境相剥离。二是凸显"文化敏感"对心理学研究的重要性。文化心理学不再以一种心理学理论为研究背景，去寻求理论在异域文化中的检验，而是从某种社会文化背景下特有的社会问题、心理问题出发，以社会化过程、人际互动过程为研究重点，以"本土心理学"取代"普遍性心理学"。随着文化心理学研究成果的不断增加，对心理的文化负载、文化内涵（content）的理解的不断深化，"文化敏感"对于心理学研究的重要性也愈益凸显出来。三是实地的研究方法由边缘走向中心。以对文化与心理关系的认识转变为导引，实地研究方法作为实验方法的重要补充，正逐步由边缘走向中心，成为文化心理学最常用的研究方法。实地研究更加关注不同文化背景下的心理过程、心理机制和人格品性的个别性、特殊性和差异性。因此它更倾向于选择一种文化，一个对象加以深入研究，并不期望对其他文化加以概括。实地研究的研究者首先必须对所研究的社会结构、文化传统、价值偏好有深入的了解，要参与、融入被研究者的日常生活世界，并与对象建立互信互赖关系。研究者不再企图对被研究者的行为进行纯客观的描述，而是力图"理解"和"体验"研究对象的真情实感，并能站在被观察者的立场上对行为或问题做出合理的"解释"。

　　文化建构主义思潮与文化心理学几乎同步发生和发展。文化心理学视心理为"文化的投射"，而文化建构主义则视心理为"文化的建构"。这并不是对"文化的投射"的简单否定，而是对其的超越。作为后现代精神与后现代文化在当代心理学中的体现，文化建构主义从一开始就谋求消解外源论、内成论所隐含的主、客体二元论局限，试图在外成论—内源论的两极钟摆之外，构造一种全新的理论框架。这一框架既不视心理为单纯的精神表征，即对客观事实的经验性描述（经验主义），也不视其为一种先验的结构性存在（理性主义），而是将心理置于社会互动过程中，将其作为一种建构过程的结果加以理解。文化建构主义心理学不仅否定了实证的客观主义范式，也否定了文化心理学的主观主义范式，是一种超越主客对立的后现代取向。以批判为基础，文化建构主义试图在心理学现代叙事的对立面上创建一种全新的反基础主义、反本质主义的后现代的心理学理论与思想构造。文化心理学强调以本土的心理学取代普适的心理学，重视对心理的文化内涵的分析。与之不同，文化建构主义则以作为知识、理论、心理的载体的"话语"作为自己的突破口，通过阐释语言的生成、本质、意义，深刻揭示了知识、理论、心理作为社会文化建构的本质。除了话语分析之外，建构主义关注的另一个焦点是人的内在、外在世界的双向建构过程。建构主义认为"人"、"自我"、"情感"乃至一切"人对现实的信念"，都是通过社会互动建构起来的。

九　人类学的贡献

人类学的研究也与心理学的研究有着重要的关联。在人类学的分支中，心理人类学的研究为心理学提供了重要的学术资源。韩忠太等学者在涉及心理学与文化人类学的关系时谈到，心理学与文化人类学之间的互动使两个学科都得到了长足的进步，并分别在两个不同的领域形成两个新的学科，一个是民族心理学，一个是心理人类学。民族心理学采用文化人类学的观点研究心理学，心理人类学则用心理学的观点研究文化人类学。

在心理学界，心理学家在长期从事民族心理研究的基础上已经积累了大量经验，而文化人类学家对民族心理的独到研究，则使心理学界对民族心理问题有了进一步的认识，特别是对民族文化与民族心理之间的相互关系有了更明确的认识。因此，心理学家在研究过程中越来越重视民族文化对心理的影响，把民族文化作为一个重要的变量在实验设计和调查研究中加以考虑，并特别注意吸收文化人类学研究的理论成果，逐步建立了和发展了文化心理学和跨文化心理学。在文化人类学界，文化人类学家应用心理学方法开展文化与人格研究，已把研究的范围从原来主要研究远离现代文明的、人口较少的原始族群，扩展到当代不同文明程度的、人口众多的民族，甚至把日本人、中国人、美国人也都纳入了研究范围。

随着文化人类学界对民族心理研究的不断深入，一些文化人类学家已经不满足于把自己的研究限制在文化与人格的范围之内，他们希望通过改变学科名称来达到扩大研究范围的目的。1972年，美国人类学家许烺光建议将人类学中"文化与人格"的研究改称为"心理人类学"。美国人类学界采纳了这一建议。1973年，在美国芝加哥举行的第九届国际人类学、民族学大会上，正式确立了"心理人类学"这一学科名称。心理人类学独立以后，研究者把心理人类学定义为研究文化与心理、行为关系的科学，认为它不仅继续研究文化与人格这一传统课题，而且研究文化与认知、文化与情感、文化与意志、文化与态度、文化与行为、文化与心理发展、文化与精神异常等全新的课题。

心理学与文化人类学经过长期互动所形成的民族心理学和心理人类学，在研究对象、研究方法、研究内容、研究目的等方面日渐接近，使两个学科之间的差别性越来越小，共同点越来越多，因此有必要把两个学科合并为一个学科，由心理学家和文化人类学家联手共同开展民族心理研究，把民族心理研究提高到一个新的水平，为解决民族地区社会发展过程中出现的文化与心理问题提供有力的理论帮助。[①]

有研究者认为，哲学、心理学和人类学是心理人类学的三大来源。简单地认为心理人类学是在文化与人格研究的基础上形成的，或直接把心理人类学等同于文化与人格研究，则是一种片面的看法。

心理人类学的来源之一是哲学。德国古典哲学对心理人类学的起源产生过非常重要的影响。德国古典哲学家对心理人类学的初步探索，为后来心理学和人类学分别从各自学科的特点出发，进一步研究不同民族、不同文化背景下的心理问题，奠定了理论基础。心理人类学的来源之二是心理学。受德国学术界注重研究不同民族、不同文化背景下的心理问题的传统影响，德国心理学家冯特在开创实验心理学研究的同时，也开创了民族心理学的研究。在英国心理学界，策动心理学派创始人麦独孤（W. McDougall）除了进行实验心理学、生理心理学和变态心理学的研究外，还花了大量精力研究民族心理学和社会心理学。在法国的心理学界，心理学家受孔德（A. Comte）的社会学思想影响较深，他们在研究心理学时很自然地用社会学的观点看待心理问题，形成了群体心理学派。心理学对不同民族、不同文化背景下的心理问题的研究不仅丰富和完善了心理学体系，而且对人类学产生了巨大的影响，为心理人类学的确立奠定了坚实的基础。心理人类学的来源之三是人类学。从人类学的发展历史看，在美国学术界有关文化与人格的研究兴起之前，西方一些主要国家的人类学家在研究人类学的过程中同样对不同民族、不同文

---

① 韩忠太、张秀芬：《学科互动：心理学与文化人类学》，《云南社会科学》2002 年第 3 期，第 60—65 页。

化背景下的心理问题十分关注，并做了大量的研究。人类学家对不同民族、不同文化背景下的心理问题的研究，不仅有效拓宽了人类学的研究领域，使人类学研究逐渐摆脱只关注表层文化的被动局面，而且使心理学界进一步认识到文化变量在心理学研究中的重要地位和作用，为心理人类学的确立提供了内在的动力。[①]

有的研究考察了心理人类学的核心课题，即文化与人格的关系问题。研究者指出，文化塑造个体的人格，而这种塑造作用在个体人格形成的不同阶段所发挥的作用有所不同，其实质是个体接受文化影响的过程，而且文化的变迁对人格又产生新的影响。同时个体又影响文化接纳和传承。如何在全球化趋势下合理推进不同文化相互作用，引领和预期健康的人格模式，避免诸如不可预期的"文化混血"的人格特征的影响，也是文化和人格关系研究中面临的一个挑战，也是未来研究的发展方向。[②]

文化与人格的研究产生于20世纪30年代，这类研究关注文化对人格的影响，也关注不同文化背景下表现出来的人格普遍性和文化特殊性。"文化与人格"的研究有兴衰，目前也有复苏。目前，文化与人格的研究领域有研究的进展，也存在着研究的问题。在此基础之上来展望未来的研究趋势，可以认为大五人格是连接文化与人格的概念框架，但对大五人格以及人格测量方法展开进一步探讨，通过理论来整合实证研究，将是未来研究的发展趋势和基本走向。[③] 在关于"文化与人格"的研究中，实际上包含着"文化中的人格"和"人格中的文化"两个命题。当今关于文化与人格的研究中，存在着几个重要的问题，如人格特质的跨文化普遍性问题，人格与文化研究中的文化问题，人格与文化的作用机制问题。要解决这些问题，就要做到如下的几个方面：一是将主位研究与客位研究结合起来，二是将文化看做动态的过程，三是考虑到文化与人格之间起作用的中

① 韩忠太：《心理人类学的三大来源》，《云南民族大学学报》（哲学社会科学版），2008年第4期，第5—10页。

② 马前锋、孔克勤：《文化与人格：心理人类学的解释》，《心理科学》2007年第6期，第1517—1520页。

③ 蒋京川：《文化与人格研究：历史、现状与未来趋向》，《国外社会科学》2005年第5期，第15—20页。

间机制，四是加强人格心理学与其他学科的联系。[①]

第三节　学科的互涉

心理学的研究会涉及不同学科或跨学科的合作。有研究者考察了跨学科的发展与实践。跨学科的定义与学科相对应。它涉及跨越学科界限，开辟新的领域，处理现实世界的问题。跨学科研究的基本立场在于，关于特定对象的研究并不能够按照人类创造的学科结构来进行限定。研究应该是动态的、灵活的、创新的。跨学科的思想源出于四种重要的驱力。这四种驱动力量是自然和社会的内在复杂性，对不限于单一学科的问题和答案进行探索的愿望，解决社会问题的需求，新技术的力量。跨学科研究在方法和关注点上是多元化的，是由科学求知欲或是实际需求所驱动的。跨学科工作出于实用的需求，超越学科的边界，以便观察和处理那些因单一学科的局限所不能观察和应对的问题。跨学科的方法可以对一些习以为常的狭隘观念或学科内知识工作的限制造成冲击，并在一定程度上重新发现学科研究的遗漏。除此之外，跨学科的倡导者呼唤统一性，即将各学科的知识融会贯通，以作为解释的共同基础，并认为这是科学进步、知识发展和人类觉悟的最有希望的道路。

有研究者指出，可以把跨学科研究活动分成三种类型。第一种类型是基于知识的工具观点，即为了应对特殊的问题而借用其他学科的工具和方法，这类活动仅涉及工具和方法在学科之间的转移，而不直接产生综合的知识成果。第二种类型将跨学科视为概念性的，导向一种新的知识的综合，然而却是坚定地基于学科的基础，目的在于扩展学科的知识，而并非对学科知识进行挑战。这一类型可以称为"跨学科的学科的观点"。第三种类型是通过跨学科（探索知识的统一理论）以公开挑战学科和批判性地进行跨学科研究（寻求批判的、有改革能力的知识而非一致性）。基于这一观点，跨学科的益处在于打破传统，瓦解正统性，以及开启新的探索主题。除了不同类型的跨学科活动，有的学者还尝试分析跨学科研究的不

---

① 杨慧芳、郭永玉、钟年：《文化与人格研究中的几个问题》，《心理学探新》2007 年第 1 期，第 3—7，11 页。

同模式。有将跨学科的研究分成为四种不同的模式。在第一种模式中,鉴于认识到两个事物是基于相同基础结构的不同现象,因此学者们得以将零碎的知识融会贯通。第二种模式表现为从各种不同的领域获取知识来解决某个问题,强调的是来自不同学科的相关知识的积累。第三种模式要求来自不同领域的知识的投入,但是不存在解释和评价的共同基础。例如,社会的可持续性可以通过研究资源的循环得到观察,但是经济学家会强调商品和资本的流动,生态学家则更关注能源和生物的流动。这里不存在公认的模式,进行系统分析通常是取得进展的基础。第四种模式所适用的研究活动在于,不仅其理论建构是不同的,而且其基本假设也是不同的。因此,只有通过发展新的理论,或者是只有综合了两者的理论发展,才能将研究推向前进。①

这就是学科互涉的问题。学科互涉是指不同学科之间边界的重叠,是指不同学科之间研究的互动,是指不同学科之间知识的借鉴,是指不同学科之间方法的通用,是指不同学科之间技术的共享。

第四节　学科的互动

近些年来,有国外的学者提出要建立所谓的跨学科学,也即专门的跨学科研究的科学门类。有学者区分了两类不同的跨学科研究。一是同时运用两门或多门已经成熟的知识,来解决某一特殊问题的跨学科研究;二是形成跨越学科界线的新理论、新知识和新方法的跨学科研究。后一类的跨学科研究是非常值得重视和探索的。目前,在科学研究中,作为一门学科的跨学科学(Interdisciplinology)已经建立,并且已经产生了一些跨学科的影响。跨学科的研究有不同的种类或类型。一是有时在一门学科中的思想能以改进别门学科的方式影响另一个学科中的思想。二是有时两门学科中的思想能以改进两者的方式分别影响每一门学科。三是有时新思想是来自于两门学科的相互影响。当这些新思想变得稳定时和可以利用时,就能够构成一门新的学科。在这种类型中,有些思想是在两门合作学科的每一门当中都是不存在的。四是有时新实现的思想将反过来重新影响两门合作

① 刘霓:《跨学科研究的发展与实践》,《国外社会科学》2008年第1期,第46—55页。

学科中的一门或两门。这就是说，除了一门学科可以直接从另一门学科中接受不同的思想外，每一门学科也可以受合作所产生的新思想的影响。[①]

　　学科互动的最为重要的方式就是学科交叉。有研究者曾对交叉科学进行了考察。该研究指出，交叉学科是由远缘的（非本学科内部的）理论簇之间发生非线性相互作用所构成的独立系统。因为，不同理论之间的线性叠加并不能形成新的理论。不同理论之间发生交叉、融合、渗透，实质上就是发生非线性相互作用，这样就能够形成不同于原理论的新理论。众多的新理论自成系统，就形成交叉学科。交叉科学是在众多的不同学科之间、不同交叉学科之间发生非线性相互作用所构成的系统。按照交叉途径、形成的特点可分为如下：一是边缘科学，即在两门以上专门学科的交界处生长起来的学科群，如生物物理学、生物物理化学、生物化学、经济法学、科学社会学、技术经济学等。二是横断科学，即在各个专门学科中对具有普遍性、共同性的问题进行研究而发展起来的学科群，如数学科学、系统论、控制论和信息论等。三是综合科学，即通过多学科的理论和方法对同一客体进行研究产生的学科群，如海洋科学、空间科学、环境科学等。[②]

　　心理学的研究是关系到复杂对象的考察，需要跨学科的或多学科的研究组合。这就决定了心理学的研究必然要与相关的学科形成互动的关系。

第五节　还原主义的问题

　　心理学中的还原论就是坚信以下最基本信念的一种理论，心理学的研究对象，即人的心理或行为，是一种更高层级的现象，对它的研究可以用低层级事物（如原子、神经元、基因等）及其相关理论（如物理学、生理学、生物学等）来加以解释与说明。与哲学还原论一样，心理学中的还原论也有本体论的还原论与方法论的还原论之分。前者坚持"实体的还原"，把心理或行为当作实体，把它还原到和归结为基本的物理、生理

---

① 巴姆：《跨学科学：跨学科研究的科学》，《天津师大学报》1994 年第 5 期，第 36—40 页。

② 李喜先：《论交叉科学》，《科学学研究》2001 年第 1 期，第 22—27 页。

实体或粒子（如原子、基因等），企图通过对这些终极构成成分的分析来达成对心理或行为的最终了解。后者坚持"知识的还原"，认为心理学是跨越物质运动层次较多的一门学科，心理学的知识可以由低层级事物的相关知识来说明。心理学中的还原论类型有两种。第一种可以称之为"元素主义还原论"，主张把心理或行为划分为多个部分或元素，通过对这些部分或元素的研究来了解整个心理或行为。第二种可称之为"理论的还原论"，主张通过低层级学科的理论来解释、说明心理学的研究对象，获得心理学知识。根据还原论将心理学理论还原为低层级事物理论的不同，又可以将其划分为将心理学理论还原为物理学理论、生理学理论及生物学理论三种还原论类型。一种是还原为物理学理论。如心理学成立之初的心理物理学研究、行为主义的 S—R 公式、精神分析的心理能量说、勒温的心理学场论等。一种是还原为生理学理论。如行为主义把人类的行为还原为肌肉的运动与腺体的分泌、认知心理学将心理还原为大脑、神经的活动等，体现为一种"共时性的结构性还原"。一种是还原为生物学理论。如进化心理学受进化论与基因科学的影响，从种系发生的角度，用通过基因传递的心理机制来说明人类的心理或行为，体现为一种"历时性的功能还原"。①

有研究者指出，有必要澄清心理学中几种关于还原论的误解。一是认为还原论就是本体论的还原论。应该把还原论审慎地置于方法论范围内。如果仅把还原论当作一种用来获取心理学知识的手段时，还原论其实是有益的。简单认定还原论就是本体论的还原论，只会增加心理学界对还原论的非难。二是认为还原论必然导致决定论。在还原论看来，关于低层级事物的理论只是高层级事物理论的必要条件，而不是充分条件。还原论的终极目的是为了解释与说明被还原对象的特性，还原只是从低层级事物理论向高层级事物理论过渡的一个必要环节。决定论强调的是低层级理论对高层级理论的自下而上的"决定"，把低层级理论当作高层级理论绝对的因果来源，机械地把人等同于动物、机器、计算机或基因，从等同物出发来推断、规定人的心理与行为，进而形成了生物决定论、遗传决定论、环境

---

① 杨文登、叶浩生：《论心理学中的还原论》，《心理学探新》2008 年第 2 期，第 7—10 页。

决定论、基因决定论等多种决定论思想。三是认为还原论与整体论截然对立。还原论不同于元素主义，元素主义企图把整体分析为元素，认为整体是元素通过某些线性法则而合成的。四是认为还原论就是还原方法。还原方法是还原论在心理学中的具体实现形式。当前，心理学界一般并不反对适度地使用还原方法，但普遍认为它将心理或行为进行简化，在还原过程中割舍了心理或行为的某些高级特性。因此，还原方法得出的结论只是心理学解释的必要条件，而不能是充分条件。还原论是研究心理行为的重要途径。还原论与心理学方法论的多元主义并行不悖。如果单独将心理学理论还原到物理学、生物学或生理学中的某一个层面，片面地强调某一个层面而忽视其他的层面，还原论显然是有失偏颇的。但如果不再把目光停留在将心理学还原到某一具体层面，而是将多个层面综合起来考察时，就会发现作为方法论的还原论与方法论的多元主义并不矛盾，前者正是后者的实现方式之一。心理学中还原论的必要性在于还原论是研究心理现象的重要途径。还原论与心理学方法论的多元主义并行不悖。如果单独将心理学理论还原到物理学、生物学或生理学中的某一个层面，片面地强调某一个层面而忽视其他的层面，还原论显然是有失偏颇的。但如果不再把目光停留在将心理学还原到某一具体层面，而是将多个层面综合起来考察时，就会发现作为方法论的还原论与方法论的多元主义并不矛盾，前者正是后者的实现方式之一。

正是上述的研究认为，还原论符合人类认识的规律。首先，还原论是进行认识的一种经济原则。其次，还原论符合人类由已知到未知、简单到复杂、低级到高级的认知发展规律。还原论是心理学方法论的必然选择之一，但并不是适用于研究所有心理学问题的方法论，它有着自己适用的边界范围与特定的前提条件。具体说来，还原论有两个基本的理论前提与预设。一是世界是由低级向高级发展的层级系统，心理、行为现象与物理现象、生理现象是不一样的，这一点已经得到人们的普遍认同。二是这些层级之间是连续的，低层级事物与高层级事物之间存在着因果关联。这一点还存在着争议，也正是突现论与还原论的主要交战点之一。事实上，还原论之所以具有严重的缺失和不足，但仍然存续在心理学的研究中，其最为根本的原因就是到目前为止，人们尚无法找到一种比其更为行之有效的方法论来取代它。可以谨慎地说，心理学的发展史原本就是一部心理、行为不断祛魅，不断向其他低层级事物及其理论还原的历史。随着科学技术的不断进步、新的研究工具不断涌现，原先无法用还原方法研究的对象已然逐渐回归到其适用的研究范围之中。还原论的潜力远未用尽，在可见的未来，它将继续服务于心理学，继续推进心理学的发展。①

还有的研究者对还原论的概念进行了多维的诠释。他们认为，还原论是哲学的重大问题，它的总特征是自然的复杂性的祛魅。他们的研究区分了还原论的三个不同的层次，即广义的、较狭义的和最狭义的层次。在广义层次上，还原论是对自然的一种哲学思考，一种探索自然的哲学研究纲领；在较狭义层次上，还原论是多视角探索自然规律的方法论；在最狭义层次上，还原论是不同理论间的演绎，一种科学认识论的模型。这三个层次紧密结合，共同彰显着还原论的本质性含义。

广义还原论的最基本的内涵是，自然界中所有的现象都能够被还原为某种自然的基本规律，它的总特征是自然的复杂性的祛魅。这种还原论试图以最具广泛解释性的术语来说明自然现象。从根本上说，广义还原论是引导人们对自然进一步探索从而得出在自然现象中最终什么是真实的哲学思考，它仅仅是指导科学工作者寻找藏在现象背后的具有决定性影响的简单化内容的一种原则，并没有固定形态。很明显，隐藏在广义还原论后面的基本预设是自然现象存在着结构。无论这些结构的本质是什么，但有一种结构是最基本的、不可还原的，即自主存在的结构。任何较高层次的结构的独立实现都是被否定的，它们的存在仅仅是因为有自主存在的结构的存在。换句话说，如果某种自然现象能够被还原成另外的东西，那么它就不是真实的，真正真实的是它后面的自主存在的现象。科学的目标就是要找出这种自主存在的现象。

较狭义还原论的最基本内涵是，这是多视角探索自然规律的方法论。这包括本质还原论、方法还原论、结构还原论、描述还原论。本质还原论所关心的是一个本体论问题：现实存在着多少种物质？本质还原论主张现实中的一切最终仅仅由一种东西所构成，这种东西可能会是神、精神或者

---

① 杨文登、叶浩生：《论心理学中的还原论》，《心理学探新》2008年第2期，第7—10页。

物质。方法还原论是和作为研究现象方法的分析相关联的，即将一个复杂的整体解构成它更为简单的部分或认识一个现象更低层次的基础，然后，研究这些部分或基础的特征和组成，看看它们是如何运作的。结构还原论涉及组成一切基本结构的层次问题，其基本主张是，所有现实中的并非真实的结构都可以还原成物理结构。对彻底的结构还原论者而言，事物的最终结构是最基本或最根本的物质的物理层次。描述还原论涉及对现象的再解释，被还原的观点的术语不得不被转换成新的还原观点的词汇。对于事物的描述可能会受到关于什么是真实的倾向的影响，因此，对于事物的描述会受到最终如何解释它的影响。

　　最狭义的还原论是不同层次理论间的演绎，是一种科学认识论的模型。20世纪，还原论的发展主要表现为探讨不同学科间的演绎问题，这时的还原论试图在不同的理论间建立起某种科学认识论的模型。这种最狭义的理论还原论至今仍是还原论探讨的最主要方向。研究认为，一个成功的还原将取代可以被还原的理论的所有解释，而没有丢掉被还原的理论的解释力的范围。在科学的某个领域中运用的理论和规则只不过是更基础领域中的理论和规则的特殊情况而已，运用于较高层次现象的规则，最终将会以某种方式被更基础的原理所取代。如社会科学中的理论将会毫无保留地被还原成生物学中的理论，而生物学中的理论同样将被还原成化学中的理论，最终还原成粒子物理学中的理论。可见，仅仅在粒子物理学中存在着传递知识的理论，所有其他科学的理论和它们假设的解释性结构都将被取消。这些学科描述现象模型的规则将被物理学所取代。这种解释将是人类可能的、终极的和完全的解释。

　　对于还原论概念不能单从某一个层次来理解，因为还原论概念的三个层次并不是彼此孤立的，它们在还原论思想的发展过程中既有联系，又有区别，它们是一种辩证统一的关系，这正体现了还原论概念的多面性和广泛性，它们共同彰显着还原论的本质性含义。[①]

　　其实，在心理学的研究中，无论是还原论的盛行，是对还原论的批评，还是关于还原论的重新考证，其实都是心理学研究更加开放、更加包

---

　　① 严国红、高新民：《还原论概念的多维诠释》，《广西社会科学》2007年第8期，第49—52页。

容、更加细致、更加深入的一种体现和展现。心理学研究的宽容，也是心理学更加成熟的标志。因此，容忍还原论，不是容忍心理学研究的简单化，而是推进心理学研究的多样化。

第六节　共生主义的原则

在科学研究中，在心理学研究中，在对人的心理行为的研究中，分析、分离、分解、分裂常常是占有重要的位置。这就是把原本作为一个整体的对象进行了分门别类的细致的考察和研究。但是，问题就在于，把分析的方法转换成为一种研究原则，会导致对研究对象的扭曲和歪曲。为了克服这样的研究缺失，共生主义的原则应运而生。这是把原本为一个整体的存在，但是被人为分割成不同的部分，又重新组合和整合为一个整体。这就是共生主义的研究原则。

一　共生的含义

在近些年来，佛教心理学在西方变得越来越流行。一些西方学者已开始在有关人类心灵的东方的理论体系和西方的认知科学之间建筑桥梁。瓦雷拉（F. J. Varela）等人在《具体化的心灵：认知科学与人类体验》的著作中，提出了应重新理解认知科学与人类体验之间的关系。根据他们的观点，人类的心灵应该在一种扩展了的视野中得到探索，它包括对生活中的日常体验的关注，也包括对自然中的心灵科学的关注。他们指出，认知科学实际上就站在自然科学和人文科学交会的十字路口上。

"认知科学是个两面神，它同时能够看到路的两端。它是一个面孔朝向自然，把认知过程看做是行为。它的另一个面孔朝向人文世界，把认知看做是体验。

"当我们忽视了这一处境的基本循环，认知科学的双重面孔就会成为两个极端：我们或者是设定，我们人的自我理解简单地说来是错误的，因此最终将会被成熟的认知科学所取代；我们或者是设定，不可能有关于人的生活世界的科学，因为科学必定总是预设人的生活世界。

"除非我们超越这种对立，否则在我们的社会中，科学与体验之间的断裂将加深。任何一个极端对一个多元化社会来说，都是不切实际的，多元化社会必须包容科学和人类体验的现实性。在对我们自己的科学研究中，否定我们自己的体验的真实性不仅是不令人满意的，而且是使对我们自己的科学研究没有了对象。但是，设定科学无助于对我们的体验的理解，这会在现代背景中抛弃自我理解的任务。"①

　　瓦雷拉等人总结了认知科学的发展，在认知主义取向和联结主义取向之外，又提出了一个新的取向，也即共生主义取向。这一取向强调，认知不是预先给定的心灵对预先给定的世界的表征，而是在世界中的人所从事的各种活动史的基础上，世界和心灵的共同生成。因此，按照这一观点，认知就是具体化的活动。他们提出了一个构造性的任务，即扩展认知科学的视野，使之包容更为深广的人类生活体验。在西方的传统中，现象学曾经是也仍然是有关人类体验的哲学。但是，瓦雷拉等人指出，对人类体验或生活世界的现象学考察完全是理论的，或者说它缺乏任何实用的维度。因此，它曾经是也仍然是作为理论反映的哲学，而未能克服科学与体验之间的断裂。从而，瓦雷拉等人转向了非西方的哲学传统，它既能够在理论的方面又能够在生活的方面提供对人类体验的考察。他们极为重视对东方或亚洲哲学的重新发现。他们把重心放在了佛教心理学上，特别是放在了促进心灵丰满的方法上。在东方的文化传统中，哲学不是纯粹抽象的工作，它还是特定的经由训练的觉知方法，也即不同的入静的方法。更进一步，在佛教传统中，促进心灵丰满的方法被认为是根本性的。心灵丰满意味着，心灵就体现在具体的日常体验之中。促进心灵丰满的技术被设计用来使心灵能够摆脱自身的成见，摆脱抽象的态度，进入到体验本身的境界。瓦雷拉等人依据于心灵丰满，提出要改变反映的性质，使之从一种抽象的、非具体化的活动转向具体化的（心灵丰满的）和开放式的反映。从而，反映并不仅仅是关于体验的，而且也是体验本身的一种形式。心灵丰满的实践能够避免两个极端：一是在反映中排除了自我，这意味着有一个对体验的抽象觉知者，它是与体验本身相分离的；一是容纳了自我，但完全抛弃了反映，赞同素朴的和主观的冲动。心灵丰满则两面都不是，它直接作用于并因此而表达了基本的具体性。毫无疑问，通过统一反映和体

---

① Varela, F. J., Thompson, E., & Rosch, E. (1991). *The Embodied Mind: Cognitive Science and Human Experience.* Cambridge, MA.: The MIT Press. 13 – 14.

验，瓦雷拉等人找到了联结科学与体验的可能的途径。瓦雷拉等人打开了使西方的传统和东方的传统相遇的通道，打开了使西方的科学心理学与东方的体验心理学相遇的大门。在东方的或亚洲的智慧传统中，中国本土的传统心理学是其重要的构成部分。进而，在中国的智慧传统中，佛教与佛教心理学从印度的方式被吸收和消化为中国的方式后，也成为其重要的构成部分。因此，中国本土的传统心理学能够提供比佛教传统更多的东西。

二　共生的原则

中国本土的传统心理学可能会在如下一些方面有助于西方心理学的发展。①

首先，它提供了对人类心灵的具体而不是抽象的理解，超越了主观性和客观性的分隔。西方的主流心理学从物理学等发达的自然科学继承了客观主义的模式，其最为重要的特点是分割了主体和客体，主体是观察者和研究者，客体是人的心理和行为。从而，观察者和研究者就是镜子，它提供公开的资料，可为他人重复获得，它提供公开的理论，可为他人重复检验。中国本土的传统心理学则超越了这个分裂。它并没有分离出研究者与研究对象，而是强调心灵活动的自我理解、自我修养和自我超越的生活道路。

其次，中国本土的传统心理学提出了把个人的体验转换为人类共有的体验的解说和实践。按照西方心理学的实证取向，统一研究者与研究对象，必然会导致把个人的私有性或个人的主观性卷入到研究当中。但是，中国的思想家主张，个体必须超越他自己的片断和片面的体验，以实现共有和整体的体验。因此，人的自我理解就应该是人类共同体的自我理解，人的自我修养就应该是达于无我的精神境界。个体承载着、体认着和实现着天道。

最后，中国本土的传统心理学强调，心灵的活动是一个有机的和不可分割的整体，可以通过践行过程来实现和转变它。心理学的实验研究采取的是分析的方式。任一心理现象及其与情境的关系都可以分解成不同的因

---

① 葛鲁嘉：《心理文化论要——中西心理学传统跨文化解析》，辽宁师范大学出版社1995年版，第13—17页。

素，然后在实验室中探讨这些因素之间的关系。相对照而言，中国的思想家提出的是一种完全不同的生活实践，他们认为，个体通过体证，可以提升精神境界，与天道通而为一。这不仅是可能的，而且是必要的。因此，任何精神境界都可以通过个人的修为来证明。这种"实验"可称之为超客观的和超分析的。[①]

总之，西方主流心理学的发展经历了两次革命。第一次革命是行为主义心理学的兴起，它反对内省主义，取代了意识心理学。行为主义心理学把客观性的原则贯彻到了心理学的研究中。第二次革命是认知心理学的兴起，它反对抛弃内在心理意识，取代了行为主义心理学。当认知心理学转向内在心理意识时，它必然面临着来自其他探索人类心灵的心理学传统的挑战。对认知科学的发展来说，最重要的事情是在心灵的科学和人类的体验之间建立有效的循环。这必然会打开西方的科学传统与东方的体验传统相遇的大门。这使中国本土的传统心理学有可能对西方科学心理学有所贡献。传统的中国思想提供了对人类心灵的特定理解，综合了主观性和客观性，提出了使个体体验转变为人类体验的解说和实践，提出了探索人类心灵的超客观和超分析的方式。正如瓦雷拉等人所说的，体验的理解和科学的理解就像两条腿，缺少任一条腿，就会无法前行。[②]

三 共生的影响

把个人的心理行为与环境的影响作用分离或分裂开来，显然不利于对个体心理和对生活环境的合理的理解。那么，在心理学的研究中，非常重要的是应该把环境与心理理解为交互作用的过程。这种交互作用就不仅仅是环境对人的心理的影响，而且人也会作用于环境的变化。如果进一步地去分析，就会发现，这种交互的作用实际上就是一体化的过程。这种一体化的过程实际上也就是共同生长的历程。任何一方的演变或发展，都会带来另一方的演变或发展。或者说，心理与环境就是共同的变化和成长的历程。那么，心理环境的概念就是有关共生历程的最好的描述。

---

① 葛鲁嘉：《心理文化论要——中西心理学传统跨文化解析》，辽宁师范大学出版社 1995 年版，第 283 页。

② Varela, F. J., Thompson, E., & Rosch, E. *The Embodied Mind: Cognitive Science and Human Experience.* Cambridge, MA.: The MIT Press, 1991. 33.

在目前的社会和人类的发展进程中，人类已经开始意识到，现实世界中，没有单一方面的任意发展，没有你死我活的生存竞争，没有消灭对手的成长机会，没有互不往来的现实生活。正与之相反，有的是互惠互利的彼此支撑，有的是共同繁荣的生存发展，有的是恩施对手的成长资源，有的是互通有无的现实社会。其实，在科学的研究中，无论是研究自然的、是研究生物的、是研究植物的、是研究动物的，还是研究人类的，都要面对着各种不同对象之间的关联性。生态学的兴起就是反映了这样的趋势，生态学的方法论则成为引导科学的研究能够在相互关联的方面去揭示对象的原则。

人的心理并不是一成不变的，而是不断地发展变化的。但是，心理的变化并不是零乱的和纷杂的，而是有序的和系统的。更能够说明这种有序和系统变化的术语就是成长或心理的成长。与心理成长相关联的另一个重要的心理学术语就是心理的扩展或心理的丰满。也就是说，人的心理发展是没有止境的。不断地成长就是不断地扩展或不断地丰满。所以，心理的成长是终身的。

其实，在中国本土的文化传统中，就有着天人合一的思想传统，就有着心道一体的理论建构，就有着心灵扩展的心性学说，就有着境界提升的心理历程，就有着自我引导的体证方式。这提供的是一种非常重要的和非常有价值的心理学传统资源。这种资源可以成为中国心理学在新时代创新发展的根基。或者说，本土心理学的发展可以从传统的资源和历史的根基上去求取新的内涵。中国本土的心理学传统就是心性的学说，或者说就是一种心性心理学。在此基础之上的创新和发展就是新心性心理学。新心性心理学包含着六个部分的基本内容，或六个方面的基本探索，那就是心理资源、心理文化、心理生活、心理环境、心理成长和心理科学。

对心理环境的理解和解说是新心性心理学的最为重要的构成部分。心理环境的研究就是试图在新的基点和从新的视角去揭示环境，去揭示环境对人的心理的影响。对于心理与环境的关系的理解来说，共生的概念是非常恰当的和非常重要的。共生就是共同的变化，就是共同的成长，就是共同的创造，就是共同的扩展，就是共同的命运，就是共同的结果。共生的方法论是理解环境或理解心理环境的最基本的和最根本的原则。正是通过共生的概念，才有可能真正理解心理环境的概念。

心理学的研究原有对心理成长的理解是有很大的局限的，或者是有很大的缺陷的。例如，一个缺陷是仅仅把发展理解为在个体的早期就完成的，是伴随着个体的机体发育过程而进行的。当个体完成了机体的发育，心理的发展就停止了。现在则开始强调一生的发展。再一个缺陷是仅仅把发展理解成为是个体的发展，而将其与人类文化、人类社会、人类群体的发展分离开。没有将其看做是一个共同的过程。

人的心理不是被动生成的，而是人主动创造的。这就是人的心理生活，心理生活应成为心理学的研究对象。同样，人的环境也不是自然而然的，而是人有意构造的。可以说，人的心理创造主要涉及两个方面。一是人构筑了自己的内心生活，二是人构筑了自己的生活环境。人的心理的一个重要的性质就是它的创造性。当然，这种创造性并不是随心所欲的，并不是凭空妄为的。因此，心理的创造是有前提的。所谓创造的前提可以体现在两个重要的方面。一个就是所谓的客观性，一个就是所谓的自主性。创造的生成可以体现在两个方面。一个是现实世界的改变，一个是心理生活的改变。对于人来说，无论是现实世界的改变还是心理生活的改变，都是一枚硬币的两面。其实，没有什么一成不变的东西，也没有什么神创的东西。创造的生活就是人的心理生活。当然，创造的生活可以体现为物质生活的丰富。但是，物质生活的丰富最终应落实为心理生活的丰满。个体创造的汇集就构成历史。历史既是过去的累积，也是未来的走向。人并不是生活在片段的、零碎的、偶然的延伸之中，而是生活在连续的、完整的、必然的延伸之中。所以，人是历史的存在，人就融于自己创造的历史之中。或者说，人是文化的存在，人就生存于自己创造的文化。人的心理就是广义的文化心理。

在心理学的研究分支中，并没有专门的对环境的心理学探索。在许多心理学家看来，环境也许并不是或不应该是心理学的研究内容。环境对于人的生存、成长和发展来说，具有非常重要的意义。心理学研究中一直非常重视环境对人的心理的影响，但是其所理解的环境却只是外在于人的存在，是客观的存在，是外力的作用，是独立的作用。对于环境来说，有物理的环境，有生物的环境，有社会的环境，有文化的环境，有心理的环境等。非常重要的是应该把环境与心理理解为交互作用的过程。这种交互作用就不仅仅是环境对人的心理的影响，而且人也会作用于环境的变化。这种交互的作用实际上就是一体化的过程，也就是共同生长的历程，任何一方的演变或发展，都会带来另一方的演变或发展。心理环境的概念就是有关共生历程的最好的描述。

对于心理学的研究来说，它的研究对象是人的心理行为。相对于人的心理行为，环境只是外在的影响，或者只是外在的干预。问题在于，无论是普通人还是研究者，人们都已经习惯了把环境看做是外在的干预，是不以人的意志为转移的客观的力量。那么，环境就成了异己的力量，就成了强加于人的奴役，是无法摆脱的神谕。人的心理行为就是环境任意所为的对象。环境就是天意，环境就是强权。其实，无论是把环境理解成为是物理的环境、生物的环境、社会的环境、文化的环境，普通人和研究者都通常是把环境看做对人来说是外在的存在，是自足的存在，是异己的存在，是现实的存在，是变化的存在。那么，人在环境面前，人只能是受到制约的。相对于无所不在和无所不能的环境来说，人是非常渺小的，是非常无助的，是非常软弱的。

如果从环境对人的影响来说，人只是环境的产物，人只能顺应环境。环境的影响是不以人的意志为转移的。在心理学的研究中，就有环境决定论的观点和主张。环境决定论是把环境的影响放在了重要的地位。人的心理行为都是环境塑造的，都是随着环境的改变而变化的。早期的或古典的行为主义学派就是环境决定论的代表。在行为主义的创始人华生看来，人的行为并不是本能决定的，或者说就不存在什么本能。所有的行为都是由环境刺激所引起的反应。没有什么中间的过程，没有意识的存在，没有内在的心理。那么，通过揭示刺激与反应之间的关系，就可以通过控制刺激，来控制人的行为。但是，把环境看做仅仅是外在的干预，显然无法完整地理解环境的内涵和作用，或者说只能是片面地理解环境的作用。

所谓的心理环境学是指对人在心理中所把握、所理解、所构建的环境的研究。这样的环境是人所建构的环境，是人赋予了意义的环境，是人与之共生的环境。心理环境学探索的就是人的心理所筑就的环境，考察心理环境的基本性质、构成方式、表现形态、变化过程、实际影响等等。心理环境学研究的就是人与环境的一体化过程，这也就是中国文化传统中所强调的天人合一、心道一体、物我为一的心境、意境、情境、化境等等。在心理学的本土化的历程中，或者在心理学中国化的历程中，中国本土文化中的心理学传统会为心理与环境关系的理解，带来完全不同于西方心理学的变化。心理环境学不是对环境的物理学的考察、生物学的考察、社会学的考察、文化学的考察，而是对环境的心理学的考察。心理环境学所涉及的是人对环境赋予的心理意义，是人对环境建构的心理价值，是人对环境索取的心理资源。

第七节　大科学的新生成

大科学是与小科学相对应而言的。大科学与小科学是科学研究的改变和发展。通常小科学是指历史上那种以增长人类知识为主要目的，以个人的自由研究为主要特征的科学。大科学则不同，通常大科学是研究规模巨大，拥有复杂技术装备，并对社会、经济、政治、文化等产生重大影响的科学活动。也有学者认为，大科学是涉及的学科多，参加的人数多，耗用的资金多，需要的时间长的大规模科学研究。大科学的主要特征是科学研究的集体化和规模化，从最初的个人研究，到后来的集体研究，到现在的国家规模和世界规模。大科学成为重要的社会事业，成为重要的战略产业。当代的科学技术正在按照指数规律加速度增长，科学、技术与生产的一体化趋势越来越明显。大科学也是系统化、整体化和规模化的科学研究，是科学整体化和技术群体化的结果。自然世界和人类社会是有机统一的整体，科学认识和科学活动也就应该是有机统一的。原有小科学研究的分离、割裂、对立限制了科学对世界的认识和改变。大科学则改变了这一状况。那么，重要的是合理地认识和确立小科学与大科学的关系，小科学和大科学是相辅相成的关系。①

并不是只有心理学才关注对心理行为的研究，其他不同的和多样的科学门类也从各个不同的学科视角，也以各个不同的探讨方式，也用各个不同的技术手段，对人的心理行为进行了多维度、多视角、多方面、多层次的探索。容纳和包含在不同学科门类中的关于人的心理行为的探索，得出了关于人的心理行为的不同的思想学说，不同的理论解说，不同的影响方

---

① 熊志军：《试论小科学与大科学的关系》，《科学学与科学技术管理》2004年第12期，第5—8页。

式，不同的干预技术。这种对人的心理行为分门别类的多样化研究给科学心理学提出了一个重要的任务，那就是怎样使科学心理学不至于分解、分散、消失在其他类同学科的研究中。但同时，也使科学心理学怎样去吸取、提炼、接受、消化、融会类同形态的心理学研究。其实，现在就有心理学家认为，科学心理学早晚会被类同的学科所分解，因而消散在其他的学科之中。心理学学科的发展就不过是从一个依附性的学科，发展到一个独立性的学科，再进展到一个消失了的学科。

其实，尽管心理学面临着其他不同学科分支的研究的挑战，但是心理学并不会失去自己在科学世界中的位置，心理学也不会被其他的类同学科所肢解。问题在于，心理学怎样去对待其他类同学科提供的关于人的心理行为的研究成就和成果。或者说，心理学能从其他类同学科的研究中获得什么。毫无疑问，类同形态的心理学提供了一些对科学心理学来说非常重要的研究立场，研究视角，研究方式，研究方法，研究内容，技术手段，技术工具，技术干预，技术方案，技术应用等。但是，问题就在于这些涉及人类心理行为的研究方式和研究成果，还都是各自归属于不同的学科门类，还都是各自孤立的和相互分离的，还没有在科学心理学的视野之内或还没有被纳入到科学心理学的研究之中。当然，问题是怎样才能够把分离和分立的不同学科的研究内容、研究方式、研究结果，能够按照特定的原则，整合为一个整体。这已经成为心理学研究和发展所面临和面对的重大的学术问题和课题。

心理学曾经有过还原论盛行的时期。心理学的研究被还原成了物理学的研究，生物化学的研究，遗传学的研究，生理学的研究，病理学的研究等。这实际上是接受其他类同学科研究的不正确的方式。在心理学的发展历史上，有许多研究者是立足于其他不同的学科去研究人的心理行为。①因此，研究者是从其各自不同的学科出发，去探讨和研究人的心理行为。例如，弗洛伊德曾经是一个医生，他就是从生物学、生理学、遗传学和医学的立场和视角去揭示人的心理行为。科学心理学完全可以去吸收和借鉴其他不同学科所涉猎的心理学的理论、方法和技术，但不应该是以还原论的方式。还原论是给了科学心理学许多相当重要的东西，但是还原论也使

---

① 郭本禹主编：《当代心理学的新进展》，山东教育出版社 2003 年版，第 359 页。

心理学的研究无法合理地揭示人的心理行为。正是还原论使心理学的研究总是曲解人的心理行为。

其他类同形态的心理学所提供的包括各种不同的理论、方法和技术。这可以有助于心理学扩展自己的研究视野，丰富自己的理论建构，提升自己的研究方法，增加自己的技术手段。在心理学的科学观上，这使科学心理学必须确立自己的大科学观。心理学的科学观涉及心理学学科的性质、边界，涉及心理学研究的理论、方法和技术的建构、运用。开放的心理学观可以使心理学放开自己封闭的边界，去广泛吸取其他类同形态的心理学提供的研究成果，并把这些研究成果转化成自己的学术资源。任何一个学科的发展，都需要自己的学术资源。心理学也同样如此。例如，对意识与大脑的多学科研究，就汇聚了哲学的研究，脑科学的研究，人工智能的研究，医学的研究，语言学的研究，人种学的研究，人类学的研究等等。[①]

在科学心理学成为独立的学科门类之后，心理学曾经极力排斥过其他学科的研究，以维护自己刚刚获取的学科独立性。但是，在经历了这样的过程之后，在经历了独立、孤立和自闭的发展之后，心理学还必须作为独立的学科去吸取其他类同学科的学术养分和学术精华。心理学必须有能力去吸纳、去积聚、去汇集、去合并、去综合那些类同学科中的有关心理学的知识、理论、方法、技术、工具等。其他类同形态的心理学还只是分散的而不是完整的整体，还只是原始的而不是现成的部分，还只是独特的而不是吻合的内容。但是，只要心理学能够放开自己的门户，能够汇聚相关的研究，能够提取有益的部分，心理学就能够有长足地进步。类同形态的心理学就是心理学所需要的资源，就是心理学学术的资源，就是心理学创新的资源。推动科学心理学的发展和创新，其中非常重要的任务就是去挖掘资源，提取资源，精炼资源，使用资源。只有促进科学心理学的学术创新、理论创新、方法创新、技术创新等等，才能够使中国本土的心理学发展有自己的学术前途和学术前景。可以说，中国本土心理学的进步就在于立足本土文化中的心理学资源的学术性创新和学术性突破。

---

① 杨云九、杨玉芳等：《意识与大脑——多学科研究及其意义》，人民出版社 2003 年版，第 44 页。

第七章

科学形态的心理学

科学心理学是心理学的第五种历史形态。心理学作为科学是通过科学的理论、方法和技术来描述、说明和干预心理行为。科学形态的心理学在短短进程中取得了飞速发展，但依然面临着重大的问题。该形态从诞生起，就有物理主义和人本主义、实证论和现象学两种不同研究取向，就一直处于四分五裂的状态，统一是其一直不懈的努力。该形态有基础研究和应用研究的分类，也有理论、方法和技术的分类，关键是心理学研究类别的顺序。该形态的研究方式和方法有实验和内省的地位和作用之争。该形态从诞生就有科学化的问题，科学化问题的延伸是本土化的问题。

第一节 科学心理学的划界

科学心理学的界定涉及科学的划界的问题。心理学的研究怎样才能被界定为属于一门科学，科学心理学怎样才能与非科学的心理学、前科学的心理学划清界限，这都属于科学心理学的界定的问题。

当然，在关于心理学的划界问题研究中，有两种不同的着重点。一种是关于心理学的科学性质的划界的问题。这导致的是对什么是科学的心理学，什么是非科学的心理学，什么是伪科学的心理学等问题的关注和研究。这可以称之为科学的划界问题，是科学划界问题在心理学学科中的体现。另一种是关于心理学的学科性质的划界的问题。这导致的是对心理学属于自然科学，还是属于人文科学，还是属于社会科学等问题的关注和研究。这可以称之为学科的划界的问题，是学科划界问题在心理学学科中的体现。心理学的科学的划界与学科的划界属于不同的问题。但是，这两个问题之间也有相通和关联之处。应该说，首先是科学的划界的问题，其次是学科的划界的问题。心理学的科学属性与学科性质也是有关联的问题。

有研究者在自己的研究中指出了，所谓科学划界标准问题一直是科学发展史上争论不休的话题，心理学的科学划界问题也是心理学史上见仁见智的问题。心理学如何进行科学划界事关心理学生存与发展的根本，也事关心理学能否获得全面而深刻的理解。至今学界中流行着心理学自然科学观、人文科学观、边缘科学观、文化观、超科学观、另类科学观等各个观点。心理学家对心理学的不同理解和对心理学划界标准的理解，反映了心理学家不同的哲学观、科学观和理智背景，折射出所处时代的社会文化形态，提供了理解心理学的不同视角和侧面。[①] 其实，这一类的研究试图讨论的是心理学的科学性质的问题，但实际上所讨论的还是心理学的学科性质的问题。这也就是从什么是科学心理学转换到了心理学是什么学科性质的问题。显然，这仅仅是看到了两个问题的关联，但是没有关注到两个问题的不同。

在有的研究者的研究中，讨论的是心理学的科学划界的问题。但是，实际所关注的是心理学的学科划界的问题。显然，科学与非科学的划界标准问题是现代科学哲学研究的最基本的问题。由于现代科学哲学流派众多，关于这个问题的研究，不同的科学哲学家给出了完全不同的答案。这就给有些学科的划界带来困难。心理学自从哲学中脱胎出来，就一直面临着学科划界问题，有的将其划为自然科学的范畴，有的将其划入社会科学的范畴，也有的同时将其划归自然与社会科学，还有的将其划归边缘科学，甚至将其划归为所谓的"超科学的科学"。有的学者试图讨论的是心理学的学科划界或学科性质的问题。但是，结果实际上是在讨论心理学的科学性质的问题，是心理学的科学划界的问题。当然，在关于心理学的学科性质的问题上，该研究讨论了心理学作为自然科学、心理学作为社会科学、心理学作为边缘科学，心理学作为超科学的科学。该研究所得出的结论是，心理学并不是一门科学。因为，不管是从心理学的发展历史来看，

---

① 孟维杰：《从科学划界看心理学划界的深层思考》，《科学技术与辩证法》2007 年第 1 期，第 27—31 页。

还是从科学哲学的科学划界标准来看，心理学都不是一门科学。[1]

第二节　科学心理学的演变

西方心理学自成为独立的实证科学之后，就一直没有统一过。有许多心理学家曾致力于把心理学建设成统一的知识门类，也有许多心理学家曾深入地探讨过心理学不统一的原因和未来发展的可能。可以认为，心理学的内在冲突来自于人类心理的独特性质，正是这一点造成了西方心理学中的实证心理学与人文心理学的根本研究差异。对心理学发展前途的认识，取决于对人类心理的独特性质的完整理解和把握。

人类心理实际上包容极其广泛，它与物理现象既有相互的关联，又有相互的区别。人类心理与物理现象的一个最根本的关联，在于人类心理也是自然的存在，也是自然发生的过程。人类心理与物理现象的一个最根本的区别，在于人类心理还能够自觉到自身，这种"觉"和"自觉"的特殊性是物理现象所不具备的。由于人类心理的这一独特的性质，使心理科学的发展充满了分歧、对立和争执，也使人们很难以物理科学的发展来衡量心理科学，像把它看做是前范式的科学。

法国哲学家笛卡尔被认为是西方近代心理学的实际开端，[2] 他的思想对后来科学心理学的诞生和发展产生过重大的影响。笛卡尔主张的是典型的二元论的观点，认为存在着物质实体和心灵实体。物质的根本属性是广延，物质世界像一架机器，物质现象则遵从严格的机械规律，这可以通过科学或"物理学"加以考察。心灵的根本属性是思维，思维不具有广延性，而是观念性的活动，这可以通过哲学或认识论加以考察。

笛卡尔所探讨的物质世界，以及后来自然科学对于物质现象的揭示，特别是感官生理学和神经生理学的研究发现，构成了现代科学心理学在科学内的起源。笛卡尔所探讨的心灵世界，以及后来哲学认识论对于观念活动的揭示，特别是联想主义心理学和官能主义心理学的理论成

---

[1]　胡中锋：《论心理学的学科划界问题——从科学哲学中关于科学的划界标准谈起》，《自然辩证法研究》1998年第7期，第24—27页。

[2]　波林：《实验心理学史》，高觉敷译，商务印书馆1981年版，第180页。

果，构成了现代科学心理学在哲学内的起源。实际上，笛卡尔的心理学正说明了心理学对其研究对象的两种不同的着眼点和两种不同的研究方式。心理学家可以把心理看做是自然发生的物理现象，能够通过实证的方法或外观的方式加以考察。心理学家也可以把心理看做是自我意识到的经验世界，能够通过内省的方法或内观的方式加以考察。这埋下了心理学内在冲突的种子，使心理学的研究总像个钟摆那样，在上述的两端来回摇动。

现代科学心理学的诞生是其在近代科学中的起源与在近代哲学中的起源相汇流的结果。问题在于，自然科学的实证方式与哲学的内省方式怎样才能结合在一起。德国哲学家康德否定了这种结合的可能性。在康德看来，心理学只能是对心灵的内省研究，它不可能成为实验科学。因为人的心理意识只有一个时间维度，随时间流变，而没有空间维度，所以无法加以测定和量化。康德的怀疑至少包含着这样两个进一步的含义：一是人的心理是独特的，它不同于物理现象；二是实验的方法是有限度的，它难以揭示人的心理活动。

德国心理学家冯特开创了心理学研究的新途径，他使心理学既不再属于生理学，也不再属于哲学。冯特并不是用实验的方法直接考察内在意识经验，他是通过实验的方法来改造内省的方法，使哲学的内省法变成了实验的内省法。正是在此基础之上，他把意识经验确定为心理学的研究对象。冯特认为，心理学与其他自然科学一样都属于经验科学。但是，冯特本人看到了，心理学的研究对象与自然科学的研究对象在性质上还是有差别的。涉及意识经验，就不仅仅是个体的经验，还包括着种族的经验。人类的种族经验决定着人的意识活动的更复杂的层次和更深入的方面。所以，冯特也确定了实验内省法的研究限度，即只适合于考察个体的意识经验。他另外开创了文化产物分析的方法，通过研究语言、艺术、神话、风俗等，建立了他的种族或民族心理学。实际上，冯特的学说是个矛盾体，他本人根本已无力决定心理学的钟摆应该摇向哪一端。

在冯特之后，心理学的研究出现了全面的动荡。一时间学派林立，观点纷杂。不过，当喧嚣复平，尘埃落地之时，心理学家还是发现，心理学仍然处在两极的对立之间。这也就是美国心理学家马斯洛所说的机械主义

科学和人本主义科学,① 金布尔（G. A. Kimble）则将其称之为"心理学中的两种文化".②

所谓的机械主义科学也即传统的自然科学，它将自然界看做是具有机械性质的存在，人的存在、人的心理行为也不例外。在研究方式上，强调物理工具和感官获得的证据，强调对条件和变量进行精确分析和控制的实验室实验，强调对现象背后的因果规律的理性抽象。在实际应用上，使用严格的、准确的技术手段和程序进行干预。西方的主流心理学，特别是行为主义心理学和目前的认知心理学，就全盘照搬和模仿传统的自然科学，把心理学的研究对象看做是客观的自然现象，研究者可以由物理工具和生理感官旁观到，可以进行分析和实验控制，也可以抽象出因果制约的规律。心理学家构造的理论超出了心理现象，但却能够通过技术手段的干预影响到心理现象。

所谓的人本主义科学也即传统的人文科学，它将人放在神圣的位置上，重视人的自由和尊严。在探讨的方式上，强调人的心理体验和意识自觉，强调对生活的意义和价值的主动构筑。在实际应用上，倡导人的自我选择和自我实现。这构成了西方非主流的心理学，像精神分析和人本心理学。它把心理学的研究对象看做是意识经验或心理体验，这无法以物理工具和生理感官捕捉到，也无法分析肢解而不失去原义，故研究者必须进行整体的考察，必须深入到人的心理生活之中，揭示其内在的意义和价值。心理学家可通过启迪人的意识自觉，使之主动地构筑自己的心理生活。

金布尔通过自己的一项研究，证明了在心理学中存在着科学的文化和人本的文化，他区分出了 6 个重要的维度，以确定这两种文化的冲突。（1）学术的价值：科学的和人本的；（2）行为的规律：决定论和非决定论的；（3）知识的来源：观察的和直觉的；（4）发现的背景：实验室和现场研究、个案史；（5）规律的概括：法则认识和个别认识；（6）分析的水平：元素主义和整体主义。金布尔本人对心理学中这两种文化的统一并不抱有乐观的看法。

可以把心理学的研究对象区分为心理现象和心理生活这样两个侧面。

---

① 马斯洛：《科学心理学》，林芳译，云南人民出版社 1988 年版，第 1—5 页。
② Kimble，G. A. Psychology's Two Cultures. *American Psychologist*, 1984（8）.833 – 839.

实际上，实证心理学所着眼的就是心理现象，它是自然现象的构成部分，可以进行实证分析，心理学家能够由此得到不承担价值的事实，形成客观的和共有的知识，并通过技术手段来处理和干预。人文心理学所着眼的则是心理生活，它是人所独有的，它不是间接旁观到的和推论出来的，而是直接体验到的，它可以通过意识自觉来把握，通过意识自觉来构筑。在心理学的发展历史上，实证心理学和人文心理学一直是处在相互的对立和冲突之中。实证心理学十分怀疑人文心理学的研究方式的可靠性，进而否定其理论解释的科学性。实证心理学家把人文心理学排斥在圈外，并力图贯彻实证的研究方法来吞食其研究领域。人文心理学则反对实证心理学把适合于研究自然现象的方法套用来研究人，人文心理学家批评对人类心理的物化和非人化的实证分析，不赞同否弃人类心理生活的意义和价值，以及把人看做是技术控制的被动物。对于怎样建设和统一心理科学。双方持有的是完全不同的立场和主张。

第三节 科学心理学的传统

科学心理学的传统通常是指在西方文化基础上发展起来的心理学传统。西方的心理学传统有客观主义的心理学和主观主义的心理学的分离。这就体现为西方心理学的主流和非主流的区分。客观主义的心理学也即实证立场的心理学，是主流的西方心理学。主观主义的心理学也即人本立场的心理学，是非主流的西方心理学。当然，无论是实证立场的心理学还是人本立场的心理学，他们都认为自己是属于科学的心理学。这就成为科学心理学的不同的传统。

一 实证立场的心理学

西方的主流心理学走的是自然科学的道路。主流心理学家力图将心理学建设成为自然科学的一个分支，他们采纳了传统自然科学得以立足的理论基础，也即物理主义和实证主义。物理主义是有关世界图景的一种基本理解，而实证主义则是有关知识获取的一种基本立场。体现在心理学中，便涉及对心理学研究对象的理解和对心理学研究方式的主张。这构成了主流心理学家对心理学学科的认识，或者说是一种心理学的科学观。

物理主义（physicalism）是一个有歧义的提法，在此主要泛指由传统自然科学带来的世界观。物理主义的世界观把自然科学探索的世界看做是由物理事实所构成的，物理事实能为人的感官（或作为人的感官延长的物理工具）直接感觉到。相对于人的感觉经验而言，物理事实也可以称之为物理现象。按进化的阶梯，物理现象由简单到复杂或由低级到高级而排列，复杂的或高级的是由简单的或低级的所生成或构成的。那么，研究物理现象的自然科学便成为一个系谱，它符合于进化阶梯的排列，像物理学、化学、生物学、生理学、心理学等。排列在上端的科学解释可以向根端的科学解释还原。因此，物理学和化学就是最为基础性的解释。

心理学作为自然科学家族中的一员，采纳了物理主义关于世界图景的理解和解释。心理现象就是一种物理现象，它与其他物理现象并无根本性的不同，也能够由人的感官（或作为人的感官延长的物理工具）直接感觉到。尽管心理现象具有高度的复杂性，但却可以还原为生成心理现象的其他物理现象。因此，心理学可以向神经生理学还原，而神经生理学又可以向物理学和化学还原。

实证主义（positivism）具有多种理论形态，在此主要泛指传统自然科学获取客观知识的科学方法论。实证主义的科学方法论，不仅涉及获取经验资料的方法，而且涉及构造科学理论的规则。实证主义坚持的原则在于，任何知识都必须依据于来自观察和实验的经验事实，理论命题只有被经验证实或证伪，才是有意义的。这种实证的原则在科学研究中的最为典型的体现，就是实验主义和操作主义。实验主义是对实验方法的强调，实验方法的长处在于保证了感官经验的可靠性，不仅能使之得到精确地分解和测定，而且能使之得到必要的重复。操作主义是对理论规则的强调，操作定义的长处在于保证了科学概念的有效性，也即任何科学概念或理论构造的有效性取决于得出该概念或理论的程序的有效性。

心理学作为自然科学家族中的一员，采纳了实证主义的立场。这表现为它一度对实验主义和操作主义的投靠和依赖。许多心理学家信奉实验方法，这有时被称之为"以方法为中心"。他们在实验室中像对待其他自然现象那样来捕捉和切割心理现象。操作主义也曾在心理学中颇为流行，许多心理学家都希望借此来重新清理和严密定义心理学中的许多概念。实证主义的立场使心理学只能以特定的研究方式来考察人的心理。

　　由冯特创始的以意识经验为对象和以实验内省为方法的科学心理学，很快便受到了在物理主义和实证主义的基础上形成的心理学科学观的挑剔和挑战。20世纪初期，美国行为主义心理学兴起，被看做是西方主流心理学中的第一次革命。它不仅改变了冯特所确立的心理学的研究对象，而且推翻了冯特所确立的心理学的研究方式。

　　行为主义心理学的创立者华生把行为确定为心理学的研究对象，把实验确定为基本的研究方式。正如他所说，"由行为主义者看来的心理学纯粹是自然科学的一个客观实验分支。它的理论目标就是对行为的预测和控制。内省并不是它的方法的主要部分，它的资料的科学价值也并不有赖于这些资料是否容易运用意识的术语来解释"①。华生认为，只有这样，心理学才能跨越它与其他自然科学门类之间的鸿沟，并确立自己的科学地位。行为主义统治心理学达半个世纪之久。当然，华生的学说经历了后人的改造，行为主义的理论也变得更加庞杂和精致。但是，行为主义所确立的把人的心理行为看做是客观的自然现象，并可以对其进行严格的实验研究和价值中立的理论描述，均给心理学留下了根深蒂固的影响。

　　20世纪50—60年代起始，西方主流心理学中又发生了一场认知革命，行为主义心理学逐渐土崩瓦解，认知心理学勃然兴起。认知心理学在行为主义之后再次改变了心理学的研究对象，但却没有从根本上改变行为主义的研究方式。

　　认知心理学把被行为主义所排斥的心理意识、内在经验又重新确定为心理学的研究对象，把被行为主义所贬低的主题和术语又重新纳入了心理学的研究视野。但是，认知心理学目前的研究仍然是把心灵活动视为自然现象，或者说等观于物理现象。它依旧立足于物理主义的世界图景和采纳了实证主义的科学立场。巴尔斯（B. F. Baars）在其所著的《心理学中的认知革命》一书中指出，行为主义者显然都是物理主义者，他们认为心灵是虚幻的，只有物理世界才是实在的；而大部分认知心理学家则是"双面的物理主义者"（dual-aspect physicalists），他们推断出了心灵的构造，但仍然将其看做是对物理世界的一种不同角度的透视。终极的实在还

　　① 华生：《行为主义者所看到的心理学》，载《西方心理学家文选》，人民教育出版社1983年版，第152页。

是物理的世界。①

实际上，人的心灵活动既可以被当作是客观的自然现象，也可以被当作是主观的经验世界。正如瓦雷拉（F. J. Varela）等人所指出的："认知科学具有两个面孔。它会同时看到两条路：一个面孔朝向自然，把认知过程看做是行为；另一个面孔朝向人的世界，把认知看做是经验。"②但目前的认知心理学走的只是前一条路线，而遮住了朝向经验世界的面孔。

二　人文立场的心理学

西方的非主流心理学走的是人文科学的道路。非主流心理学家力图使心理学摆脱自然科学的专制。他们使心理学的发展立足于人道主义和现象学的理论基础。人道主义是有关人，有关人的心理，有关人与世界、与他人、与自己的关系的基本理解。现象学则是有关人的知识获取的一种基本立场。体现在心理学中，涉及的则是不同于实证立场的对心理学研究对象的理解和对心理学研究方式的主张。这构成了非主流心理学家对心理学学科的认识，或者说是另一种不同的心理学的科学观。

人道主义（Humanism）也称之为人文主义、人本主义，可有不同的理解，在此主要泛指以人为本的思想，即对人的地位和价值的确立。西方文艺复兴时期的人道主义传统是对中世纪宗教神学的黑暗统治的反叛，是以人本主义对抗神本主义，是以人权对抗神权，是以人性对抗神性，是以个性解放对抗禁欲主义，是以科学理性对抗蒙昧主义。人道主义从神的压迫下解放了人，恢复了人的尊严，肯定了人的存在价值，呼唤了人的自由创造。

人本主义精神在 20 世纪又有了新的发展和新的含义。西方近代启蒙运动以来，人的主体地位的增长和人的理性力量的弘扬，使科学技术获得了长足的发展，使人对自然界的征服获取了巨大的成功，进而重构了人的社会，改变了人的生活。但是，当科学技术把上帝推出了神圣殿堂之后，

---

① Baars, B. J. *The Cognitive Revolution in Psychology*. New York: The Guilford Press. 1986. 158.
② Varela, F. J., Thompson, E., & Rosch, E. *The Embodied Mind: Cognitive Science and Human Experience*. Combridge Mass. : The MIT Press. 1991. 13.

自己却登上了上帝的宝座。这在另外一面带来了人的现实处境的恶化。传统科学技术的机械主义和理智主义，导致把一切都看做是可为科学技术所利用的功能性和工具性的存在。结果是生态环境的破坏，世界大战的爆发，核战争的威胁，人性的萎缩，精神的迷失，现代人的普遍的烦躁、失望，甚至是绝望。当代的人本主义思潮则倡导重新确认人的本性，消除人的异化，重建人与自我、人与社会、人与自然的关系，消除人的孤独，重获生命的意义、生存的价值、生活的希望、精神的丰满，消除人的荒谬。

人文立场的心理学采纳了人道主义关于人的基本理解：强调人的地位、人的尊严，使人有别其他的自然物；注重人的价值、人的本性，使人获得适当的位置；探索人的存在、人的潜能，使人追求新的发展；认识人的自由、人的创造，使人把握自主的命运。

现象学（phenomenology）有着不同的主张，在此主要泛指传统人文科学获取有效知识的哲学方法论。现象学的创立者胡塞尔（E. G. Husserl）反对实证主义把人的世界与物质世界等同起来，认为这使得现代自然科学促进了人对物的追求，却侵害了人的精神生活，使人的生存失去了尊严，失去了意义，精神变得空虚和枯竭了。现象学则能为人类提供精神生活的源泉，精神是自有自为的，是独立的，只有在这种独立性中它才能得到真实的、合理的和科学的探讨。

现象学把人的自我意识直接呈现出来的现象看做是真实的。当然，现象学强调的是通过现象学的还原而达到纯粹的自我意识。现象学为人本立场的心理学提供了方法论。这体现在心灵主义的主张以及现象描述的方法上，也体现在整体主义的主张以及整体分析的方法上。心灵主义（mentalism）探索的是人的直观经验或直接体验的原貌，反对将心灵活动还原为生物的、物理的过程。整体主义（holism）探讨的是整体的人、人的心理的整体性，反对将其分割或分析为一些碎片。整体分析排斥元素分析式的研究，强调有机的整体和整体的结构。显然，现象学的方法论使心理学是以特定的研究方式来考察人的心理生活。

弗洛伊德所创立的精神分析学说，并不是在西方主流心理学内部分化出来的，而是在主流心理学之外发展起来的，并一直被学院心理学家排斥在圈外。然而，"尽管精神分析与现代心理学在本质上根本不同，但它对现代心理学发生过不可否认的影响"①。弗洛伊德的学说十分关注人的本性，人的精神生活，人的前途和命运。因此，弗洛姆认为弗洛伊德拥有人道主义的思想基础。

人本主义心理学（humanistic psychology）是 20 世纪中期兴起的学术思潮，是人文立场的心理学的典型代表，是西方非主流心理学的中坚力量。人本主义心理学关心确定人的价值和尊严，倡导更为完整地理解人的本性，重塑人的形象，肯定人的积极的、进步的价值追求和乐观的未来，着重对心理健康的人、自我实现的人的研究，揭示人的发展潜能，推动人的自我发展、自我完善和自我实现，确信人类能够对自己的经验进行反省，并指导和控制自己的行为。

在人本主义心理学的发展中，还兴起了一个新的心理学派别，即超个人心理学（transpersonal psychology）。超个人心理学探讨超越自我的境界和超越个体的价值观念。它试图扩展心理学的领域，使之包容人的心理发展有可能达到的境界和与之相关的人类经验。这实际上是引导西方的心理学通向了东方的精神生活的智慧和实践。

第四节　心理学科学观问题

可以毫不夸张地说，心理科学在其百多年的发展中，一直患有较为严重的体虚症。这主要在于缺乏必要的理论建设。显然，这不仅影响到了心理学自身的迅速成长，而且也影响到了心理学在人类生活中所能发挥的作用。但是，在近一段时期里，心理学迎来了一个有利于其理论突飞猛进的发展契机，关键是心理学家必须相应地改变自己的封闭的心理学观，而拥有一种开放的心理学观。

一　心理学的分裂

心理学从来没有摆脱开危机的困扰，危机就在于心理学从来没有成为一门统一的学问。当代心理科学的发展也同样面临这一危机，而且这种不统一正在变本加厉和不断恶化。

---

① 舒尔茨：《现代心理学史》，杨立能等译，人民教育出版社 1981 年版，第 321 页。

一些心理学家对当代心理学的支离破碎和形同散沙深感忧虑。斯塔茨（A. W. Staats）曾经痛陈心理学所面对的这种"不统一的危机"。他认为，除非统一整个心理学，否则心理学就不可能被认为是一门真正的科学。[①] 正如他所说，心理学具有现代科学的多产的特征，但却没有能力去联结它的研究发现。结果是越来越严重的分歧，形成了越来越多的毫无关联的问题、方法、发现、理论语言、思想观点、哲学立场。心理学拥有如此之多的四分五裂的知识要素，以及如此之多的相互怀疑、争执和嫌弃，使得心理学面临的最大问题就是得出一般的理论。混乱的知识，也即没有关联、没有一致、没有协同、没有组织的知识，并不是有效的科学知识。心理学作为一门科学的地位，在很大程度上便取决于它的统一的程度。或者说，它要想被看做是一门真正的科学，就必须成就严密的、关联的、一致的知识。显然，不统一的危机已经带来了对心理学的科学性质的怀疑。

实际上，心理学家并没有放弃过统一心理学的努力，但至今这仍然是个无法实现的梦想。问题在于，他们没有从心理学的科学观上去追究不统一的根源。心理学从哲学怀抱中脱离出来成为独立的实证科学之后，就一直以成熟的自然科学学科为偶像。它从近代自然科学中直接继承来了一种科学观，即实证科学观，可将其称之为心理学的封闭的科学观。封闭的心理学观力求把心理学建设成为一门纯粹的自然科学。它以此来划定科学心理学与非科学心理学的界线，从而把心理学限定在了一个非常狭小的边界里。封闭的心理学观与其说是统一心理学的保障，不如说是心理学不统一的隐患。甚至可以这样说，心理学以封闭的科学观来统一自己，统一就永远是个梦幻。那么，心理学不放弃它的封闭的心理学观，就不会成为统一的科学门类。

封闭的心理学观体现为对实证方法（或实验方法）的崇拜上，把实证方法看做是心理学研究的核心。心理学的理论知识就来自实证方法，并接受实证方法的检验。科学心理学的诞生，通常是以德国心理学家冯特1879年在德国莱比锡大学建立心理学实验室为标志。这反映了以实证方法为核心的主张，结果使心理学的研究方法不断地精致，但研究的问题水

---

① Staats, A. W. Unified Positivism and Unification Psychology. *American Psychologist*, 1991 (9). 899 – 912.

平却不断地下降。封闭的心理学观还体现为它的反哲学倾向，这割断了心理学与哲学的天然联系，使心理学失去了对自己的理论基础的关注和研讨。然而，封闭的心理学观本身却从近代自然科学中继承了物理主义和实证主义的理论框架。只不过这一理论框架是隐含的，而不是明确的。

正因为封闭的心理学观重方法和轻理论，心理学家重视实证资料的积累，贬低理论构想的创造，导致了它的极度膨胀的实证资料和极度虚弱的理论建设之间的日益增大的反差。应该说，心理学发现的支离破碎与心理学缺乏理论建设是两个相关联的问题。自从美国科学哲学家库恩（T. S. Kuhn）指出，成为科学在于形成科学共同体所共有的统一的理论范式，许多心理学家才开始意识到了理论基础的重要性。斯塔茨（A. W. Staats）曾提到，心理学的统一需要有统一的哲学，并认为这个统一的哲学就是统一的实证主义（unified positivism）。[①] 当然，这只不过是把封闭的心理学观的理论框架由隐含的变成了显明的，而且，它也肯定排斥基于其他理论框架的心理学研究。

从心理学发展史上来看，以物理学为样板，以封闭的心理学观为引导，去建立统一的心理科学的努力是不成功的。行为主义心理学是个典型的例子，它不仅无力涉及人类心理的广阔领域，也无法容纳已有的关于人类心理的研究成果。实证心理学由于自己的科学观的褊狭，而给其他的心理学探索留下了余地，使之保留了独特的生机。不同的心理学探索涉及了人类心理的不同方面和侧面，共同提供了人类心理的更为完整的图景。问题在于，如何才能在一个新的基础上消除心理学的四分五裂的危机和消除心理学的科学性质的危机。

二 多元化的研究

心理学的不统一与心理学的多元化表面上似乎是心理学的同一个状况，正是心理学的分裂才导致了心理学研究的多元。但是，心理学的多元化的研究作为心理学发展的潮流，却并不是心理学的分裂、对立、冲突的体现，而是心理学研究的多样化，是心理学研究的多向性，是心理学研究

---

① Staats, A. W. Unified Positivism and Unification Psychology. *American Psychologist*, 1991 (9). 899–912.

的多面性。

在心理学的历史发展、现实演变和未来走势中，心理学研究的多元化早就存在，也会持续下去。但是，在科学心理学的研究中，心理学不统一的问题掩盖了心理学研究的多元化方面。或者说，心理学的多元化的研究取向、研究方式、研究方法、研究工具等等，常常就被看做是心理学的分裂、被看做是心理学不统一。把心理学研究的不统一转换成为心理学研究的多元化，这是心理学的重大的进步，也是心理学发展的重要的出路。

心理学的多元化的研究应该重新确立自己的科学观，也就是把自己的小科学观转换成为大科学观。心理学的多元化的研究也应该确立自己的方法论，也就是要拓展自己的关于方法论的研究，使方法论的研究能够涵盖心理学的研究对象、心理学的研究方法、心理学的技术应用。

心理学的研究可以包括三个基本的部分：一是关于对象的研究，涉及的是心理学的研究对象，是对心理行为实际的揭示、描述、说明、解释、预测、干预等等；二是关于方法的研究，涉及的是心理学的研究者，探讨的是心理学研究者所持有的研究立场、所使用的具体方法。三是关于技术的研究，涉及的是对所涉及的研究对象的干预和改变。那么，心理学研究的方法论也就应该包括三个基本的方面：一是对关于心理学研究对象的理解。这也即研究内容的确定，是力求突破对人的心理行为的片面理解。二是关于心理学研究方式和方法的探索。这也即研究方法的创新，是力图突破和摆脱西方心理学的科学观的限制，为心理学的研究重新建立科学规范。三是关于心理学技术手段的考察。这也即干预方式的明确，是力争避免把人当作被动接受随意改变的客体。

方法论是科学研究的基础。这既是思想的基础，也是方法的基础，也是技术的基础。所以，心理学方法论的探讨是关系到心理学学科发展的核心问题。心理学研究基础的和核心的方面就是方法论的探索。但是，传统心理学中的方法论的探讨主要是考察心理学研究所运用的具体研究的方法。这包括心理学具体研究方法的不同类别、基本构成、使用程序、适用范围、修订方法等。随着心理学发展和进步，心理学方法论的探索必须跨越原有的范围，应该包括关于心理学研究对象的立场，关于方法的认识，关于技术的思考。因此，对心理学方法论的新探索，可以说就是反思心理学发展的一些重大的理论问题和方法问题。这些问题的解决关系到中国心理学的发展，而且也关系到整个心理学的命运与未来。

三　认知潮的冲击

西方科学心理学主流的发展，经历了几次重大的转折。最初占有支配性地位的是内省主义（introspectionism）。在研究对象上，它是以心灵为实在，考察的是人的意识经验，故可称之为意识心理学。在方法上，它是实验加内省，但仍然是通过内省的途径来引导研究，故也可称之为内省心理学。到20世纪初期，行为主义（behaviorism）掀起了一场革命，推翻了内省主义对心理学的统治。在对象上，行为主义反对心理学研究人的意识经验，而代之以可客观观察的行为。在方法上，行为主义清除了内省法，贯彻了客观的观察和实验，以确立心理学的科学地位。行为主义以其自许的科学性支配了主流心理学的发展。但是，它所弃掉的人的内在心理意识，仍然在其他的心理学传统中得到了考察。

20世纪50年代到60年代，心理学又发生了一场认知革命，它推翻了行为主义对心理学的统治。一开始，这场革命并不是那么引人注目的，许多心理学家都没有意识到，他们的努力为心理学带来了一个重大的转折。只是后来，他们才惊异地发现自己打破了行为主义的禁锢。直到20世纪70年代初期，认知革命才形成了一股迅猛的洪流，并促成了由认知心理学、人工智能、语言学、神经科学和哲学等跨学科合作的认知科学的诞生。心理学中的认知革命，把被行为主义所排斥的心理意识、内在经验又重新确定为心理学的研究对象，把被行为主义贬低为非科学的那些主题和术语又重新纳入了心理学的研究视野。这给心理学的新发展带来了重大的改变和注入了无限的生机，其冲击性作用的后效，有许多至今仍难以估量。

当然，认知心理学改变了行为主义为心理学确定的研究对象，但没有改变行为主义为心理学确立的实证研究方式。为此有些学者认为认知心理学还是把认知过程当作行为来加以研究。的确，心灵的活动常常被看做是神秘的和不可分析的，很难加以实证的把握和进行客观的研究。但是，认知心理学采纳了信息加工的观点。信息加工也即物理符号的操作。符号具有双重的性质，一是拥有物理的或形式的特征，二是表征着或代表着一定的内容或意义。表征着一定内容的符号可以按照一定的规则进行变换，这就是符号的计算。认知过程便被看做是符号的计算过程，从而使对心灵的工作原理进行客观的揭示成为可能。

这种被称之为认知主义（cognitivism）的符号研究范式是以计算机作为理论的启示。或者说是建立在人工智能与人类心理的类比的基础之上。尽管人工智能和人类心理分别是由计算机硬件和脑神经系统实现出来的，但它们在机能水平上却被认为具有相同的信息加工性质。那么，人的心灵活动便没有什么神秘之处，其符号的计算过程完全可以由计算机复制或模拟出来。认知主义的观点不仅支配了认知心理学的研究，而且也被许多研究者当成了统一认知科学的多学科探讨的理论基础。但是，也有研究者反对人工智能与人类心理的类比，认为二者具有截然不同的性质，人工智能的理论语言不足以解释人类心理。认知主义能否成为统一认知科学的理论基础也受到了怀疑和批评。很显然，认知主义为认知心理学设定的仍然是封闭的心理学观。

不过，认知革命还是带来了强烈的震撼力，它不仅打开了被行为主义关闭了许久的探索内在心灵的门户，而且打开了实证心理学能与其他探索内在心灵的心理学传统进行沟通的门户。尽管认知心理学乃至认知科学走的仍是实证科学的道路，但许多心理学家也开始去较为大胆地复兴和审视其他不同的心理学传统。他们越来越频繁地涉及在日常生活中由常人所掌握的常识心理学，在精神生活中由哲学家、宗教家等建构的哲学心理学，以及在特定文化圈中由二者构成的本土心理学传统。这种对不同心理学传统的关注，反过来已在影响到科学心理学的发展道路。像认知心理学及认知科学，仍是把心灵的活动看做是客观的自然过程而不是主观的经验世界，这大大限制了对人类心理的全面和完整的揭示和把握。本土的心理学传统则不仅有助于丰富实证心理学的研究内容，而且有助于改进实证心理学的研究方式。

认知革命使常识心理学及其心灵主义的用语又恢复了活力。认知心理学的兴起是会取代还是会容纳常识心理学，近年来成了心理学和哲学的一个争论热点。认知心理学也使东方思想中的心理学传统又恢复了青春。实证心理学无力深入主观的经验世界日益成为一个大的弱点。中国本土的心理学传统是从人的直观体验入手，探讨了人的心灵自觉的内在根据，人的内心生活的意义根源，人的精神境界的提升途径。因而，这有着十分重要的理论启示性。

显然，认知革命带来了对其他心理学传统的关注。法国心理学家莫斯考维奇（S. Moscovici）在为两位英国学者主编的《本土心理学》一书所作的序言中，就把重新面对本土的心理学传统称之为科学心理学中的"回归革命"（retro – revolution）。① 这为重构心理学的科学观提供了可能和必要。

四　文化潮的兴起

心理学曾经长期依赖于生物科学的发展和研究。但是，在近些年来，心理学开始了自己的文化学的转向。文化的视角、文化的考察、文化的内容开始占据了心理学研究的主导。

心理学曾经靠摆脱、放弃、回避或越过文化的存在来发展自己，但心理学现在必须靠容纳、揭示、探讨或体现文化的存在来发展自己。这也就是说，心理学早期是排斥文化的存在来保证自己对所有文化的普遍适用性，而心理学目前则是包容文化的存在来保证自己对所有文化的普遍适用性。毫无疑问，这是一个历史性的变化。问题就在于揭示这一变化的历程及其对发展心理科学的意义和价值。心理学研究中的文化问题主要体现在两个方面。一是涉及心理学的研究对象，即人的心理行为的文化内涵的问题。二是涉及心理学的研究方式，即心理学理论、方法和技术的文化特性的问题。这就是要摆脱原有的心理学研究把人的心理行为理解为自然现象，而不是理解为文化生活。这就是要摆脱原有的心理学研究把心理学的研究确立为是自然科学的研究方式，而不是社会和文化科学的研究方式。

当代心理学发展的文化学转向不是要否定、舍弃现有的心理学研究，而是对现有的心理学研究的不合理延伸的限制，或是对现有心理学研究的合理部分的延伸。那么，现有心理学研究中的研究对象与研究者的关系就应该得到改变。要限制绝对的分离，要推动相对的分离。所谓相对的分离是指彼此统一基础上的分离。所谓彼此的统一是指心理学的研究对象与研

---

① Moscovici, S. Foreword, In P. Heelas & A. Lock （Eds.）. *Indigenous Psychology.* New York: Academic Press. 1981.

究者共有的价值追求和共同的创造生成。这就是心理学的文化学要义。①

　　心理学的文化根基是心理学本土化的资源问题。"心理文化"的概念是用以考察心理学成长的文化根基，探讨心理学发展的文化内涵，挖掘心理学创新的文化资源。心理学的产生和发展都是立足于特定的文化。或者说，文化是心理学植根的土壤和养分的来源。在过去，无论是心理学的发展还是对心理学发展的探索，都缺失了文化的维度。其实，文化是考察当代心理学发展和演变的重要视角。当代心理学的发展越来越重视对文化、心理文化、文化心理的探讨。西方科学心理学和中国本土心理学生长于不同的文化根基，植根于不同的心理生活。起源于西方文化的科学心理学，立足实证的研究方法和客观的知识体系，提供了对心理现象的某种合理理论解释和有效技术干预。但它仅揭示了人类心理的一个部分或侧面。起源于中国文化的本土心理学也是自成体系的心理学探索，它揭示了具有意义的内心生活和给出了精神超越的发展道路。"心理文化"概念的提出有利于探明不同文化传统中蕴藏的心理学资源和推进对其挖掘，有利于审视西方心理学的文化适用性和推进对其改造，有利于考察中国本土的心理学传统和推进对其解析。中国现代科学心理学主要来自西方科学心理学，问题是中国本土也有自己的心理学资源。探察该资源，就要扩展心理学的视野和设置文化学的框架，将中国本土心理学看做与西方实证心理学具有同等文化价值的探索。要发展中国的心理学，就有必要追踪中国本土文化中的心理学传统，确定其所含的资源，具有的性质，包括的内容，起到的作用。心理文化的探索力图找到和深入挖掘心理学创新的文化根基。中国有自己的文化传统、心理文化、心理学探索、创新性资源。

五　后现代的精神

　　20世纪中期，西方发达国家开始由现代工业社会步入当代后工业社会或信息社会。与这一社会转折相应，其社会文化思潮也由现代主义转向后现代主义。后现代主义思潮被看做是西方文化精神和价值取向的重大变革，是对所谓现代主义的反叛和超越。后现代主义很快就风靡欧美、震撼

---

① 葛鲁嘉、陈若莉：《当代心理学发展的文化学转向》，《吉林大学社会科学学报》1999年第5期，第79—87页。

学界，成为强劲的文化思潮。显然，西方的科学心理学的发展无法脱离开这一大的文化背景和思想氛围。

文艺复兴之后，西方社会不仅大踏步迈向现代大工业社会，而且逐步确立起理性至高无上的地位和科学统观一切的权威，并以此构造了西方的现代文明。但是，当今的后现代主义运动则是对现代文明的批判和解构，即着手摧毁理性的独断和科学的霸权，强调所有的思想和文化平等并存的发展。其实，所谓的后现代的精神，就在于构筑了一种文化的氛围，那就是从单一性转向多元性，从单面性转向多面性，从单向性转向多向性。单一性、单面性和单向性是指否定、舍弃了多元性、多面性和多向性。在文化的发展中，所谓的单一性是指把西方的文化作为唯一合理和合法的存在，而忽视了文化的多元性。所谓的单面性是指把文化的一个层面或一个侧面变成了唯一的层面或侧面，而忽视了文化的多面性。所谓的单向性是指把文化的一个向度或一个方向的演进看做是唯一的向度或方向，而忽视了文化的多向性。

正如著名法国哲学家利奥塔德（J. F. Lyotard）主张的，后现代的精神就在于"去中心"和"多元化"。[①] 利奥塔德（利奥塔德也常常被译成利奥塔，或者是利奥塔尔）对后现代知识状况的分析，对于理解心理学可能的发展具有十分重要的启示性。在他看来，当科学知识（自然科学）与叙事知识（人文科学）从同源母体中分离出来之后，科学知识便一直对叙事知识的正确性和合法性提出质疑和挑战，认为叙事知识缺乏实证根据，无法证明其合理性。叙事知识则把科学知识看做叙事家族的变种，而对其采取宽容退让的态度。这造成的是科学的霸权主义扩张。不过，科学本身也并不能证明自己的合理性，它反而是借助于启蒙运动以来的两大堂皇叙事来确定自己的合理性的，那就是自由解放和追求本真。自由解放导致的是以人为中心的主体性膨胀，追求本真导致的是理性至上的科学独霸。因此，科学在破坏叙事知识基础的同时，也给自己的合理性带来了危机。后现代主义文化思潮带来的就是这种元叙事的瓦解。人们不再需要有一个统一的标准去衡量所有产生知识和传述知识的活动，各种知识和文化

---

① 利奥塔尔：《后现代状态：关于知识的报告》，车槿山译，生活·读书·新知三联书店1997年版，第1—10页。

都可以并行不悖。

　　的确，近代科学兴起之后，便建立了自己的一套理性的真理判据或科学的游戏规则，并将其当作唯一的合理性标准。这体现在了近代自然科学的科学观中，该科学观把不符合这一标准的实践知识和文化传述都看做是原始和落后的东西，是实证科学应该和必须要铲除的垃圾。实际上，人类创造和构建了关于世界的各种不同的阐释，它们很难用一个共同的标准去衡量。那么，重要的问题就不在于去确定哪一种阐释是唯一合理的，而在于去确定怎样促进各种不同阐释的并行发展和怎样在各种不同阐释之间建立沟通。

　　西方心理学自成为独立的学科之后，发展出了两种不同的研究取向，即科学主义取向的心理学和人文主义取向的心理学。如果按照其哲学基础的划分，也可以区分为实证论的心理学和现象学的心理学。德国的心理学家艾宾浩斯所倡导的就是自然科学的、分析的、解释的心理学，德国哲学家狄尔泰则倡导的是人文科学的、描述的、理解的心理学。二者构成了一种对立和对抗。马斯洛将其称之为机械主义的科学和人本主义的科学。[1]金布尔（G. A. Kimble）将其说成是当代心理学中的"两种文化"，即科学文化与人文文化。[2]

　　当然，这两个研究取向并非是平等的。科学主义取向占有主导地位，成为主流心理学，人文主义取向不占主导地位，成为非主流心理学。主流心理学一直力求成为自然科学家族中的一员，坚持运用客观的研究方法和遵循科学的基本规则。它确立的是分析的和还原的研究方式，立足的是物理主义或机械论的观点。它采取的是霸权扩张的姿态。非主流心理学则努力引导心理学跃出自然科学的轨道，坚持探索各种可能的心理学研究方法和拓展心理学研究的理论视野。它反对的是分析和还原的研究方式，确立的是心灵主义或现象学的观点。

　　西方的实证心理学一直把自己看做是超越本土的和跨越文化的科学努力。它也陆陆续续输入或传入了其他的文化圈，这为在其他文化圈中建立和发展实证的心理学作出了巨大的贡献。但这也在很多时候表现为一种科

①　马斯洛：《科学心理学》，林芳译，云南人民出版社1988年版，第1—5页。
②　Kimble, G. A. Psychology's Two Cultures. *American Psychologist*, 1984（8）．833 – 839.

学帝国主义的入侵。实证心理学对本土的心理文化采取了一种歧视甚至是敌视的态度。这不仅导致对本土具文化色彩的心理生活的忽略，而且导致对本土具文化价值的心理学传统的极力排斥。但是，近一个时期以来，针对西方实证心理学毫无限制的称霸扩张，出现了两股强有力的反叛力量。一是迅速扩展的对西方实证心理学的本土化改造，试图使之更适合于阐释特定文化圈中的心理行为。二是逐渐升温的对本土心理学的关注，试图使被实证心理学所抛弃和排斥的本土性的资源得到挖掘和利用。这两个方面不可忽视的和加速扩展的努力也出现在了中国的心理学界，其中也就孕育着我国心理学发展的新的生命。

实际上，西方的实证心理学并未能终结也不可能终结其他的心理学传统。也许有人会认为，我国并非是发达国家，也没有进入后现代社会，并不存在着后现代的文化氛围。中国本土的问题在于实证科学的弱小，而不在于实证科学强大到了足以侵吞人文精神。但是，我国从西方的发达国家引入了先进的实证心理学，我国又富有深植于本土文化和社会生活之中的心理学传统资源，只有避免相互的对立、排斥和削弱，促进彼此的沟通、交流和发展，才会有助于在我国开拓出心理学成长的新道路。

六 心理学的视野

心理学的视野是由心理学为自身所设定的学科边界。这实际上决定了如何建设和发展心理科学的基本认识和基本理解，也就是决定着心理学家在自己的研究中所能够采纳的研究目标，以及为达成自己的目标而可以采取的研究策略。它体现在这样一些问题的解决上，像什么是心理科学，什么是心理学的研究对象，怎样确定心理学的研究方法，怎样构造心理学的理论知识，怎样干预人的心理现象或心理生活。可以这样说，心理学的视野限定了心理学家的眼界，决定了心理学家的胸怀。

在心理科学的开创和发展中，一度占有主导性和具有支配性的科学观是封闭的心理学观，或者说是心理学的封闭科学观。这是从近代自然科学传统中抄袭和照搬而来的，并且广泛地渗透到了心理学家的科学研究之中。封闭的心理学观在实证的（即科学的）和非实证的（即非科学的）心理学之间划定了截然分明的边界，心理学要想成为科学，就必须把自己限制在边界之内。实证的心理学是以实证方法为核心建立起来的，客观观察和实验是有效地产生心理学知识的程序。实证研究强调的是完全中立地、不承担价值地对心理或行为事实的描述和说明。实证主义心理学的理论设定是从近代自然科学承继的物理主义和机械主义的世界观。这都大大缩小了和封闭了心理学的视野。

科学心理学以封闭的心理学观来确立自己，就在于其发展还是处于幼稚期。这与其说是为了保证心理学的科学性质，不如说是为了抵御对心理学不是一门严格意义上的实证科学的恐惧。但是，这种封闭的心理学科学观正在衰落和瓦解，重构心理学的科学观已经成为心理科学十分重要的基础性工作。心理学的发展已经进入了迷乱的青春期，它正在经历寻找自己的成长道路的痛苦。

心理学的新科学观应该是开放的科学观，心理学走向成熟也在于它能够拥有自己的开放的科学观。所谓开放的心理学科学观，不是要否定心理学的实证性质，而是要开放实证心理学自我封闭的边界。开放的心理学观并不是要放弃实证方法，而是要消解实证方法的核心性地位，使心理学从仅仅重视受方法驱使的实证资料的积累，转向也重视支配方法的使用和体现文化的价值的大理论建树。开放的心理学观也将改造深植于实证心理学研究中的物理主义和机械主义的理论内核，使心理学从盲目排斥转向广泛吸收其他心理学传统的理论营养。开放的心理学观无疑会拓展心理学的视野。

开放的心理学观已经在一些心理学理论探索中得到了体现。例如，行为主义是封闭的心理学观的典型代表。行为主义者斯金纳（B. F. Skinner）曾认为，相比较于人对外部世界的了解和控制而言，人对自身的了解和控制是微乎其微的，主要的原因就在于那种心灵主义的推测和臆断。因此，极端的行为主义者排除了关于人的内在心理的研究。然而，近些年来，著名的脑科学家斯佩里（R. W. Sperry）却认为，心理学新的心灵主义范式使心理学改变了对内在心理意识的因果决定的解释。传统的解释是还原论的观点，即通过物理的、化学的和生理的过程来说明人的心理行为。这是与进化过程相吻合的由下至上的决定论，他将其称之为"微观决定论"。新的心灵主义范式则是突现论的观点，即人的内在心理意识是低级的过程相互作用突现的性质，它反过来对于低级的过程具有制约或决定作用。他将这种由上至下的因果决定作用称之为"宏观决定论"。斯佩里十分乐观地认为，心灵主义范式在于试图统一微观决定论与宏观决定论、物理与心理、客观与主观、事实与价值、实证论与现象学。①

更进一步来看，在心理学研究对象方面，封闭的心理学观未能带来对研究对象的完整的认定，从而未能提供对人类心理的全面理解；开放的心理学观则有助于克服那种切割、分离和遗弃，有助于提供人类心理的全貌。在心理学研究方法方面，封闭的心理学观强调方法的客观性和精致化，强调以方法为标尺和为核心；开放的心理学观则倡导方法与对象的统一，鼓励方法的多样化，倡导方法与思想的统一，突出科学思想的地位。在心理学理论建设方面，封闭的心理学观带来了十分严重的理论贫弱和难以弥补的理论分歧；开放的心理学观则有助于推动心理学的理论建设，它容纳多元化的理论探讨，强化对各种理论框架的哲学反思，以促进不同理论基础间的沟通。在心理学的应用方面，封闭的心理学观使心理学与日常生活相分离和有距离，而通过技术应用来跨越这一距离。开放的心理学观则在此基础之上，倡导那种缩小和消除心理学与日常生活的距离，使心理学透入人的内心的应用方式，以扩展心理学的应用范围。

当然，关于开放的心理学观或者心理学开放的科学观的学术认识和学术主张，也引起了许多的争论和分歧。有一些学者并不理解和认可开放的心理学观的理念，也有的学者反对这种关于心理学的科学观的认识和理解。有的学者宁可从西方文化传统和西方哲学流派中去寻求心理学统一的解决方案。例如，就有学者不赞同大心理学观的主张，认为所谓的大心理学观，"此说一则失之笼统含糊，如何才是'大科学观'？令人费解；二则亦未能妥善解决心理学中主观与客观的争执，人文主义与科学主义的对立。"该研究者提出的观点是，所谓的统一的心理学，应当包括三个层次的研究模式：传统的、狭义的诠释研究着重个案的、质化的分析，其目的是达到对具体的、个人的、临时的对话事件的理解；实证的诠释研究重在抽象、定量的分析，以求作出具有普遍意义的推论和预测；广义的诠释研究则综合以上两种研究策略，即对同一心理现象同时采取个案的、质化的和抽样的、量化的研究策略，既要具体的、个人的现象的丰富性和生动

---

① Sperry, R. W. Psychology's Mentalist Paradigm and the Religion/Science Tension. *American Psychologist*, 1988 (8). 607 – 613.

性，又要科学的抽象、量化、推论与预测，既要避免个案研究的局限，又要防止实证的抽象推论造成的对人类经验的割裂和肢解。①

其实，该学者并没有真正理解大心理学观的"大"的含义。所谓的大心理学观就是开放的心理学观，是为了破除西方实证心理学的自我封闭的边界，是为了解决心理学的不统一的问题，是为了克服西方心理学的主客分离，是为了能够在心道或心性一体的基础之上，实现中国本土心理学的理论创新，进而实现心理学在新的基础之上的统一。

总之，心理学开放的科学观会带给心理学一个大视野。它不是要铲除而是要超越封闭的心理学观，从而使心理学全面改进自己的研究目标和研究策略，重新构造自己的研究方式和理论内核，以全面和深入地揭示人类心理，以有力和有效地参与到社会发展和人类进步的事业中。

第五节　心理学核心性课题

在心理学的发展历程中，心理学的研究一直面临或针对着一些核心性的课题。之所以将其称之为核心性课题，就是因为这些课题的解决，实际决定着心理学学科的命运和前途，实际决定着心理学研究的方向和发展。因此，心理学家都非常关注这些课题的考察、研究、讨论和探索。当然，这些课题的研究一直还缺乏足够的重视和大量的投入。这在相当的程度上影响了心理学的进步。中国本土心理学的发展尽管起步较晚，但是如果能够在关键的和重大的课题上取得研究的突破，就能够事半功倍地推进本土心理学的创新。当然，心理学面临的理论课题有很多，很庞杂。心理学面对的核心课题主要包括问题中心、方法中心、统一问题、价值问题、资源问题。

一　问题中心

在心理学中，心理学的研究应该以问题为中心，还是应该以方法为中心，这是决定心理学发展的非常重要的理论问题，也是心理学发展所面临

① 童辉杰：《广义的诠释论与统一的心理学》，《南京师大学报》（社会科学版）2000年第4期，第69—75页。

的非常重要的现实问题。问题中心和方法中心一直就是衡量心理学研究或者评判心理学研究的重要尺度。

当然，在心理学的发展和演变的过程中，有过问题中心主义占有支配地位的时期。在这样的时期中，衡量心理学研究是否具有价值和意义的最为根本的尺度，就是看心理学研究所着眼的问题和所解决的问题。心理学的研究就是为了发现和解决心理行为的问题。能够确定心理的问题，能够解决心理的问题，是心理学存在的价值。那么，相对于心理学所要考察的问题来说，方法和技术都是附属性的，都是为解决问题服务的。心理学的研究就应该以问题为中心。

心理学的研究以问题为中心和心理学研究的问题中心主义是有区别的。心理学研究以问题为中心指的是，心理学研究的主要目的是针对问题的，是为了解决人的心理行为的问题，是从问题出发的。心理学研究持有的问题中心主义则是指，心理学的研究以问题或以解决问题替代了方法的重要性，取消了方法的规范性，忽视了方法的科学性。应该说，心理学的研究应该强调问题中心，但是应该反对问题中心主义。而且，心理学的研究更应该警惕以反对问题中心主义来取消问题中心。

心理学的研究以问题为中心，说明了心理学的研究最为重要的是发现、提出、确定最为有意义、最为有价值、最具重要性、最具合理性的问题。应该说，能够做到上述，取决于心理学研究者的学术修养、理论素养、研究积累，也取决于心理学研究者的学术视野、学术鉴别、学术定位。所以，心理学的理论修养、理论造诣是心理学家的非常重要的基本功。这是学术研究的起点，也是学术研究的定向，也是学术研究的核心。甚至于，心理学研究提出好的问题会决定心理学的长期的顺利发展。因此，对于心理学研究者来说，提出理论假设的能力，进行理论建构的能力，决定了他的学术命运和学术前途。

心理学家提出研究的问题可以表现在两个重要的方面。一个是发现人的心理行为的重要的方面、核心的方面、关键的方面。从而，带动对人的心理行为的一系列更全面和更深入的理解。一是发现心理学知识体系和理论构成中的重大的问题、核心的问题、关键的问题，从而提供新的理论设想、理论建构、理论概念。其实，无论是心理行为的问题，还是学科研究的问题，其解决都是心理学的学术研究的任务。

尽管在心理学的研究中，心理学重视过关于问题的提出和解决。但是，在心理学的研究方法成为研究者关注的核心，心理学的问题意识就出现过弱化。问题意识的弱化所导致的严重的后果就在于，心理学的研究提不出重要的和重大的研究问题，心理学的研究就会纠缠在方法和技术的细节之中，就会迷失在工具和手段的迷宫之中。

二　方法中心

在心理学的研究中，问题中心与方法中心是相互对立的和彼此对应的。有的研究者主张心理学的研究应该以方法为中心，有的研究者主张心理学的研究应该以问题为中心。这成为心理学发展中延续了很长时间的论争。

美国的人本主义心理学家马斯洛曾经考察了科学研究中的问题中心与方法中心。在他看来，方法中心就是认为科学的本质在于它的仪器、技术、程序、设备以及方法，而并非它的疑处、问题、难点、功能以及目的。持方法中心论的科学家往往不由自主地使自己的问题适合于自己的技术而不是相反。方法中心论的另一个强烈倾向是将科学分成等级。在这个等级中，物理学被认为比生物学更"科学"，生物学又比心理学更"科学"，心理学则又比社会学更"科学"，只有依据技术的完美、精确和成功，才可能设想这样一个等级。其实，分离不同的科学等级是非常有害的。方法中心论往往过于刻板地划分科学的各个部门，在它们之间筑起高墙，使它们分属彼此分离的疆域。科学中的方法中心论在科学家与其他寻求真理的人之间，在理解问题和寻求真理各种不同方法之间制造了巨大的分裂。方法中心通常不可避免地产生一种科学上的正统，并因此而划分和制造出异端。①

在心理学的研究中，或者说在心理学的发展历程中，方法中心和问题中心是两种不同的立场和主张。所谓的方法中心是指在心理学的研究中，能够起决定作用的和能够引导研究的是方法。心理学研究是不是科学的，要看是否采用了科学的方法。方法的性质决定了心理学研究的性质。所谓

---

① 马斯洛：《科学中的问题中心与方法中心》，载《动机与人格》，华夏出版社 1987 年版，第 14—22 页。

的问题中心是指在心理学的研究中，能够起决定作用的和能够引导研究的是问题。问题的确定和解决决定了心理学研究的性质。心理学研究是不是科学的，要看提出问题和解决问题的科学性。

在科学心理学诞生和发展历程中，就曾经有过方法中心主义占有支配地位的时期。在这个时期中，心理学研究的性质是以运用了什么方法作为衡量的标准，是以是否运用了科学的方法来决定的。例如，在科学心理学发展史的研究中，就有这样的主张和观点。通常认为，德国心理学家冯特在德国莱比锡大学建立了世界上第一个心理学实验室，这是科学心理学诞生的标志。心理学运用了实验的方法，使心理学摆脱了哲学的思辨，成为现代意义上的科学。那么，在心理学的研究中，是否运用了科学的方法，就成为心理学研究是否科学的根本的标准。

心理学的研究以方法为中心和方法中心主义也是有所不同、有所区别的。以方法为中心是强调心理学的研究应该把方法的合理性、方法的科学性、方法的适用性放在重要的位置上。保证心理学研究可以通过科学的方法来有效地揭示和解释人的心理行为。方法中心主义则是在心理学研究中把方法放置在了决定性的位置上，方法的合理性和科学性决定了心理学研究的合理性和科学性。那么，在心理学研究中，研究的中心和重心就放置在了方法的规范化和精致化上，而忽视了问题的重要性和合理性，忽视了理论建构的核心性和创造性。应该说，方法中心主义给心理学的研究和发展带来了严重的负面影响，使心理学的研究长期排斥和脱离理论的根基和理论的建构。这使心理学重视的是对心理的描述，而轻视对心理的解释。问题中心主义与方法中心主义的对立和对抗，使得心理学研究一直分庭抗礼和残缺不全。

三　统一问题

科学形态的心理学从一诞生就不是统一的科学门类。[①] 它的流派众多，观点纷杂，一直就处于四分五裂和内争不断之中。心理学能否成为统一的科学，是心理学发展面对的重大问题。心理学的不统一体现在学科发

---

① 葛鲁嘉：《心理学的五种历史形态及其考评》，《吉林师范大学学报》2004 年第 2 期，第 20—23 页。

展的许多方面：理论的不统一涉及心理学拥有互不兼容的理论框架、理论假设、理论建构、理论思想、理论主张、理论学说、理论观点等等；方法的不统一涉及心理学的研究采纳了各种各样的研究方法，而且方法与方法之间有相当大的差异和分歧；技术的不统一涉及心理学进入现实社会、干预心理行为、引领生活方式、提供实用手段的途径和方式的多样化。其实，心理学的不统一不在于多样化，而在于多样化形态和方式之间的相互排斥和倾轧。这使得心理学内部争斗不断。随着心理科学的进步、发展和成熟，促进心理学的统一就成为重大的问题。

任何的研究都是有立场的。研究者总是从特定的起点出发，从特定的视角入手，从特定的思考开始。所以，心理学研究也是有立场的。心理学的理论、方法和技术都会由于立场的区别而千差万别。心理学的研究立场有时被描述为心理学的研究取向。这决定关于研究对象和研究方式的理解。心理学最根本的分裂是研究取向分裂为科学主义的和人文主义的，或是实证论的和现象学的。这两种取向相互对立、相互竞争，构成了现代心理学发展和演变的独特景观。[1] 西方科学心理学的发展并不是统一的历程，而一直处于四分五裂的境地。最根本的分裂或最核心的不统一，就是实证与人本的分歧。[2] 关于研究对象的理解，实证立场的心理学持有的是物理主义的世界图景。关于研究方式的理解，实证立场的心理学运用的是实证论的研究方式。实证取向的心理学走的是自然科学的道路，这也是西方心理学的主流。主流心理学家力图把心理学建成自然科学的一个分支。他们采纳的是传统自然科学得以立足的理论基础，即物理主义和实证主义。物理主义是有关世界图景的一种基本理解，实证主义则是有关知识获取的一种基本立场。这形成了主流心理学对研究对象的理解，以及对研究方式的主张。关于研究对象的理解，人文立场的心理学持有的是人本主义的世界图景。关于研究方式的理解，人文立场的心理学运用的是现象学的研究方式。人文取向的心理学走的是人文科学的道路，是西方心理学的非

---

[1]　葛鲁嘉：《心理文化论要——中西心理学传统跨文化解析》，辽宁师范大学出版社 1995年版，第 51—55 页。

[2]　叶浩生主编：《西方心理学的历史与体系》，人民教育出版社 1998 年版，第 3—4 页；郭本禹主编：《当代心理学的新进展》，山东教育出版社 2003 年版，第 93、127 页；叶浩生主编：《西方心理学研究新进展》，人民教育出版社 2003 年版，第 60—70 页。

主流。非主流的心理学家力图使心理学摆脱自然科学的专制，使心理学的发展立足于人道主义和现象学的理论基础。人道主义是有关人的基本理解，现象学则是获取有关人的知识的一种基本立场。这形成了非主流心理学对心理学研究对象的理解，以及对心理学研究方式的主张。

目前，心理学发展的最重要的努力就是科学化和统一化，以使心理学成为一门统一的科学门类。心理学成为独立的科学门类之后，统一心理学就成为一个重大的学术目标。如何才能统一心理学，心理学家之间却有着重大的分歧。在心理学的发展史上，出现过各种不同的统一尝试。其实，心理学统一的核心问题是心理学的科学观问题。正是科学观的差异导致了对什么是科学心理学的不同认识和理解。心理学的科学观涉及心理学科学性质的范围和边界，心理学研究方法的可信和有效，心理学理论构造的合理和合法，心理学技术手段的适当和限度等。心理学科学观的建构关系到研究目标和研究策略的制定和实施。心理学的发展应该确立起开放的心理学观，或心理学的开放的科学观。① 这可以使心理学从实证主义的封闭的科学观中解脱出来，从而容纳不同的心理学探索。所以，心理学统一的努力应是建立统一的科学观。②

四　价值问题

当代心理学是否有价值的取向和定位，或者心理学是价值无涉的科学，还是价值涉入的科学，这是心理学研究所必须面对的一个重大问题。心理学作为一门科学的出现，受到了传统自然科学的影响。所以，心理学力求在其研究中，确立价值的无涉，避免价值的涉入。无疑，这给心理学带来了巨大的进步，使心理学的研究力求避免主观性和思辨性。但是，心理学在涉及心理行为时，必然要有价值的涉入。价值无涉的立场限制了心理学的影响力，甚至限制了心理学研究的科学性。心理学如何和怎样才能成为价值涉入的科学，就成为心理学发展中的一个至关重要的问题。其实，所谓的价值无涉是指一种中立的立场和客观的立场。这要求研究者不

---

① 葛鲁嘉：《大心理学观——心理学发展的新契机与新视野》，《自然辩证法研究》1995年第9期，第18—24页。

② 葛鲁嘉：《心理学的科学观与统一观》，《吉林大学社会科学学报》1996年第3期，第1—6页。

能在研究中把自己的偏见、好恶、情感、主张等强加给研究对象。相反，所谓的价值涉入是指一种价值的导向和引领。这强调研究者和研究对象的一体化，突出了人的意向性和主观性，注重了人的自主性和主动性。心理学的研究要涉及人的价值取向，就要涉及人的意向问题。人的意向在科学心理学的研究中得到了回避。意向、意向性成为心理学研究中难以逾越的障碍。所以，许多心理学家选择了放弃。因此，怎样面对价值的问题，怎样解决价值的问题，是心理学未来发展的核心问题。

心理学成为独立科学门类之后，就力图以自然科学的研究规范来约束自己。自然科学所面对的对象是自然事物。自然事物没有价值选择的目的，没有价值评判的限制，没有价值定位的自觉。但是，人却完全不同。人有自己的价值生活、价值取向、价值评判和价值取舍。因此，心理学的研究无法回避人的价值问题，必须要有价值的涉入和引导。在科学心理学的历史发展进程中，实证主义的心理学就否定、舍弃价值的问题，而把科学心理学定义为价值无涉的科学。相反，人本主义的心理学则力主心理学是价值涉入的科学，而不应该回避价值的问题。科学心理学的发展必须面对价值问题，并通过价值的研究来创造和引导人的现实生活。

当然，心理学研究中的价值问题实际上体现在两个重要的方面。一是关于人的价值取向、价值定位、价值观念、价值评判等等心理的研究。这就涉及心理学是否能够通过自己的科学研究方式来揭示、解释人的价值心理。一是关于心理学研究的价值取向、价值定位、价值观念、价值评判等等定位的研究。其实，这两个问题是直接相关的。涉及人的心理的价值问题，就要涉及学科的研究的价值问题。在心理学的科学研究中，对客观性的追求显然消除了心理学研究的价值取向的问题，从而这也就导致放弃了心理学对人的心理行为的价值取向的研究。心理学成为没有"价值"的学科。这也就是心理学的价值无涉、价值中立、价值回避、价值逃避的根由。

心理学研究应该面对人的价值取向的问题，也应该面对学科的价值定位的问题。这就必须要重新考虑和设定心理学的研究。心理学研究应该超越主体与客体、主观和客观的分割和分隔，而应该追求一体化的历程和研究。这就是生成性的科学研究、就是生成性的生活创造。道就是一体化的存在，就是生成性的本源。这也就是心性的一体化的存在，就是心性的生成性的本源。

五 资源问题

心理学的研究或者心理学的发展是需要自己的资源的。心理学的资源可以提供给心理学的研究者作为自己研究的基础和前提，作为自己研究的内核和内容，作为自己研究的骨架和构架。心理学的研究重视过自己的方法、自己的工具、自己的技术，但还应该重视自己的资源、自己的养分、自己的根基。

任何心理学的发展都需要文化与社会的资源。其实，心理学本土化的一个非常重要的目的，就是建立起心理学与文化、与社会资源的关联。或者说，就是为了使心理学植根于本土文化与社会的土壤之中。其实，心理学的研究常常是处于资源短缺的状态之中。这并不是说心理学没有或者缺乏相应的社会文化资源，而是说心理学并没有意识到或自觉到自己的社会文化资源，或者是并没有去挖掘和提取自己的社会文化资源。中国的文化传统中蕴藏着丰富的心理学资源，问题是并没有得到充分的挖掘和利用。心理学的发展需要资源或需要文化资源。西方心理学就是植根于西方的文化传统，从本土的文化资源中获取了心理学发展的动力和研究的方式。中国心理学的创新和发展也同样应植根于中国的文化传统，从本土文化资源中获取心理学发展的动力和研究的启示。

正是通过深入地挖掘中国本土的心理学传统，可以使心理学的发展拥有自己的资源。问题在于，如何去开发和利用心理学的学术资源。心理学的研究者常常会把自己的学科资源看做是没有任何用途的垃圾。其实，任何的垃圾都是放错了地方的资源。获得资源，就等于是获得了未来。

中国是一个历史悠久的文明古国，有着博大精深的文化传统。但是，在现代文明的进程中，中国曾经一度落在了后边。在中国本土传统文化的框架中，并没有诞生出现代意义上的科学。中国的现代科学是从西方传入进来的。同样，中国本土文化中，也没有诞生出西方现代意义上的科学心理学。中国现代的科学心理学也是从西方传入的，也带有西方文化传统的印记。

那么，在中国发展自己的科学心理学时，所面临的一个非常重要的问题就是，中国的本土文化中有没有自己的心理学传统。如果有，那么这种本土的心理学传统具有什么性质，包含什么内容。如果有，那么应该如何去理解、解说、阐释和对待这种本土的心理学传统。可以肯定的是，中国本土的文化传统中，也有自己独特的心理学传统。因此，最为重要的问题就在于，中国本土的心理学传统能否成为中国科学心理学发展和创新的有益资源。所以，如何理解中国本土的心理学传统，就成为决定中国心理学未来发展的一项基础性的和发展性的研究任务。

在中国发展自己的心理科学的过程中，走的是一条十分曲折的发展道路。但是，如果去除建国初期的苏联化过程，去除"文化革命"时期的政治化过程，就其根本的方面和主流的发展来说，中国现代的心理学一直都是在引进和模仿西方的科学心理学。可以说，中国的现代的科学心理学就是外来的，就是传人的。伴随着这个进程，尽管有一些学者曾经试图去发掘、提取和阐释中国历史上的和文化传统中的心理学思想，但是他们持有的框架、衡量的标准、评价的尺度、提取的内容等等，仍然还是西方科学心理学提供的。实际上，这些研究者就是在按照西方科学心理学的筛子去筛淘中国本土文化传统中的心理学内容。正是按照西方科学心理学的标准或尺度来看，关于中国本土传统心理学的研究至少得出了如下的几个相关的结论。

一是认为在中国的文化传统中，并没有诞生出所谓现代意义上的心理学，所以也就谈不上什么中国的心理学传统。或者说，在中国的文化传统中，只有一些孤立的、零碎的和片段的心理学猜测和心理学思想，而并没有出现现代意义上的心理科学。或者说，在中国的文化传统中，就根本没有或并不存在什么心理学的东西。例如，在高觉敷主编的《中国心理学史》中就提到，在西方的科学心理学传入中国之前，中国根本就没有什么心理学，有的只是某种关于人的心理的思想猜测。

二是认为在中国的文化传统中，存在着和具有的是一些思辨猜测的和主观臆断的心理学思想。这些心理学的思辨猜测缺乏科学的依据和科学的证明。所以，此类的心理学思想只具有历史的意义，而不具备现实的意义；只具有哲学的意义，而不具备科学的意义。在这样的主张和观点看来，中国古代的思想家所提供的心理学猜测，至多不过是安乐椅中的玄想，根本就是无法确证的或无法证实的推论。这些所谓的心理学思想是应该被科学心理学所抛弃的和所取代的。

三是认为在中国的文化传统中，那些心理学思想完全可以按照西方科学心理学的尺度来进行挖掘、分类和梳理。从而，在对中国本土传统心理学思想的研究中可以看到，从中国古代思想家的所谓心理学思想中分离出来的，是所谓的普通心理学思想、教育心理学思想、社会心理学思想、生理心理学思想、发展心理学思想、管理心理学思想等等。因此，充斥在中国心理学思想史研究中的都是贴标签式的方法，得出的都是一些十分费解的和特别奇怪的结果，如孔子的普通心理学思想等等。

可以肯定地说，在中国本土的文化传统中，并没有产生出西方意义上的科学心理学，也不应该按照西方心理学的理论框架来理解中国本土文化中的心理学。如果完全放弃西方科学心理学的框架，而是从中国本土文化传统出发去理解；或者说，如果重新确立一个更为合理的和更为适用的参考系，那就可以得出完全不同的研究结果和研究结论。其实，中国本土的文化传统中也有一套自己独特的心理学。这实际上也是系统的心理学，而不仅仅是一些零碎的和片段的心理学思想。在特定的文化传统中，有没有或者是不是系统的心理学，可以按照如下三个标准来衡量：第一个标准是看有没有一套独特的心理学术语、概念和理论，可以用来描述、说明和解释人的心理行为；第二个标准是看有没有一套独特的心理学研究方式和研究方法，可以用来考察和揭示人的心理行为；第三个标准是看有没有干预人的心理行为的手段和技术，可以用来影响和改变人的心理行为。那么，按照这样三个标准来衡量，中国的文化历史或文化传统中也同样具有系统的心理学。这种心理学传统有自己的理论建树，有自己的探索方式，有自己的干预技术。只不过这种心理学不是西方文化中的所谓科学心理学意义上的。

中国本土文化传统中的心理学有自己独特的理论概念和理论解说。当然，这套概念和解说不同于西方科学心理学所提供的概念和解说。例如，中国本土的思想家或理论家们所说的心、心性、心理，所说的行、践行、实行，所说的知、觉知、知道，所说的情、心情、性情，所说的意、意见、意识，所说的思考、思想、思索，所说的体察、体验、体会，所说的人格、性格、人品、品性，所说的道理、道德、道义、道统等，都有其独特的含义。对这些独特心理学术语的探讨，可以为中国心理学的发展提供十分重要的学术资源。把中国本土的心理学术语和概念与西方外来的心理学术语和概念进行比较的话，就可以得出对心理学的新的理解。

中国文化传统中的心理学也有自己独特的验证理论假说的方式和方法，而不仅仅就是思辨和猜测。当然，在中国的本土文化当中，并没有产生出西方科学意义上的实证方法或实验方法。但是，中国古代的思想家却提出了知行合一的原则，也就是践行或实践的原则。任何的理论解说或理论说明，包括心理学的理论解说和理论说明，其合理性要看能否在生活实践中获得预期的结果，或者说行动实现的是否就是理论的推论。这形成的是另外一套验证理论的途径。把西方科学心理学的研究方法与中国传统心理学的验证方法相对比的话，那就是实验与体验的对应，那就是实证与体证的对应。体验的方法或体证的方法就是中国本土心理学独特的方式和方法。

中国文化传统中的心理学也有自己独特的干预心理行为的手段和技术，并形成了对人的心理生活的引导、扩展和提升。人的心里就有了横向的扩展和纵向的提升的可能。心理的横向扩展就在于能够包容更多的内涵，包容天地，包容他人，包容社会，包容自己等。心理的纵向提升就在于能够提高心灵的境界。这是一种纵向比较的心性心理学。人与人不是等值的，而是有心灵境界的高下之分。境界最为低下的就不是人，而是畜生。境界最为高尚的就是圣人。因此，中国本土的心性心理学是境界等差的学说，是境界高下的学说，是境界升降的学说。心理的差异实际上就成了德行的差异、品德的差异、人品的差异、为人的差异、境界的差异。反思、反省就成为重要的手段和技术，就成为人对自己的心理生活的实际的引导和引领的过程。这种引领和引导就是人对自己的心理生活和精神境界的改变、扩展、提高、充实、丰富的过程。

第六节 心理学研究的类别

心理学研究有不同的类别或方式。对心理学的这些类别或方式有不同的区分，也有不同的排序。关于心理学的研究可以有两种区分方式。一种是区分为基础研究和应用研究；一种是区分为理论研究、方法研究和技术研究。

心理学的基础研究与应用研究的区分包括研究目的的区别和评价标准

的区别。首先是研究目的有所不同。基础研究的目的是说明和解释对象，形成知识体系。应用研究的目的是确定和解决问题，提高生活质量。其次是评价标准有所不同。基础研究的评价标准应该是合理性，即心理学的理论学说、研究方法和应用技术是否是合理的。应用研究的评价标准应该是有效性，即心理学的理论学说、研究方法和应用技术是否是有效的。心理学的理论研究、方法研究和技术研究的区分涉及了不同的研究内容。理论研究涉及的是哲学反思或前提批判的层面，以及理论构想或理论假设的层面。哲学反思探讨的是心理学研究中的理论前提，包括关于心理学研究对象的理论前提和关于心理学研究方式的理论前提。① 在理论构想或理论假设的层面探讨的则是心理学研究中的框架、假说、模型、学派、学说、理论、概念等。方法研究涉及的是心理学研究中的方式和方法。这包括心理学研究的方法论与方法，涉及三个层面，即哲学思想方法、一般科学方法和具体研究方法。技术研究涉及的是心理学应用中的问题，包括技术设计及技术思想的层面，也包括技术手段及具体工具的层面。

　　心理学在成为独立科学门类之前，就有哲学家指出，人的心理意识只有一个维度，即时间的维度，而没有空间的维度。人的心理意识只随时间的流逝而变化，此一时不同于彼一时，所以无法测定和量化。因此，心理学只能是内省的研究，不能成为实验的科学。这个结论对心理学具有的含义在于，心理是独特的，不同于物理。在心理学研究中，实验的方法是有限度的。当然，该结论也导致了在心理学研究中还原论的盛行，把心理行为还原为实现心理行为的基础。这包括物理的还原，把心理行为还原为物理的实在或规律。这也包括生理的还原，把心理行为还原为神经系统、遗传基因等。心理学独立之后，其研究就面临以什么为中心的问题。心理学研究中出现过以理论为中心，也出现过以方法为中心。前者突出了心理学研究的哲学思辨、理论构想、理论假设、问题中心。后者则主张方法决定理论、方法优先问题。心理学原有的优先顺序是理论、方法、技术，或是方法、理论、技术。心理学应有的优先顺序应是技术、理论、方法。技术优先的思考包括价值定位、需求拉动、问题中心、效益为本。当然，技术

---

　　① 葛鲁嘉、陈若莉：《论心理学哲学的探索——心理科学走向成熟的标志》，《自然辩证法研究》1999 年第 8 期，第 35—40 页。

是由理论支撑的，理论是由方法支撑的。

基础研究和应用研究的研究目的不同，评价标准不同。无论是心理学的基础研究还是应用研究，都涉及理论、方法、技术。心理学的理论研究涉及哲学反思或思想前提的层面，涉及理论构想或理论假设的层面。心理学的方法研究则涉及心理学的方法论、方法学和方法。心理学的技术研究涉及技术设计或技术思想的层面，涉及技术手段或技术工具的层面。心理学的理论研究、方法研究和技术研究的顺序，曾经有过不同的变化。首先是理论、方法、技术的顺序，其次是方法、理论、技术的顺序。心理学研究应有的顺序是技术、理论和方法。这是技术优先的思考。所谓的技术优先重视的是价值定位、需求拉动、问题中心、效益为本。

一 基础研究与应用研究

对于心理学的研究可以有不同的区分方式，或者说可以依据于不同的尺度来划分心理学研究的类别。基本上，存在着两种不同的区分方式。从而，就能够把心理学的研究按照两种尺度进行区分。一种区分是把心理学的研究划分为基础研究和应用研究；一种区分是把心理学的研究划分为理论研究、方法研究和技术研究。这可以是共同运用的划分科学研究的类别的方式。

任何的科学学科的研究，或者任何的科学分支的研究，其研究的划分都有基础研究和应用研究的区别。心理学作为科学学科或科学分支的研究也同样是如此。对于心理学的研究来说，也有着心理学的基础研究和心理学的应用研究之分。心理学的基础研究和应用研究有着重要的区别，其区别就在于研究的目的不同和评价的标准不同。但是，心理学的基础研究和应用研究又有着密切的联系。如果脱离开了任何一个方面，心理学的研究都可以说是不完整的或有缺失的。在心理学的研究中，基础研究为应用研究提供了必要的基础，而应用研究则是基础研究的延伸。要涉及心理学的基础研究和应用研究的关系问题，一个非常重要的方面是要涉及所谓的生活世界与科学世界的关系。这是两个有着重要关联的，但又有所不同的世界。所谓的科学世界是科学家通过科学研究构造出来的。所谓的生活世界则是普通人通过日常活动实践出来的。其实，这两个世界可以说就是同一个世界，是通过不同的方式展现出来的世界。那么，脱离了生活世界的科学世界是抽象的世界，而脱离了科学世界的生活世界则是盲目的世界。①所以，生活世界与科学世界必然是紧密地联系在一起。

心理学基础研究的目的是说明和解释对象，形成知识体系。任何科学门类或科学学科都有自己独有的研究对象。基础研究就是通过特定的研究方式和方法，来考察、描述、说明和解释本学科的研究对象。正是通过基础研究的扩展和深入，形成关于研究对象的知识体系。正是通过基础研究的扩展和深入，促成相关知识体系的不断积累。所以，没有基础研究，就不可能有关于对象的科学知识。心理学的基础研究在于描述对象，解释对象，透视对象的性质，揭示对象的规律，以形成关于对象的知识体系。心理学的研究对象是心理行为。那么，心理学的基础研究就在于描述心理行为，解释心理行为，透视心理行为的性质，揭示心理行为的规律，以形成关于心理行为的知识体系。

心理学应用研究的目的是确定和解决问题，提高人的生活质量或提高人的心理生活的质量。科学的应用分支的研究就在于能够干预对象，改变对象，影响对象的活动，完善对象的内容，以提高涉及人的生活的质量。心理学作为科学研究的一个分支，其干预的对象是人的心理行为。那么，心理学的应用研究或应用心理学的研究就在于去干预人的心理行为，改变人的心理行为，影响人的心理行为的过程，完善人的心理行为的内容，以提高人的心理生活的质量。因此说，心理学的应用研究就在于能够按照心理学的知识原理，通过心理学的技术手段，来干预心理行为、改变心理行为、塑造心理行为、引导心理行为。所以，没有心理学的应用研究，就不可能有人的合理和合意的心理生活。②

基础研究的评价标准是合理性。如何评价心理学的基础研究，其标准在于衡量心理学的理论学说、研究方法和应用技术是否是合理的。应用研究的评价标准是有效性。如何评价心理学的应用研究，其标准则在于衡量心理学的理论学说、研究方法和应用技术是否是有效的。在心理学的实际研究中，合理性的标准和有效性的标准并不总是匹配的。例如，弗洛伊德

① Varela, F. J., Thompson, E., & Rosch, E. *The Embodied Mind: Cognitive Science and Human Experience.* Cambridge Mass.: The MIT Press. 1991. 31 – 33.

② 葛鲁嘉：《心理学应用的理论、方案和领域研究》，《河南师范大学学报》（哲学社会科学版）2004 年第 6 期，第 169—172 页。

开创的精神分析学派，既是一种解释人类心理的心理学理论和学说，也是一种治疗心理疾病的方法和技术。精神分析学说后来既受到了许多人的极力推崇，也受到了许多人的极力贬低。但是，无论是推崇还是贬低，都有可能是仅仅涉及了一个方面的标准。有的人推崇精神分析是依据于有效性的标准，它能够有效地治疗或改善人的精神状况。有的人排斥精神分析是依据于合理性的标准，它的概念、理论、方法等等缺乏合理的来源。

二　理论、方法、技术划分

心理学的基础研究与应用研究都涉及理论、方法、技术。基础研究要依赖理论、方法和技术，应用研究也同样要依赖理论、方法和技术。问题在于，基础研究的次序是理论—方法—技术。而应用研究的次序则是技术—方法—理论。

心理学的理论研究，或者是理论心理学的研究，会涉及两个不同的层面。一是涉及心理学研究中的哲学反思或思想前提的层面，一是涉及心理学研究中的理论构想或理论假设的层面。

理论心理学的探索会涉及关于心理学研究的理论前提或理论预设的哲学反思的层面。这包括两个方面的内容。第一是心理学家关于心理学研究对象的预先的理论设定；第二是心理学家关于心理学研究方式的预先的理论设定。[①]心理学家关于心理学研究对象的理论预设可以是隐含的，也可以是明确的。但是，无论是隐含的还是明确的，它都决定着心理学家对心理学研究对象的理解。有什么样的关于研究对象的理论预设，就会有什么样的对研究对象的理解。有关心理学研究方式的理解涉及的是心理学作为一门科学的预先设定。这个预先的设定可以是隐含的，也可以是明确的。无论是隐含的还是明确的，这都决定着心理学家对心理学研究方式的理解和运用。

理论心理学的探索还涉及关于心理学研究对象的理论构想或理论假设的层面。其实，心理学研究的非常重要的方面是提供理论构想和提出理论假设。心理学的理论研究要涉及心理学的概念、模型、假说、理论、框

---

① 葛鲁嘉、陈若莉：《论心理学哲学的探索——心理科学走向成熟的标志》，《自然辩证法研究》1999 年第 8 期，第 35—40 页。

架、学说、学派，等等。例如，心理学的概念最为重要的是界定或定义的问题。学术心理学所面临的最大问题是，心理学的概念有学术的概念和常识的概念。学术的概念是心理学家在学术研究中所定义的心理学概念，是十分规范的和含义明晰的心理学概念。常识的概念是常人在日常生活中通过日常生活经验的积累，而形成和传递的常识心理学的概念，是在日常语言中通用的关于人的心理行为的解说。[①]

关于心理学的研究方式和研究方法的探讨，实际上涉及心理学的方法论、心理学的方法学、心理学的方法。在很多的心理学研究者看来，心理学的方法论和方法学是没有任何区别的，是同样的含义，都是关于心理学研究方法的探索。但是，实际上方法论和方法学应该是有着特定的区别的，两者所涉及的内容范围会有所不同。一个范围要更宽泛，一个范围要更狭小。严格地说来，所谓的心理学的方法论涉及的范围就要更为宽泛，其研究内容会全面地涉及关于心理学研究对象的理解，关于心理学研究方法的考察，关于心理学应用技术的思考。[②] 心理学的方法学则是关于心理学具体研究方法的考察和探索。因此，可以说心理学的方法论包含了心理学的方法学，而心理学的方法学包含了心理学的方法。第一是哲学思想方法。在心理学诞生之后，心理学与哲学的关系发生了根本性的变化。在心理学从哲学中分离出来成为独立的学科门类之前，心理学就包含在哲学之中，是哲学研究的一个组成部分。此阶段中的心理学探索也被称之为哲学心理学的探索。这是哲学家或思想家对人类心灵的性质与活动的解说和阐释，是哲学家或思想家建立起来的有关人类心灵的性质与活动的明确的概念体系。在心理学从哲学中分离出来成为独立的学科门类之后，心理学哲学的研究则不再去直接探索人的心理行为，而是去直接探索心理科学的立足基础，去反思心理学研究的理论前提或理论预设。心理学哲学的探索涉及两个方面的内容。一是心理学家关于心理学研究对象的预先的理论设定；二是心理学家关于心理学研究方式的预先的理论设定。第二是一般科学方法。在任何科学门类的研究中，都可以有共同的科学方法。这就包括

---

① 葛鲁嘉：《常识形态的心理学论评》，《安徽师范大学学报》（人文社会科学版）2004年第6期，第715—718、727页。

② 葛鲁嘉：《对心理学方法论的扩展性探索》，《南京师大学报》（社会科学版）2005年第1期，第84—89、100页。

系统论、信息论、控制论。其实，系统论、信息论和控制论都对心理学的研究产生了十分重要的影响，或者说影响到了心理学所运用的方法、所建构的理论、所发明的技术。例如，在信息论的影响下，产生了信息加工的心理学，或狭义的认知心理学。这是把心理看做是信息的接收、加工、存储、提取、运用的过程。第三是具体研究方法。心理学成为科学的一个重要的标志就是使用了科学的研究方法。心理学具体的研究方法有很多，包括观察法、实验法、测量法、访谈法等等。任何一种具体的心理学研究方法都会涉及方法的基本构成、方法的使用程序、方法的实际效果等等。[①]

心理学的技术研究涉及技术设计或技术思想的层面和技术手段或技术工具的层面。第一是技术设计或技术思想的层面。任何科学门类都有对研究对象的技术干预。这可以使研究对象按照研究者的认识和理解加以改变。在心理学的研究中，也有对自己的研究对象的干预，使之按照研究的预想加以改变。其实，在技术的研究中，最为重要的和最为核心的就是技术思想的研究。第二是技术手段或技术工具的层面。对于研究对象的干预，需要通过一定的技术手段或技术工具。因此，技术研究最为重要的就是技术的设计和工具的发明。在心理学的发展历史中，就有过技术手段的改变和更新而导致的心理学的突破性发展。例如，计算机的出现就给心理学带来了根本性的变化。[②]

三　以理论或方法为中心

18世纪德国的思想家和哲学家康德曾经在自己的研究中指出，心理学只能是对心灵的内省研究或哲学研究，它不可能成为实验的或实证的科学。在康德看来，人的心理意识只有一个维度，那就是时间的维度，它会随着时间而流变。人的心理意识不具有空间的维度，不占有空间，所以无法在时空中对人的心理意识加以测定和量化。因此，心理学就只能是内省的研究，而不能成为实验的科学。心理学就只能是哲学的思辨，而不能成为实证的科学。

---

① Ratner, C. *Cultural Psychology and Qualitative Methodology*. New York：Plenum Press. 1997. 59 – 63.

② 郭本禹主编：《当代心理学的新进展》，山东教育出版社2003年版。

　　康德对心理学的认识和理解，有其十分明确的含义。这种含义给心理学带来了十分重大的影响。首先，康德结论的含义就在于，人的心理意识是十分独特的，心理意识的存在完全不同于物理事实的存在。物理的存在不但具有时间的维度，随着时间的流逝而变化；而且具有空间的维度，占有一定的空间。所以，物理学可以成为科学，物理学家可以对物理对象进行时空的定位。心理意识的存在则只有一个时间的维度，根本无法进行时空的定位，所以心理学只能成为哲学思辨的对象，而根本不可能成为实验科学的对象。其次，康德结论的含义就在于，实验的方法是有限度的。科学实验只能对时空定位的事物进行定量的研究。但是，对于心理学的研究对象来说，科学实验就无法对随着时间流变的人的心理意识进行定量的研究。所以，按照康德的结论，心理学只能是哲学反思的学科，是哲学的一个分支学科，心理学必须要从属于哲学。

　　康德的结论并没有阻挡住心理学成为一门实验科学的脚步。但是，在心理学的研究中却导致了还原论的盛行。在心理学成为独立的科学门类之后，康德结论的阴影就一直笼罩在心理学的研究之中。许多的心理学家为了使心理学成为一门现代意义上的实验科学，而在理论上采取了还原论的研究立场。所谓的还原论就是把人的心理行为还原到实现它的更为原始的基础上。这在心理学的研究中就体现为物理的还原，生物的还原，社会的还原，历史的还原，等等。物理的还原表现为是把人的心理意识看做是物理的实在，与物理的规律相一致。生物的还原表现为是把人的心理意识看做是实现其活动的生物的基础，例如人的大脑、人的神经系统，构成神经系统的神经元，人的生物细胞中的遗传基因，等等。所以，在心理学的研究中就曾经盛行过生物决定论、生理决定论、遗传决定论。社会还原论则表现为是把人的心理行为还原为社会的性质、社会的结构、社会的演变，等等。历史还原论则表现为是把人的心理行为还原为是历史的条件、历史的背景、历史的过程，等等。

　　在心理学的研究中，曾经一直存在着以心理学研究的什么类别为中心的问题。在心理学的演变和发展中，曾经出现过以理论为中心的研究，也曾经出现过以方法为中心的研究。并且，以理论为中心的研究和以方法为中心的研究曾经相互排斥。

　　心理学中以理论为中心的研究十分重视哲学思辨。在心理学成为实证科学之前，心理学就依附在哲学之中。这时的心理学是以哲学思辨的方式考察和探讨人的心理行为。所谓的哲学思辨，首先是立足于日常生活的经验，其次是建构于理性思想的推论。这种立足于哲学思辨的心理学也可称之为哲学心理学。哲学心理学有两个重要的缺失或致命的缺陷。第一，哲学心理学家缺乏验证的手段，而无法证实自己阐释人类心灵的理论揭示的就是对象本身的特性和规律。第二，哲学心理学家缺乏干预的手段，而无法使自己阐释人类心灵的理论控制和改变对象本身的属性和活动。后来的西方科学心理学的建立，就在于突破了哲学心理学的这两个缺陷。一方面科学心理学采用了实证的方法来验证理论的假设，另一方面科学心理学采用了技术的手段来干预心理的活动。心理学中以理论为中心的研究十分重视问题中心。在心理学的研究中，是以方法为中心，还是以问题为中心，这成为了完全不同的研究立场。以问题为中心的研究，强调心理学研究是以发现问题、探讨问题、解释问题、解决问题等等作为最重要的工作。心理学中以理论为中心的研究十分重视理论构想。以理论为中心的研究是通过建构关于心理行为的理论解说为核心。那么，理论的构想就成为心理学研究的最为根本性的工作。所谓的理论构想就是建立研究的思想基础，建立关于对象的理论解说，建立彼此连贯的思想体系。最后，心理学中以理论为中心的研究十分重视研究假设。因此，在心理学的研究中，最为重要的工作就是提出理论假设。心理学的研究假设可以是关于所研究的对象的性质、构成、功能、活动、演变等等方面的理论解释。

在心理学成为实证的科学门类之后，曾推翻了心理学研究以理论为中心的方式，而是把实证的研究方法放在了核心的地位。这就是以方法为中心的心理学研究。科学心理学诞生的标志就一直被看做是，德国心理学家冯特1876年在德国莱比锡大学建立了世界上第一个心理学实验室。实验方法的运用，实验工具的发明，实验程序的确立，成为心理学独立的象征，成为心理学发展的起点。这也开启了心理学研究中以方法为中心的先河。心理学中以方法为中心的研究十分重视方法优先问题。以方法为中心的心理学研究认为，心理学研究中最为重要的和起决定作用的是所确立的和所运用的方法。那么，从事心理学的研究，优先考虑的就是研究的方法。心理学研究中的问题是从属于方法的。心理学中以方法为中心的研究十分重视方法决定理论。以方法为中心的心理学研究认为，有什么样的研究方法就会有什么样的理论构造。方法决定了理论的假设、理论的性质、理论的内容、理论的探索。这也被称之为方法中心主义。

四　关于技术优先的思考

关于现代科学心理学的不同研究类别和研究类别的不同顺序，可以有不同的设想和设计，这决定了心理学研究的定位和发展。当然，在科学心理学的研究中，原有的关于研究顺序的理解和认识曾经给心理学带来了影响和促进，但也给心理学带来了不利和阻碍。所以，重要的是了解原有的研究顺序，并且给出应有的研究顺序。

在心理学的研究中，在心理学的演变中，心理学的理论研究、方法研究和技术研究的顺序，曾经有过不同的变化。首先是理论、方法、技术的顺序。在这个顺序中，理论占有首要的位置或支配的地位。理论的范式、理论的框架、理论的假设、理论的主张、理论的观点等等，成为心理学研究的核心的部分。其次是方法、理论、技术的顺序。在这个顺序中，方法占有首要的位置或支配的地位。方法的性质、方法的构成、方法的设计、方法的运用、方法的评判等等，成为心理学研究的支配的部分。

心理学研究应有的顺序是技术、理论和方法。这是技术优先的思考。所谓的技术优先重视的是价值定位、需求拉动、问题中心、效益为本。价值定位是指在心理学的研究中，研究者和研究者的研究都应该有其取向。在原有的实证心理学的研究中，是主张价值中立，或者是价值无涉的。研究者必须在研究中持有客观的立场。需求拉动是指心理学的研究是人的现实生活的需要所拉动的。其实，越是发达的社会，越是高质量的生活，就越是重视人的心理生活，就越是重视人的心理生活的质量。问题中心是指心理学的研究必须以确定问题、研究问题、解决问题作为自己的核心。效益为本是指心理学的研究也必须要考虑自己的投入和产出，即怎么样以最少的投入获得最大的收益。在技术、理论、方法的顺序中，技术是由理论所支撑的，理论是由方法所支撑的。所以，所谓的技术优先也并不是脱离了理论和方法的单纯的技术研究。

心理学的研究对象应该有一个重大的或重要的转变。那就是从以心理现象作为研究对象，转向以心理生活作为研究对象。所谓的心理现象是建立于心理学研究中研究对象与研究者的绝对分离。研究者通过自己的感官的观察而得到的就是心理现象。所谓的心理生活则是建立于心理学研究中研究对象与研究者的相对统一。研究者就是生活者。生活者通过自己的心灵自觉来把握、体验和创造自己的内心生活。对于心理生活来说，最为重要的就是生活规划、规划实施和实施评估。人的心理生活是以创造为前提的，或者说人的心理生活是人自主创造出来的。

其实，人的心理不是自然天生的，不是遗传决定的，不是固定不变的；而是后天形成的，是创造出来的，是生成变化的。把人的心理看成是已成的存在与看成是生成的存在，存在着根本的不同。所以，心理学的研究不应该是着重于已成的存在，而应该是着重于生成的存在。或者说，人的心理意识不仅仅是已成的存在，而且更重要的是生成的存在。心理学的研究不应该是仅仅着重于他人生成的心理意识的存在，而更应该是着重于研究者促使生成的心理意识的存在。心理科学通过生成心理生活而揭示心理生活，心理科学促使生成的心理生活才是合理的心理生活。

第七节　心理学研究的方法

心理学的基本研究方法是实验还是内省，或应如何对待实验方法和内省方法的地位和作用？实验与内省是心理学不同的研究方法。在心理学发展和演变的历史进程中，实验的和内省的方法曾有过彼此的争执和排斥。研究者可能采取的是不同的方法。心理学成为独立学科门类之后，就把实验确立为基本的研究方法。德国心理学家冯特在德国建立的世界上第一个心理学实验室，被看做是心理学作为科学诞生的标志。这是把实验的方法确立为科学的尺度。实验的一个最基本的特性就是它的客观性。这种客观性摒弃了有可能被带入心理学研究的主观的臆测或推论。在心理学的历史演变过程中，内省的方法曾被当作是最基本的方法。因为心理的存在被当作是内隐的存在，或是无法被直接观察到的观念的存在，所以只有内省才可以捕捉到观念的活动。但是，内省的一个最基本特性就是它的主观性。这种主观性有可能带入研究者的偏见或造成先入为主的主观臆测，所以在科学心理学诞生之后不久，这种方法就受到了诸多的质疑。如果把实验的方法或内省的方法推向极端，排斥其他可能或合理的方法，那就是实验主义和内省主义。实验主义把实验当作是否是科学的唯一尺度。这不仅大大限制了科学的范围，也大大限制了科学的途径。内省主义则把内省当作是了解和把握意识对象的唯一方式和方法。这甚至限制了心理学成为现代意义上的科学。在实验方法的运用中，最重要的问题是定量与定性的问题。对于心理学的研究，定量研究和定性研究有哪一方占主导的争议。在内省方法的运用中，最为重要的问题是私有与普遍的问题。心理学成为科学门类之后，就逐渐放弃了内省的方法。心理学家普遍认为内省是个体私有化的，而无法达到科学研究所追求的普遍确证性。

科学心理学的研究所运用的方法就是科学方法。但在特定科学观的限定下，所谓的科学就是实证的科学。实证的科学运用的是实证的方法。心理学成为独立科学门类之后，就力图以实证主义的科学观来衡量自己的科学性。是否运用实证方法，就成为心理学研究是否科学的根本尺度。但是，中国本土传统心理学所运用的方法不是实验的方法而是体验的方法，不是实证的方法而是体证的方法。体验或体证的方法就是通过意识自觉的方式，直接确立起自身的目标，直接体验到自身的活动，直接构筑了自身的心理。所以，体验或体证至少有两个重要特点。一是意识的自我觉知，一是意识的自我构筑。中国本土的心理学传统都强调知行合一的原则，主张内在对道的体认和外在对道的践行。这就是内圣与外王。内修要成为圣人，体道于自己的内心。外为要成为王者，行道于公有的天下。这就是修性与修命。因为人心与天道内在相通，所以个体的修为就是对天道的体认。天道贯注给个体就是人的性命。对天道的体认就是修性与修命。这就是渐修与顿悟。渐修指修道的过程是逐渐的，是积累。顿悟指道不可分割，只能整体把握，豁然觉悟到。这是体道的不同途径和方式。

第八节　心理学与本土文化

心理学成为独立的学科门类之后的最基本的追求就是科学化，也就是怎么能够使心理学成为真正意义的科学。当代心理学的最为重要的演变和发展就是本土化，也就是怎么能够使心理学成为普遍适用的科学。科学化和本土化应该成为中国本土心理学发展的核心性目标，应该当作中国本土心理学成长的历史性任务，应该成为中国本土心理学扩展的合理性途径，应该列为中国本土心理学规划的专项性课题。显然，科学化与本土化是中国心理学发展所必须面对的重大的理论和发展的问题。[①] 当然，也许有的研究者并不赞同本土化的提法。但是，这并不影响问题的存在和延续。心理学的发展经历了科学化。心理学家在早期有两个基本追求：一是使心理学成为严格意义的实证科学；一是使心理学成为普遍适用的实证科学。为此，许多心理学家不是从研究对象的特性出发，而是简单模仿其他相对成熟的自然科学门类。心理学对自然科学化的追求，使之接受了物理主义的世界观和实证主义的方法论。这必然把人的心理类同于其他自然物和还原为物理或生理。人类的文化历史存在和心理的文化历史属性则受到了排斥。这使心理学对科学性的追求和维护是以排除和超越文化为代价。这忽视了人类心理不同于其他自然现象，心理学不可能靠自然科学化来保证科学性。西方心理学不但通过对自然科学化的追求来确立其科学地位，而且随着在世界各地的传播来确立其文化霸权。它按照自己的科学观，在有关心灵的科学观点和非科学观点之间划定了边界，把那些植根和起源于非西方文化的心理学体系都推入了非科学。它表现出对世界其他地方的心理学研究和贡献的有意忽视和缺乏兴趣。所以，在心理学的发展中，科学化就被等同于西方化，而西方化则被等同于全球化。

　　心理学的发展也经历了地域化和本土化。中国心理学的跨世纪发展就面临科学化和本土化两大主题。表面上，两者是矛盾和冲突的。科学化强调心理学作为科学是没有国界和普遍适用的，本土化则是十分多余和毫无价值的口号。本土化强调心理学的发展应消除西方心理学的霸权，而寻求和确立本土文化的根基和建立本土的心理学。这是心理学发展在地域上的转移，而与科学化无关。实际上，两者是相关和一致的。强调科学化就要推进本土化，强调本土化也就要确立科学化。正因为不同国度和不同文化中的心理学是通过西方化来完成和推进自己的科学化进程，那么本土化就是其必须完成的科学化过程。中国现代科学心理学是从欧美传入的，其发展可区分为两个时期和四个阶段。一是西方化时期：一是引进和模仿西方心理学阶段；二是反思和批判西方心理学阶段。二是本土化时期：一是保守的阶段，试图转换西方心理学的研究内容，把研究被试从西方人转换成

---

　　① 葛鲁嘉：《中国心理学的科学化和本土化——中国心理学发展的跨世纪主题》，《吉林大学社会科学学报》2002 年第 2 期，第 5—15 页。

中国人，把心理行为的背景从西方文化转换成中国文化；二是激进的阶段，开始突破西方心理学的研究方式，寻求和尝试多样化的思想理论和研究方法。

科学化与本土化相当于心理学的两条腿。中国本土的心理学发展只有用两条腿走路，才有可能使自己有长足的发展。心理学的科学化和本土化都取决于心理学的科学观的变革。这体现在重新理解心理学研究对象和重新确立心理学研究方式上。西方的主流心理学是把人的心理理解为自然现象。这既使心理学越来越精密化，也使心理学的研究有了重大的缺失或缺陷。这主要可以体现在两个方面：一是无文化的研究或弃除了人类心理的文化性质；二是伪文化的研究或扭曲了人类心理的文化性质。心理学的无文化的研究和伪文化的研究，都严重影响到了心理学关于人的心理行为的理解，都严重影响到了心理学关于自身研究方式的理解。其实，心理既是自然的和已成的存在，也是自觉的和生成的存在。作为自觉的和生成的存在，心理具有文化的性质。西方心理学的研究方式也忽视了文化的特性，盲目追求人类心理的普遍规律性和心理科学的普遍适用性。西方心理学的研究方式也体现的是西方文化的性质和内涵。心理学的变革应包括对研究方式的变革。科学形态的心理学是在西方文化中产生和发展起来的。但在西方心理学传播和发展的过程中，在其他心理学接受和模仿的过程中，反对文化侵略和文化霸权，促进文化交流与文化共享，就成为当代心理学的主题。[1]

心理学的发展经历了从前现代到现代，从现代到后现代的历程。其实，在不同的时代，心理学有不同的历史形态，有不同的发展任务。在前现代，心理学隐身在哲学等其他学科门类中，其发展是借助其他学科的贡献。在现代，心理学是独立的发展，其必须创立自己的理论、方法和技术。在后现代，心理学不但成为重要的学科门类，而且对其他学科门类有所贡献。现代科学心理学是在西方文化中产生的。当时的西方文化具有优势地位和强势影响。因此，在西方心理学的发展和壮大、传播和扩展的过程中，一直体现着文化侵略和文化霸权。这表现出对非西方文化中心理学

① 葛鲁嘉、陈若莉：《当代心理学发展的文化学转向》，《吉林大学社会科学学报》1999年第5期，第79—87、97页。

传统的轻视、歧视、排挤和排斥，也表现出强迫非西方文化对西方心理学的无条件接受。目前在许多的非西方国家，西方心理学仍具有霸主地位，本土心理学发展仍面临困境。当代，交流与共享已成为文化的主题。如何才能达成文化的交流和共享，已经是文化发展、科学发展、心理学发展的重要任务。心理学必须扩展视野，放开边界，吸纳资源，从而，奠定自身发展的基础，扩大自身发展的规模，提供对科学的促进，贡献对人类的服务。

心理学或心理学研究与本土文化的关系是建立在两个重要方面。一是心理学研究对象所涉及的心理行为是在特定的本土文化背景中生成和演变的。那么，心理学的研究对人心理行为的揭示就不可能脱离开本土的文化、本土的文化背景、本土的文化资源。二是心理学研究方式所涉及的研究本身，包括心理学的理论、方法和技术也都是植根于本土的文化，是立足于本土文化所创造出来的，也都体现着本土文化的特定的文化内涵和特定的文化方式。心理学关于人的心理行为的研究就是对具有文化内涵的心理行为，采用的具有文化内涵的研究方式的考察。

第八章

资源形态的心理学

对于心理资源的考察，其根本性的目的是要为心理学的发展寻求可能和途径。心理学的发展和壮大是需要根基的，是需要养分的，是需要资源的。怎样获取丰富的资源，怎样利用深厚的资源，怎样发挥资源的效用，怎样扩展资源的功能，这都是心理学的研究者所必须面对的重大的问题。没有资源的意识，财富也会成为垃圾；有了资源的利用，垃圾也会成为财富。对于中国本土的心理学发展来说，这已经成为战略性的问题。心理学的发展立足和根基于资源，这就是所谓的资源形态的心理学。资源形态的心理学应该是心理学未来发展的形态，也就是心理学的第六种形态。正如前所述，在心理学的演变和发展的过程中，出现过常识形态的心理学、哲学形态的心理学、宗教形态的心理学、类同形态的心理学、科学形态的心理学等，共五种历史形态的心理学。正是在这前五种形态的心理学的基础之上，心理学的第六种形态就应该是资源形态的心理学。第六种形态的心理学或资源形态的心理学应该是超越前五种形态的心理学。这种超越不是抛弃、不是放弃、不是舍弃，而是对资源的挖掘、提取、转用。这也就是把不同的心理学的形态作为资源，作为心理学的资源。

第一节　后现代的问题

在当代心理学的发展中，后现代是心理学研究者所处的和面对的历史时期、历史时代、历史阶段、当代风潮、当代思潮、当代转换。如何理解后现代的来临，如何面对后现代的问题、如何引领后现代的发展，这是心理学的发展所必须要经历的。

所谓的后现代主义是指一种与现代主义相对应的文化思潮。这一思潮起始于 20 世纪 60 年代的法国和美国。20 世纪 80 年代则风靡了整个西方，并扩展到全世界，成为当今世界盛行的一种综合性的思潮。1979 年，法国哲学家利奥塔德发表了《后现代状态》一书，从认识论角度论述后现代即当今西方社会的文化特征。[①] 实际上，后现代主义思潮是一种既具有多元性又具有某种一致性的思维方式，是一种企图解构和超越现代哲学和文化理念的思想潮流，它集中体现了西方哲人们对"现代"哲学的强烈不满情绪。实质上，后现代主要不是指时代性意义上的一个历史时期，而是指一种思维方式，这种思维方式以强调否定性、非中心化、不确定性、非连续性以及多元性为特征，大胆的标新立异和彻底的反传统、反权威精神是这种思维方式的灵魂。[②]

在有的研究者看来，"后现代"是相对于"现代"而言的，其具有两重不同的而又相关的含义。一是就社会进程与时代特征而言，现代社会指西方近代以来发展资本主义造就的工业文明社会，那么现代性就是其经济、政治、社会机制和启蒙时代确立的以人为主体和以人为中心的理性主义与个体主义、自由主义等基本价值。那么，相对于现代社会和现代性而言，后现代社会与后现代性是指西方工业文明的社会状态、机制与文化价值在当代有重大变迁、转折。二是就文化样态和文化精神而言，现代主义是 19 世纪末和 20 世纪初出现在西方的反抗近代资本主义传统价值的非理性主义文化思潮，如尼采哲学、文学艺术中的达达主义、象征主义、未来主义、先锋主义。后现代主义对这种现代主义文化既有传接和承袭，也有批判和更新。后现代主义文化有自己的不同的思想主张，其首要和核心的哲学思想是法国的后结构主义和美国的新实用主义。这种哲学思想的基本倾向是反对传统哲学，放弃了对人的主体性的弘扬；反对历史主义，将人类全部文化创造的历程看做是受"无意识"支配的文化碎片。当然，也有后现代的一些思想家不满于上述的摧毁性的思想立场，而提出了建设性

---

① 姚介厚：《"后现代"问题和后现代主义的哲学与文化》，《国外社会科学》2001 年第 5 期，第 10—17 页。

② 刘金平：《试论后现代主义思潮与后现代心理学》，《河南大学学报》2003 年第 5 期，第 43—47 页。

的或建构性的后现代思想。[①]

有研究者则指出，"现代的"西方心理学显然具有以"现代性"为特征的问题，这包括如下的几个方面。首先是以实证主义为基础的研究思路；其次是以机械论、还原论和自然论为基础的"人性假设"；再次是价值无涉为基础的心理学研究的价值中立观点。后现代心理学的观点主要有放弃追求普适性，承认历史性和具体性；批评唯一性，提倡多元性和差异性；坚持心理学的中间学科地位。[②]

有研究者则认为，作为后现代主义文化重要组成部分的后现代心理学，不仅在反思现代主义心理学的基础性前提方面提供了批判性的精神资源，而且在认识论、方法论和应用性等方面提供了建设性的思想资源。那么，后现代主义思潮对当代心理学的贡献，主要表现在对现代科学公共知识的进一步约束和完善上。作为后现代思潮的社会建构主义提供了关于知识构成和知识积累的核心假设。这就为理解心理学的知识演变和发展奠定了知识论和认识论的基础。首先，后现代心理学的批判性精神资源能够促进心理学科自身的不断反思与进步。其次，后现代心理学中的建构主义思想在理论上丰富了科学认识论的实质性内容。第三，后现代主义有助于推动心理学界科学知识公共程序的进一步完善。[③]

有研究者则提示，倡导心理学后现代转向的心理学研究者，都对科学主义心理学的研究法则和理论设定深感不满。他们主张用整体论、建构论、或然论、去客观化和定性研究来取代心理学研究中因袭已久的原子论、还原论、客观论、决定论和定量分析。这在一定程度上开启了心理学研究多元化、系统化的局面，为心理科学在后现代境遇中真切、多样和系统地研究人的心理与行为提供了可能。后现代的主张和现代的主张的区别和对立在于整体论对原子论，建构论对还原论，去客观对客观论，或然论

---

① 姚介厚：《"后现代"问题和后现代主义的哲学与文化》，《国外社会科学》2001年第5期，第10—17页。

② 刘金平：《试论后现代主义思潮与后现代心理学》，《河南大学学报》2003年第5期，第43—47页。

③ 霍涌泉：《后现代主义能否为心理学提供新的精神资源》，《南京师大学报》（社会科学版）2004年第2期，第86—91页。

对决定论，定性研究对定量分析。[①]

　　有研究者则主张，当代西方心理学中存在着现代主义取向和后现代主义取向的对立和冲突。冯特以来的西方心理学流派大多属于现代主义的范畴。现代主义所体现出来的特征在于如下：（1）重视科学的价值，强调科学的方法；（2）信奉经验主义，强调经验的证实；（3）主张个体主义，确立个体的地位。后现代主义取向的核心是社会建构主义，其主要特征在于如下：（1）批判的倾向，对现代心理学的理论基础进行解构；（2）把社会建构论当作是自己的认识论基础；（3）促进心理学研究实践的转变，从重视语言形式向语言的意义和作用的转变，从重视个体中心向关系模型的转变，从重视经验实证向话语分析的转变。尽管现代主义和后现代主义形成了鲜明的对照，但两者也存在着一些共同的方面，从而构成了超越两者的基础。两种取向的超越需要以科学实在论作为元理论的基础，并需要双方的互补、合作和开放的态度。超越两种取向的对立的关键，就在于双方能够采取合作的态度。事实上，持有两种不同取向的心理学家已经意识到了彼此相互理解、相互沟通和相互合作的重要意义，认识到相互吸收、坦诚合作对双方都有益。两种取向的超越需要在方法论上持开放的观点。[②]

　　有研究者则强调，后现代心理学包含着许多十分不同的理论体系，如社会建构论心理学、话语心理学、叙事心理学、女性主义心理学、多元文化心理学，等等。其中，社会建构论心理学处于中心地位。这些不同理论观点以对西方现代主义心理学的解构和重构为特征维系在一起，共同构成了西方心理学中的后现代主义取向。后现代心理学主张心理的社会建构性；强调互动的基础作用；关注话语的建构中介意义；坚持问题中心主义的多元方法论。[③]

---

　　①　高峰强：《论后现代视界对科学主义心理学研究法则的超越》，《山东师大学报》（社会科学版）2000 年第 4 期，第 66—70、76 页。

　　②　叶浩生：《西方心理学中的现代主义、后现代主义及其超越》，《心理学报》2004 年第 2期，第 212—218 页。

　　③　况志华、叶浩生：《当代西方心理学的三种新取向及其比较》，《心理学报》2005 年第 5期，第 702—709 页。

第二节　心理学本土化

心理学的本土化是心理学发展过程中的一种思潮，一种定位，一种寻求。当然，从提出关于本土心理学的研究开始，所谓的心理学本土化经历了不同的历程，体现出了不同的目的。主要有如下的几个不同的目的。一是心理学本土化的目的是对科学心理学或正统心理学之外的其他心理学探索的关注和考察。这是所谓的本土心理学的最为基本的目的。这也是所谓的本土心理学最一开始的基本含义。二是心理学本土化的目的是对西方实证心理学的霸权地位的挑战。三是心理学本土化的目的是对根源于本土社会文化的心理行为和研究方式的探索。四是心理学本土化的目的是对本土的心理学资源的挖掘和创造。五是心理学本土化的目的是对心理学研究的原始性创新的追求。希望能够在心理学的理论、方法和技术等方面有新的创造。

在科学心理学的研究中，早期或前期的本土心理学概念的提出，是希望把科学心理学的研究所忽略和忽视的一种另类的心理学重新放置在心理学研究者的视野之中。有很多的心理学并不属于科学心理学的范围。那么，科学心理学范围之外的都可以称之为本土心理学，也就都可以被称之为非科学的心理学。

当然，随着本土心理学研究的推进，本土化口号的提出和研究的开展已经开始转向，成为是对占有主导和支配地位的西方的心理学或者美国的心理学的质疑和反叛，成为是其他国家和地区的心理学立足于本土文化资源和专注于本土心理行为的心理学追求。这就提出和探索了大量的原本在西方科学心理学视野中被忽视了的主题、专题、课题。心理学的本土化有过对各种研究课题和研究内容的多元化的尝试和探索，有过对特定的研究被试和研究对象的定向和定位，有过对各种研究方式和研究方法的创造和运用，有过对各种应用技术和实用工具的发明和推广。其实，心理学的本土化就可以体现在关于心理学研究对象的改变和关于心理学研究方式的改变两个方面。当然，更容易实现的是前者，更不易实现的是后者。显然，心理学本土化不是简单的口号。不是简单的过程，不是轻易地追求，不是轻易的策略。这是需要一种全面和长期的深入探索和研究的过程。

在心理学本土化或心理学中国化的研究历程中，以中国文化背景中的中国人的心理行为作为研究对象和研究主题的研究已经有了多样化的积累，也已经出版和发表了大量的和有一定影响的成果。这些研究成果开始成为了解中国本土的社会民众的心理行为的非常重要的学术内容和学术积累。

1986 年，香港中文大学的心理学家彭迈克（M. H. Bond）出版了《中国人的心理学》英文版的著作。他在该著作中汇集了关于中国人的心理行为的研究。书中包括中国人的社会化的方式，中国人的知觉过程，中国人的认知，中国人的人格及其改变，中国人的心理病理学，中国人的社会心理学，中国人的组织行为心理学，等等。[①] 这部著作后来有几个版本的中文译本。其中包括中国台湾顶渊文化事业有限公司 1988 年出版的《中国人心理学：走向现代文明坦途》，新华出版社 1990 年译版的《中国人的心理》，辽宁教育出版社 1997 年译版的《难以琢磨的中国人：中国人心理剖析》。

在《中国人的性格》一书中，研究者涉及了对传统中国理想人格的分析，有从价值取向看中国国民性，从社会个人与文化的关系论中国人性格的耻感取向，论中国的家族主义与国民性格，从若干仪式行为看中国国民性的一面。有从儿童故事看中国人的亲子关系，有从人格发展看中国人性格，有关于中国大学生的人生观和价值观的研究，有讨论现代化过程中农民性格的蜕变，有考察中国大学生现代化程度与心理需要的关系，有探讨中国国民性研究及方法问题。[②]

在《中国人·中国心——传统篇》文集中，第一部分内容是涉及传统观念的现代意义，有研究者讨论了中国古代心理思想的主要成就与贡献，有对中医心理学的探讨，有对中国古代医学心理学思想的计量研究。第二部分内容是涉及传统概念的心理学研究，有研究者考察了儒家思想与现代化，有关于孝道的心理学研究，有研究者考察了义：中国社会的公平观，有从中国古代传统算学启蒙教育看儿童学习数学和发展思维的有关问

① Bond, M. H. (ed.). *The Psychology of the Chinese People.* Oxford：Oxford University Press. 1986.

② 李亦园、杨国枢主编：《中国人的性格》，台北：桂冠图书公司 1988 年版。

题。第三部分内容是涉及传统技艺的心理研究，这其中包括气功的心理学研究，针灸的心理学研究，书法的心理学研究。[1]

在《中国人·中国心——人格与社会篇》文集中，第一部分内容是涉及自我与人格的研究，有研究者对中国港台的"自我"研究进行了反省与展望，有从理论与研究方向上对中国人的"自己"的讨论，有从形上与形下，从新理与心理，对中国人的"自我"与"自己"的讨论。第二部分内容是涉及社会动机与冲突，有对成就动机本土化的省思，有对中国社会的人际苦痛的考察和分析。第三部分内容是涉及领导行为的研究，有关于家族主义及领导行为的研究，有关于中国的领导研究的考察。[2]

在《中国人·中国心——发展与教学篇》文集中，第一部分内容是涉及自我与个性发展的研究。有研究者考察了中国大陆儿童与青少年自我意识的发展，评述了中国大陆关于儿童、青少年个性倾向性发展的研究。第二部分内容是涉及道德思虑发展的研究。有研究者探析了中国大陆品德形成的实验研究及其问题，综述了社会思虑发展研究在港、台，评述和展望了少数民族品德研究，探讨了道德判断发展的泛文化研究。第三部分内容是涉及学习与教学的研究。有研究者考察了儿童学习汉字的心理特点与教学，有对小学生独立阅读能力培养的实验研究，有对中学数学自学辅导教学的实验研究。第四部分内容是涉及语文心理学研究的本土化，有研究者对中华语文的心理学研究进行了本土化的思考。[3]

在《中国人的心理与行为：理念及方法篇》文集中，有研究者讨论了中国古代心理学思想的形神观，中国传统文化与中国人的性格，有从社会互动的观点考察了中国人的社会取向，有对中国人的利他行为的发展进行的理论探讨，有讨论中国人的恋权情结的，有从跨文化的观点分析面子的内涵及其在社会交往中的运作的，有讨论权威家长的领导行为的，有探讨"报"的概念及其在组织研究上的意义，有研究者则讨论了如何研究中国人的人格，也有研究者考察了叙说资料的意义。[4]

---

① 高尚仁、杨中芳主编：《中国人·中国心——传统篇》，远流出版公司1991年版。
② 杨中芳、高尚仁主编：《中国人·中国心——人格与社会篇》，远流出版公司1991年版。
③ 杨中芳、高尚仁主编：《中国人·中国心——发展与教学篇》，远流出版公司1991年版。
④ 杨国枢、余安邦主编：《中国人的心理与行为：理念及方法篇》，桂冠图书公司1993年版。

在《中国人的心理与行为：文化、教化及病理篇》文集中，有研究者讨论了中国人的慈善观念，考察了宗教的社会意象，阐述中国杰出思想家创造发展的环境因素的，有通过对中美大学生的比较，探讨了内团体偏私的文化差异，有研究者讨论了社会取向成就动机与个我取向成就动机是否不同，有讨论个体心理社会化的思想，有考察中国儿童的社会化的，有着眼于中国社会的体罚现象及其意涵的，有考察北京小学儿童对友谊关系的认知发展的，有诠释中国人的悲怨的，有考察灵魂附身现象的，有探讨生物心理社会模式下的身心健康指标的，有以精神分裂症为例，研究演进模式的精神病理的。①

《华人本土心理学》（上册）分了五编。第一编是本土化心理学的开拓，涉及本土化心理学的意义与发展；第二编是本土化心理学的方法论，涉及心理学本土化的方法论基础，本土化心理学的研究策略，本土化心理学的研究方法；第三编是本土化心理学的理论，涉及刘劭的人格理论及其诠释，华人社会取向的理论分析，华人关系主义的理论建构；第四编是家族取向与家人关系，涉及家族主义与泛家族主义，孝道的心理与行为，婚姻关系及其调适；第五编是脸面观、道德观及公私观念，涉及华人社会中的脸面观，华人的道德观与正义观，人己群己关系与公私观念。② 《华人本土心理学》（下册）分了四编。第六编是人际关系与互动，涉及人际交往中的人情与关系，人际和谐与人际冲突，人际关系中的缘观，忍的心理与行为；第七编是价值观与心理变迁，涉及华人价值研究，成就动机与成就观念：华人文化心理的探索，心理传统性与现代性；第八编是组织心理与行为，涉及华人企业组织中的领导，华人企业组织中的忠诚，华人的工作动机与态度，中国人的分配正义观；第九编是心理疗法与宗教经验，涉及本土化的心理疗法，华人的宗教经验与行为。③

有研究者在《如何研究中国人：心理学本土化论文集》的著作中，

①　杨国枢、余安邦主编：《中国人的心理与行为：文化、教化及病理篇》，桂冠图书公司1994年版。

②　杨国枢、黄光国、杨中芳主编：《华人本土心理学》（上册），重庆大学出版社2008年版。

③　杨国枢、黄光国、杨中芳主编：《华人本土心理学》（下册），重庆大学出版社2008年版。

汇总了自己关于中国心理学本土化的研究论文。第一部分是什么是本土化？第二部分是研究思考的本土化；第三部分是研究方法的本土化；第四部分是本土心理学发展之评价与展望。[①]

有研究者在《中国社会心理分析》的著作中，涉及、考察和探讨的内容包括：知识精英的社会角色，企业家的财富人生，现代工人的学习与创造，农民工与角色转换，网民及其公民意识，休闲群体与消费动力，等等。研究探讨了中国社会生活中的主要的社会群体和社会阶层的社会心理。[②]

在《中国人行动的逻辑》的专著中，第一部分是关于本土化、研究理路及其方法的若干思考，涉及了本土化研究的程度与限度，儒家的社会建构：中国社会研究视角与方法论的探讨，语言分析：一种不容忽视的研究方法。第二部分是本土的概念性研究与探讨，涉及了中国人脸面观的同质性与异质性，"土政策"的功能分析，中国人的价值取向。第三部分是经验性的本土研究及其问题，涉及了中国人际关系网络中的平衡性问题，家族主义与工具理性，社会心理承受力与社会价值选择。第四部分是建立本土理论与框架的尝试，涉及了中国的人际关系模式，中国人在社会行为取向上的抉择，讨论了个人地位作为一个概念的提出和作为一种本土日常社会学分析框架的建立。[③]

有研究者在《中国文化心理学》的著作中，涉及了中国文化心理学，考察了中国人的社会化观，中国人的自我观，中国人的尚"和"心态，中国人的人情观，中国人的面子观，中国人的迷信心理与对策，中国人的教育心理观，中国人的管理心理观，中国人的心理卫生观，中国人的释梦心理观，中国人的心理测量观，中国人的军事心理观，中国人的文艺心理观，中国人的人格心理观，中国人的思维方式。[④]

有研究者在《中国社会心理学》的著作中，考察了社会心理学的百年历程，并以中国人作为对象，涉及了中国人的社会化，中国人的角色扮演，中国人的自我与人格，中国人的社会认知，中国人的社会动机，中国

---

① 杨中芳：《如何研究中国人：心理学本土化论文集》，桂冠图书公司 1997 年版。
② 沙莲香：《中国社会心理分析》，辽宁教育出版社 2004 年版。
③ 翟学伟：《中国人行动的逻辑》，社会科学文献出版社 2001 年版。
④ 汪凤炎、郑红：《中国文化心理学》，暨南大学出版社 2005 年版。

人的人际关系和人际互动，中国人的群体心理。[①]

应该说，在目前的阶段，心理学的本土化或者心理学的中国化已取得了很大的进展，也积累了相当丰硕的成果，还酝酿着更大的突破。但是，目前的研究进展还存在着许多问题和不足。这都会严重地限制心理学本土化或中国化的发展。心理学本土化或中国化研究的问题和不足主要体现在如下的几个方面。一是对中国本土的文化历史资源的理解和运用还有很明显的不足。至少是还与关于研究对象或关于中国人的心理行为的理解有严重的脱节。二是研究还仅仅是把研究被试转换成为中国的被试，而没有与心理资源和与研究方式整合起来进行考察和研究。三是对心理学研究方式的考察和研究还远远滞后于本土化的心理学研究需要。四是本土化的心理学研究的理论、方法和技术还缺乏必要的衔接。五是还严重地缺乏原创性的或原始性创新的研究。

第三节　心理学全球化

在许多研究者看来，全球化既是产生全球性问题的历史前提，同时又孕育着解决全球性问题的可能性。首先，世界范围的人类总体相关性的强化，有可能培养一种全球视野和全球意识，使人们超越狭隘的地域、民族、国家、个人的利益，而达成某种合作或者是共识。其次，人类普遍交往活动的不断深入和拓展，作为人们的实践层面上的博弈关系的展开，也有可能形成一种相互制约机制，从而建立起建设性的对话关系，以最大限度地弱化人与自然、人与人、人与自我之间的冲突。就此而言，可以有非常充分的理由保持谨慎的乐观。[②]

有研究者对不同学科视野中的所谓全球化概念进行了考评。在经济学、政治学、文化学、社会学等不同学科看来，全球化具有的是不同的含义。首先是经济学视野中的全球化。经济学可能是使用全球化一词最多的一门学科，在许多经济学家看来，全球化似乎就是指经济全球化、世界经

---

① 王小章主编：《中国社会心理学》，浙江大学出版社 2008 年版。
② 何中华：《关于全球化的文化反思》，《山东社会科学》2001 年第 1 期，第 50—53 页。

济一体化，这或许与经济全球化是当今全球化中最为突出的特征有关。其次是政治学视野中的全球化。政治学，尤其是国际政治学中使用的"全球化"概念是从"相互依存"概念演化而来的。人们生活在一个相互依存的时代，因此，世界政治的性质在发生着变化。再次是文化学视野中的全球化。文化学视野中的全球化概念是同关于"世界文化"、"全球文明"的争论紧密相关的，并在20世纪80年代后期作为一个批评概念而出现。在文化学家看来，全球化就是指在世界范围内起作用的文化的生长与加速发展的复杂的整体过程，特别是世界整体意识和全球文明的形成过程。全球文化不是世界各国文化的大杂烩，而是正在趋向并逐渐形成世界统一化的"国际文化"或者是"全球文明"。最后是社会学视野中的全球化。社会学由于其学科本身所具有的整体性、综合性特征，因此在对待全球化概念的界定上，总是试图从政治、经济、文化等多种角度来全面整合全球化概念所表达的真实内涵，并用这个词来形容工业化、都市化在全球普及后带来的各种社会同构现象。①

周宁博士在自己的研究中就指出了，当今的世界发展正在面临着日益突出的国际化趋势，国际社会的联系日益紧密，地球已经成了"地球村"，同时也面临着越来越多的全球化的经济问题、社会问题、环境问题等。这些问题已经不单单是某一国家或某一民族各自的问题，而是整个人类共同的问题。全球化是人类社会所面临的一个共同的趋势、共同的背景、共同的演变。在这样的趋势、背景和演变之下，心理学正经历着一个重大的历史性转变，即由只关心单一文化背景转向多元文化的融合，由方法中心论转向问题中心论，由单一理论转向复合理论。心理学不能回避现实问题，要使心理学的研究具有现实性，必须以研究的问题为中心。那么，抛开传统的理论派别之争，摒弃对抗，一切围绕解决现实问题展开，这就是心理学全球化的基本内涵。②

---

① 文军：《西方多学科视野中的全球化概念考评》，《国外社会科学》2001年第3期，第43—50页。

② 周宁：《心理学的全球化趋势》，《西北师大学报》（社会科学版）2000年第4期，第18—22页。

第四节　文化历史传统

我国是一个历史悠久的文明古国。因此，我国有着博大精深的文化传统。但是，在现代文明的进程中，中国曾经一度落在了后边。在中国本土传统文化的框架中，并没有诞生出现代意义上的科学。中国的现代科学是从西方传入进来的。同样，中国本土文化中，也没有诞生出西方现代意义上的科学心理学。中国现代的科学心理学也是从西方传入的，也带有西方文化传统的印记。

那么，在中国发展自己的科学心理学时，所面临的一个非常重要的问题就是，中国的本土文化中有没有自己的心理学传统。如果有，那么这种本土的心理学传统具有什么性质，包含什么内容。如果有，那么应该如何去理解、解说、阐释和对待这种本土的心理学传统。可以肯定的是，中国本土的文化传统中，也有自己独特的心理学传统。因此，最为重要的问题就在于，中国本土的心理学传统能否成为中国科学心理学发展和创新的有益资源。所以，如何理解中国本土的心理学传统，就成为决定中国心理学未来发展的一项基础性的和发展性的研究任务。[①] 到目前为止，在对中国本土传统心理学的研究中，出现过一些十分不同的见解和观点。总结起来，共有如下的几种不同的理解。

一　在西方心理学框架下的理解

中国发展自己的心理科学的过程，走的是一条十分曲折的发展道路。但是，如果去除建国初期的心理学苏联化过程，去除"文化革命"时期的心理学政治化过程，就其根本的方面和主流的发展来说，中国现代的心理学一直都是在引进和模仿西方的科学心理学。可以说，中国现代的科学心理学是外来的，是传入的，是引进的。伴随着这个进程，尽管有一些学者曾经试图去发掘、提取和阐释中国历史上的、本土文化中的和理论传统中的心理学思想，但是他们所持有的框架、衡量的标准、

①　葛鲁嘉：《中国心理学的科学化和本土化——中国心理学发展的跨世纪主题》，《吉林大学社科学报》2002年第2期，第5—15页。

评价的尺度、提取的内容、解释的原则等等，仍然还是西方科学心理学提供的。西方的实证心理学对人的心理行为的探讨，有着自己的历史、文化和传统。实际上，这些研究者就是在按照西方科学心理学的筛子去筛淘中国本土文化传统中的心理学内容。正是按照西方科学心理学的标准或尺度来看，关于中国本土传统心理学的研究至少得出了如下的几个相关的结论。

一是认为在中国的文化传统中，并没有诞生出所谓现代意义上的心理学，所以也就谈不上什么中国的心理学传统。或者说，在中国的文化传统中，只有一些孤立的、零碎的和片段的心理学猜测和心理学思想，而并没有出现现代意义上的心理科学。或者说，在中国的文化传统中，就根本没有或并不存在什么心理学的东西。例如，在高觉敷主编的《中国心理学史》一书中就提到，在西方的科学心理学传入中国之前，中国根本就没有什么心理学，有的只是某种关于人的心理的思想猜测。[①]

二是认为在中国的文化传统中，存在着和具有的是一些思辨猜测的和主观臆断的心理学思想。这些心理学的思辨猜测缺乏科学的依据和科学的证明。所以，此类的心理学思想只具有历史的意义，而不具备现实的意义；只具有哲学的意义，而不具备科学的意义。在这样的主张和观点看来，中国古代的思想家所提供的心理学猜测，至多不过是安乐椅中的玄想，根本就是无法确证的或无法证实的推论。这些所谓的心理学思想是应该被科学心理学所抛弃的和所取代的。

三是认为在中国的文化传统中，那些可以提取出来的心理学思想，能够按照西方的科学心理学的尺度来进行确定、分类和梳理。从而，在对中国本土传统心理学思想的研究中可以看到，从中国古代思想家的心理学思想中分离出来的，是所谓的普通心理学思想、教育心理学思想、社会心理学思想、生理心理学思想、发展心理学思想、管理心理学思想等等。[②] 因此，充斥在中国心理学思想史研究中的做法常常是贴标签式的方法，得出

---

① 高觉敷主编：《中国心理学史》，人民教育出版社1985年版，第1—3页。

② 高觉敷主编：《中国心理学史》，人民教育出版社1985年版，第30页；杨鑫辉主编：《心理学通史》（第一卷），山东教育出版社2000年版，第31页；杨鑫辉：《中国心理学思想史》，江西教育出版社1994年版，第11—12页；燕国材：《中国心理学史》，浙江教育出版社2002年版，第5—6页。

的都是一些十分费解的和特别奇怪的结果。

可以肯定地说，在中国本土的文化传统中，并没有产生出西方意义上的科学心理学，也不应该按照西方心理学的知识体系和理论框架来理解中国本土文化中的心理学。[①] 中国本土文化中所产生和内含着的心理学是一种异于西方心理学的另类的心理学。当然，这也是一种独特心理学传统。

二 从中国本土文化出发的理解

如果完全放弃西方科学心理学的框架，而是从中国本土文化传统出发去理解，如果重新确立一个更为合理的和更为适用的参考系，那就可以得出完全不同的研究内容、研究结果和研究结论。[②] 其实，中国本土的文化传统中也有一套自己独特的心理学。这实际上也是自成体系的心理学，而不仅仅是一些零碎的和片段的心理学思想。在特定的文化传统中，有没有或者是不是系统的心理学，可以按照如下三个标准来衡量：第一个标准是看有没有一套独特的心理学术语、概念和理论，可以用来描述、说明和解释人的心理行为；第二个标准是看有没有一套独特的心理学研究方式和研究方法，可以用来考察和揭示人的心理行为；第三个标准是看有没有干预人的心理行为的手段和技术，可以用来影响和改变人的心理行为。那么，按照这样三个标准来衡量，中国的文化历史或文化传统中也同样具有系统的心理学。这种心理学传统有自己的理论建树，有自己的探索方式，有自己的干预技术。只不过这种心理学不是西方文化中的所谓科学心理学意义上的。

中国本土文化传统中的心理学有自己独特的理论概念和理论解说。当然，这套概念和解说不同于西方科学心理学所提供的。例如，中国思想家所说的心、心性、心理，所说的行、践行、实行，所说的知、觉知、知道，所说的情、心情、性情，所说的意、意见、意识，所说的思考、思想、思索，所说的体察、体验、体会，所说的人格、性格、人品、品性，所说的道理、道德、道义、道统等等，都有其独特的含义。对这些独特心

---

① 葛鲁嘉、陈若莉：《当代心理学发展的文化学转向》，《吉林大学社科学报》1999 年第 5 期，第 79—87、97 页。

② 葛鲁嘉：《大心理学观——心理学发展的新契机与新视野》，《自然辩证法研究》1995 年第 9 期，第 18—24 页。

理学术语的探讨，可以为中国心理学的发展提供十分重要的学术资源。把中国本土的心理学术语和概念与西方外来的心理学术语和概念进行比较的话，就可以得出对心理学的新的理解。

中国文化传统中的心理学也有自己独特的验证理论假说的方式和方法，而不仅仅就是思辨和猜测。当然，在中国的本土文化当中，并没有产生出西方科学意义上的实证方法或实验方法。但是，中国古代的思想家却提出了知行合一的原则，也就是践行或实践的原则。任何的理论解说或理论说明，包括心理学的理论解说和理论说明，其合理性要看能否在生活实践中获得预期的结果，或者说行动实现的是否就是理论的推论。这形成的是另外一套验证理论的途径。把西方科学心理学的研究方法与中国传统心理学的验证方法相对比的话，那就是实验与体验的对应，那就是实证与体证的对应。体验的方法或体证的方法就是中国本土心理学独特的方式和方法。

中国文化传统中的心理学也有自己独特的干预心理行为的手段和技术，并形成了对人的心理生活的引导、扩展和提升。人的心理就有了横向的扩展和纵向的提升的可能。心理的横向扩展就在于能够包容更多的内涵，包容天地，包容他人，包容社会，包容自己等。心理的纵向提升就在于能够提高心灵的境界。这是一种纵向比较的心性心理学。人与人不是等值的，而是有心灵境界的高下之分。境界最为低下的就不是人，而是畜生。境界最为高尚的就是圣人。因此，中国本土的心性心理学是境界等差的学说，是境界高下的学说，是境界升降的学说。心理的差异实际上就成了德行的差异、品德的差异、人品的差异、为人的差异、境界的差异。反思、反省就成为重要的手段和技术。

三　片断破碎和语录摘引的理解

正因为是按照西方的科学心理学作为尺度和标准，所以在抽取和摘引中国古代思想家的心理学思想的过程中，得出的就是一些破碎的片段和摘引的语录。这等于是打碎了一个完整的东西，而又把一些碎片按照不同的方式进行了重新的组合。所以，在中国古代心理学思想的研究中，最为常见的就是摘引中国古代思想家的语录，然后对其进行从古代汉语到现代汉语的翻译和解释。

对中国本土心理学传统的这种片段破碎和语录摘引式的理解，使人们看到的是中国古代思想家仅仅是以非常肤浅的形式，或者仅仅是以非常幼稚的话语，所表达出来的某种前科学形态的心理学猜想。如果按照西方科学心理学的标准，这些萌芽形态的"心理学思想"只具有历史遗迹的意义，而没有现代科学的价值。这仅仅表明了中国文化历史中有过某些关于人的心理行为的猜想或猜测。这满足的是某些人的十分幼稚的文化虚荣心。对中国本土的心理学传统的研究就成了考古发掘和博物展览，就成了历史清理和装订造册。

在这种方式下的对中国古代心理学思想史的研究程序，就是着重翻阅中国古代的历史典籍，从古代典籍中去寻找古代思想家说明和解释人的心理行为的话语段落，然后把古代的文言文翻译成现代的白话文，然后再按照现代的科学心理学去理解其中的所谓心理学的含义，然后再去评价这些含义对科学心理学的意义和价值，甚至就仅仅是为了证明中国古代心理学猜想是在西方科学心理学之前，是比西方心理学思想家更为高明和更为伟大的发现。

这样的关于中国古代心理学思想史的研究方式和方法，就常常演变成了非常肤浅的文字游戏、语言游戏、智力游戏、思想游戏、猜想游戏、组装游戏。而且，更为严重的问题还在于，这种类型的研究已经变成了一种研究习惯、一种研究方式、一种研究思路、一种研究态度、一种研究定势。这使得对中国本土心理学思想的研究变成了翻译的活动，变成了猜想的活动，变成了解释的活动。

四　完整系统和深入全面的理解

如果放弃片段破碎和语录摘引的理解，而采纳完整系统和深入全面的理解，那就可以看到，在中国本土的文化传统中，也存在着一种十分独特的心理学。尽管这种心理学不是西方意义上的科学心理学，但也是一种非常系统的心理学探索。中国古代思想家提供的心理学可以称之为心性学说。如果进一步引申，这种心性学说就是心性心理学，就是一种独特的心理学传统，就是中国本土文化对心理学事业的独特贡献。

中国文化中的非常独特和非常重要的理论贡献就是心性的学说。当然，在中国的文化传统中，不同的思想派别有不同的心性学说。不同的心性学说，发展出了不同的对人的心理的解说。首先是儒家心性说。儒家的学说是由孔子和孟子所创立的。在中国本土的传统文化的儒、道、释三家中，儒家学说的重心在于社会，或者说在于个体与社会的关系。儒家学说所强调的是仁道。当然，仁道不是外在于人的存在，而就存在于个体的内心。那么，个体的心灵活动就应该是扩展心灵的活动，是超越一己之心来体认内心仁道的过程，是践行内心仁道来行道于天下的经历。只有觉悟到了仁道，并且按仁道行事，那就可以成为圣人。这就是内圣外王的历程。其次是道家心性说。道家的学说是由老子和庄子创立的。在中国传统文化的儒、道、释三家中，道家学说的重心在于自然，或者说在于个体与自然的关系。道家强调的是天道。当然，天道也不是外在于人的存在，而就潜在于个体的内心。那么，个体也可以通过扩展自己的心灵，而体认天道的存在，并循天道而达于自然而然的境界。再次是佛家心性说。佛家的学说是由释迦牟尼创立的，是从印度传入中国的。在中国传统文化的儒、道、释三家中，佛家学说的重心在于人心，或者说在于个体与心灵的关系。佛家强调的是心道。当然，心道相对于个体而言是潜在的，是人的本心。那么，个体可以通过扩展自己的心灵而与本心相体认。

心理学的研究有着自己的研究方法。那么，科学心理学所运用的方法就是科学的研究方法。但是，在特定的科学观的限定下，所谓的科学就是实证的科学。实证的科学运用的是实证的方法。心理学在成为独立的科学门类之后，就力图以实证主义的科学观来衡量自己的科学性。那么，是否运用实证方法，就成为心理学研究是否科学的一个根本的尺度。但是，在中国文化中的传统心理学所运用的方法不是实证的方法，而是体证的方法。那么，所谓体证的方法，就是通过意识自觉的方式，直接体验到自身的心理，并直接构筑了自身的心理。所以说，体证至少有两个重要的特点。一个是意识的自我觉知，一个是意识的自我构筑。[①] 首先是内圣与外王。中国本土的心理学传统都强调知行合一的原则，都主张内在对道的体认和外在对道的践行。这就是中国文化所强调的所谓内圣外王的基本含义。内修要成为圣人，体道于自己的内心。外为要成为王者，行道于公有的天下。其次是修性与修命。正因为人心与天道是内在相通的，所以个体的修为实际上就是对天道的体认。天道贯注给个体，就是人的性命。那

---

① 葛鲁嘉：《中国本土传统心理学的内省方式及其现代启示》，《吉林大学社科学报》1997年第6期，第25—30、94页。

么，对于天道的体认就是修性与修命。再次是渐修与顿悟。个体的修为或者是个体的体悟有渐修与顿悟的不同主张和途径。渐修是认为修道的过程是逐渐的，是一点一滴积累而成的。顿悟则认为道是不可分割的，只能被整体把握，被突然觉悟到。这是体道的不同途径和方式。

五 限于传统和解释传统的理解

从认为中国本土文化中根本没有自己的心理学或者是自己的心理学传统，到认为中国本土文化中有自己独特的心理学或者是自己的心理学传统，这是一个根本性的进步和变化。这可以导致对中国本土心理学的完全不同的探索和研究。这也是中国本土心理学发展的新的开端和新的道路。

但是，并不是说着眼于传统和立足于传统，就是心理学发展的新的历程。任何的历史传统，包括心理学的历史传统，都可以成为发展的资源，也可以成为背负的包袱。其实，对于心理学的本土的历史传统或思想传统，不同的学者有着非常不同的理解和认识，有着非常不同的立场和态度。从认为中国本土文化中有自己独特的心理学传统，到从心理学的学术研究出发去挖掘、梳理和阐释中国本土的传统心理学，却常常存在着完全不同甚至是相悖的理解和解说。对于许多的心理学研究者来说，心理学的历史传统不过是心理学的过去，是心理学的被超越的陈迹。对于心理学的研究来说，历史是可以回顾，但却不能回去。仅仅限于传统和仅仅解释传统，是中国心理学思想史研究或中国心理学史研究的重大的局限性。但中国心理学思想史的研究却常常是限于传统和解释传统。[①] 无论是回到传统，还是遵循传统，这都是变成了一种自我封闭的心理学史或中国心理学思想史的研究。这在很大程度上不是推进了中国心理学的发展，而是大大限制了中国心理学的发展。

限于传统和解释传统就是回到传统和遵循传统。也许，在心理学的研究中，承认中国传统文化中也有自己独特的心理学，这是一种进步。但是，在心理学的研究中，如果仅仅是限于传统、解释传统和回到传统，那

---

① 杨鑫辉：《诠释与转换——论中国古代心理学思想史研究方法的新发展》，《南京师范大学学报》2002 年第 4 期，第 95—101 页；杨鑫辉：《中国心理学史论研究》，《江西师范大学学报》2001 年第 4 期，第 18—22 页；燕国材：《关于中国古代心理学思想研究的几个问题》，《心理科学》2002 年第 4 期，第 385—390、508 页。

也是一种倒退。承认在中国本土的文化传统中有自己独特的心理学，并不是要贬低和放弃现代的科学心理学，并不是要证明和确定现代科学心理学的学术贡献早在中国文化历史中就已经完成了。其实，对中国本土文化中的心理学传统的研究和探索，就是要立足于本土的传统，就是要借用本土传统的心理学资源。对于中国本土心理学传统的挖掘，不是为了展示，而是为了创新。任何学科的发展都需要资源，心理学的发展也是如此。那么，中国本土文化和传统中的心理学对中国心理学的发展来说，就是一种十分有益的学术资源。

当然，任何的资源都是需要利用和转化的。对中国心理学的发展来说，本土文化的资源也是需要筛选和提炼的。重新去发现古典文献，仔细去阅读古典文献，认真去解释古典文献，详尽去分析古典文献，这都不是心理学研究最终的目的。其实，对中国本土传统心理学进行研究的最终目的，就是要奠定创新的基础，就是要确立创新的立场，就是要启动创新的程序，就是要获得创新的结果。这就必须要突破限于传统和解释传统的理解，而必须确定立足发展和力求创新的理解。

六　立足发展和力求创新的理解

中国本土文化传统中的独特心理学就是心性的学说，这种心性学说也可以称之为心性心理学。这是中国本土的心理学资源。那么，在心性心理学资源基础之上的新发展就可以命名为新心性心理学。应该说，中国本土文化中的心性心理学仅仅是传统意义上的古老形态的心理学。那么，中国心理学在21世纪的发展，并不是要回复到原有的老路上去，而必须是一种创新。但是，这又是在汲取中国本土文化资源基础上的创新。"新心性心理学"是立足于中国本土文化中的心性学说，但又是一种全新的和独特的心理学的探索和创造。"新心性心理学"的探索主要有六个部分的基本内容所构成，分别涉及心理学的可用资源、心理学的文化基础、心理学的研究对象、心理学的对象背景、心理学的对象成长、心理学的学科发展。第一部分是心理资源论析，是对可以生成和促进心理学发展的基础条件的考察。第二部分是心理文化论要，是对西方的心理学传统和中国的心理学传统的跨文化解析。第三部分是心理生活论纲，是对心理学研究对象的一种新的理解和新的视野。第四部分是心理环境论说，是对心理与环境关系的一种新的思考和分析。第五部分是心理成长论本，是对超越心理发展的人的心理提升和扩展的探索。第六部分是心理科学论总，是对心理学的科学性质和学科发展的理解和探讨。

"心理资源论析"是对心理学的历史、现实和未来形态的探索，也就是对可以生成和促进心理学发展的基础条件的考察。心理资源既可以成为心理生活的资源，也可以成为心理科学的资源。心理学面临着如何理解、看待、保护、挖掘、提取、转用资源的问题。心理学的发展不应该抛弃自己的文化历史传统，而应该将其当作可以借用的文化历史资源，从而扩大自己的视野，挖掘自己的潜能，丰富自己的研究，完善自己的功能。心理学的发展有着自己的文化历史的资源。心理学有着十分不同的历史发展和长期演变的形态。所有的不同心理学历史形态都是心理学的发展可以借用的文化历史资源。心理学资源可以体现为不同的心理学历史形态，也可以体现为不同的心理学现实演变，也可以体现为不同的心理学未来发展。这包括常识形态的心理学、哲学形态的心理学、宗教形态的心理学、类同形态的心理学、科学形态的心理学和资源形态的心理学。当代心理学的发展不应该是抛弃不同形态的心理学，而应该是将其当作自己学术创新的文化历史资源，从而扩大自己的视野，挖掘自己的潜能，丰富自己的研究，完善自己的功能。

"心理文化论要"是对中西心理学传统的跨文化解析，也就是从跨文化的角度，对生长于不同文化根基和相应于不同心理生活的中西心理学传统进行比较和分析，探讨它们彼此之间沟通的可能性和心理学发展的新道路。[1] 起源于西方文化的科学心理学，立足于客观的研究方法和客观的知识体系，提供了对心理现象的合理的理论解释和有效的技术干预，但它仅仅揭示了人类心灵和精神生活的一个部分或一个侧面。起源于中国文化的本土心理学也是自成体系的心理学探索，它揭示了有意义的内心生活和给出了自我超越的精神发展道路。西方的心理学传统是中国现代科学心理学的直接来源，目前则正在经历本土化的历程和改造。中国本土的心理学传统在西方文化中的流传，也使西方的科学心理学得到了启示和受到了影响。促进二者的沟通，将有助于形成新的心理学科学观，并推动心理学的

---

① 葛鲁嘉：《心理文化论要——中西心理学传统跨文化解析》，辽宁师范大学出版社 1995年版，第 300 页。

新发展。确立心理文化的概念，在于重新审视西方心理学的文化适用性，并推进对其进行改造；在于重新审视中国本土的心理学传统，并推进对其进行挖掘。这有利于正确对待从西方引入的心理学，开创中国自己的心理学发展道路。

"心理生活论纲"是理解心理学研究对象的新视野，也就是试图从中国心理文化的传统入手，重新理解和认识心理学的研究对象。原有的西方式的科学心理学，是从研究者的感官印证的角度出发，把心理学的研究对象确立为心理现象。这就是把人的心理类同于物的物理，而忽视了人的心理的一个非常重要的特性。那就是人的心理是自觉的，心理的活动能够自觉到自身。这种心理的自觉不仅仅是自我的觉知和意识，而且是自我的建构和创造。这就不是把人的心理理解为心理现象，而是理解为心理生活。心理生活不是已成的存在，而是生成的存在。心理生活在人的生活中是处于核心的地位，所以就应该和必须成为心理科学关注的中心。但是，心理科学诞生之后，为了使之成为所谓真正意义上的科学，许多心理学研究者力求使心理学向当时相对成熟的自然科学靠拢。这就使得心理学把心理现象定位为心理学的研究对象，而放弃或忽略了心理生活的意义和价值。这其中的一个非常重要的原因是人们已经习惯了按西方心理学设立的标准来衡量和建设心理学。一旦放大了视野，特别是从中国本土文化的视角出发，就会认识和理解到有关心理学研究对象的完全不同的内容范围。因此，心理生活应该在心理科学中占有重要的位置，成为当代科学心理学发展的核心性内容。

"心理环境论说"是对心理与环境关系的新思考，也就是试图从人类心理的视角重新理解环境。对于心理学研究来说，如何理解环境，决定了如何理解人的心理行为和人的生存发展。物理的环境对人来说，仅仅是外在的，间接的。而只有心理的环境对人来说才是内在的，直接的。人的心理行为不是孤立的存在，不是封闭的存在。但是，在心理学的发展历史中，心理学家却很少系统地和深入地考察和分析过环境。也许，心理学所直接面对的是人的心理行为，环境并不是心理学所应该关注的内容。但是，随着心理学的成熟和发展，随着对人的心理行为的了解和理解的深入和细化，心理学的研究领域也在扩展和放大，对环境的理解和解释也就必然要发生变化。也就是说，有必要对环境进行重新的思考。那么，一个重要的心理学概念就是心理环境。心理环境是人的心理觉知和觉解的环境，是人赋予了意义和价值的环境。这已经超出了物理意义上的、生物意义上的、社会意义上的、文化意义上的环境。就心理环境来说，它对人的影响是最切近的和最直接的。人可以在心理上分离出自己所处的环境，并针对这样的环境调整或调节自己的心理行为。所以，心理觉解到的环境是人建构出来的环境。融入了人的创造，就使得心理环境的含义超出了物理和生物环境的界限。人对心理环境的创造体现在心性主导的创造性构想，这可以突破物理的、生物的、社会的、文化的环境；也体现在心性支配的创造性活动，这可以改变物理的、生物的、社会的、文化的环境。

"心理成长论本"是超越心理发展的心理学主张，也就是试图重新理解人的心理发展和演变。在传统的心理学研究中，关于人的心理发展的研究是属于发展心理学分支研究的对象和内容。那么，发展心理学的研究，发展心理学关于"心理发展"的理解还存在着重要的缺失和不足。例如，人的心理发展通常被看做是个体的心理发展，而与种族的心理发展是相脱节的。人的心理发展也通常被看做是与人的生理发育相伴随的过程，并随着生理机能的衰退而停滞和衰退。人的心理发展也通常被看做仅仅是心理的历程，而与社会、文化、历史、环境等等相脱节。"心理成长"的概念则试图超越心理发展的概念含义，是把人的心理成长看做是人的种族延续的历程，是个体心理的提升和扩展，是包容了人的个体生活、社会生活和文化生活的心理生活，是人的心理生活质量的提高过程。这包括了心理成长的创造性过程，包括了个体的心理成长，包括了群体的心理成长，包括了种族的心理成长，也包括了人类的心理成长。

"心理科学论总"是对心理学命运与前途的全景考察，也就是通过对心理学的一系列重大和核心问题的探讨和阐释，来推动心理学学术的演进和发展，来促进心理学理论的建构和突破，来激发立足于本土资源的心理学研究的创新。概观、通观、综观、总观心理学学科、心理学研究、心理学理论、心理学方法、心理学技术，是把握心理学的一个重要的方式和途径。对于心理学的发展来说，对于心理学的壮大来说，如何有对心理学学科的统合的理解和解说，是至关重要的。关于心理学的科学性质的考察和研究涉及心理学的科学划界的问题，即心理学研究怎样才能被界定为科学。心理学研究中的方法中心把是否运用实证方法看作是衡量心理学的科学性质的尺度。心理学研究中的问题中心是把关于问题的提出和解决看作是心理学的科学性质的衡量标准。科学形态的心理学从一诞生就不是统一的科学门类。它的流派众多，观点纷杂，一直就处于四分五裂和内争不断之中。心理学能否成为统一的科学，是心理学发展面对的重大问题。当代心理学是否有价值的取向和定位，或者心理学是价值无涉的科学，还是价值涉入的科学，这是心理学研究所必须面对的一个重大问题。心理学应放弃封闭的科学观，而采纳开放的科学观。

第五节　原始性的创新

中国现代科学心理学的发展历经了诸多的磨难。首先，在中国本土的文化中，并没有产生出西方现代意义上的科学心理学。中国现代意义上的科学心理学是从西方引进的。当然，这使中国科学心理学的发展一开始就有了很高的起点。但是，这也使得中国现代心理学的发展一直走的是翻译、照搬、模仿、复制、修补的道路。在中国心理学的文献中太多看到的是对西方科学心理学的介绍、引证、解说、评述、跟随。其次，中国现代科学心理学的发展缺少自己的立足根基，没有自己的学术立场，常常受各种风潮的影响而摇摆。这使得中国现代心理学的发展走了许多的弯路。如在 20 世纪的中期，为了贯彻当时的思想教条，中国心理学的发展引进了前苏联的巴甫洛夫的高级神经活动学说。结果，生理学的或者神经生理学的内容就充斥在了心理学的研究之中。心理学因此而变成为了狗流口水的学说。在"文化大革命"之中，心理学更是沦落为资产阶级的伪科学，变成了为人所不齿的胡说臆想。思想领域中对唯心主义的批判也牵连到了心理学，心理学自然也就成为唯心主义的研究。

中国现代科学心理学的发展经历了非常曲折的过程。这主要可以体现为三次大的模仿、复制和跟随，三次大的批判、转折和重建。

第一次大的模仿、复制和跟随是在 19 世纪末期和 20 世纪初期。当时，西方工业文明的昌盛与中国封建王朝的衰落形成了鲜明的对照。当时，许多中国的学人奔赴欧美，去寻找拯救中国的真理。他们中的一些人留学海外，学习的就是西方的科学心理学。他们抱有的目标是改造和建设国人的心理，以使国家现代化和民主化。正是他们把西方的科学心理学引入了中国，为中国心理学的起步和发展带来了理论知识、研究方法和应用技术。正是由于他们的努力，使中国开始有了现代意义上的或西方意义上的科学心理学。这包括有了心理学的教学和科研的组织和机构，有了心理学的实验和研究的设备和场所，有了心理学的期刊和著作的文献和资料。第一次大的批判、转折和重建是在新中国建立之后。特别是在20世纪50年代初期和中期的思想改造运动和反右斗争的时候，当时的知识分子必须确立自己的政治立场，反对和批判西方的资产阶级的东西，接受无产阶级思想的改造。这就包括对西方心理学的批判。

第二次大的模仿、复制和跟随是在20世纪的中期。当时，新中国建立之后，开始接受苏联的大规模的援助，大批的苏联专家进入中国。这其中就包括苏联的心理学家进入中国的大学和研究机构。这时的大学心理学教学开始讲授苏联的所谓唯物主义心理学，特别是巴甫洛夫学说。渐渐地，巴甫洛夫的高级神经活动的生理学学说就成为心理学的代名词。巴甫洛夫的学说充斥在了心理学的教材、读本、书籍、论文之中。第二次大的批判、转折和砸烂是在20世纪60年代中期的"文化大革命"时期。在当时兴起的政治风潮中，心理学被看做是唯心主义的伪科学。毫无疑问，这是必须要彻底清除或铲除的。正是在那样的一段时间中，心理学的教学和研究机构都被解散了，心理学的教学和研究人员都被遣散了，心理学的著作和期刊文献都被销毁了。

第三次大的模仿、复制和接受是在20世纪的中后期。"文化大革命"结束之后，特别是在改革和开放之后，中国又开始了新一轮的对西方发达国家的心理学的引进、翻译、介绍和评价。西方的科学心理学重又被看做是中国现代科学心理学发展的楷模。这是更大规模地和更为全面地对西方心理学的引进、复制和模仿。中国的心理学家试图通过对西方心理学的接纳来缩小与发达国家心理学的差距。国门的洞开，使接触和接受西方的科学心理学有了更加便利的基础和条件。第三次大的批判、转折和改造是在20世纪的末期。中国的心理学者开始意识到了中国心理学中具有的西方心理学的文化印记，以及跟随在西方心理学之后的不足。此时，世界性的心理学本土化的呼声开始高涨，心理学本土化的努力开始兴起。心理学的中国化，或者中国心理学的本土化，也就开始成为中国心理学发展的潮流。

中国心理学的本土化运动已经从艰难的起步阶段走向了茁壮的成长阶段，也即从探讨是否进行心理学本土化的研究，转向了探讨如何进行本土化的研究，又转向了如何创新本土化的研究。本土化的研究课题不断推新和增加，本土化的研究成果也日益多样和丰硕。致力于心理学本土化的中国的心理学家已在积极建立中国人的心理学。当然，目前的所谓中国人的心理学包容着各种各样的本土化研究成果，其本土化的性质是有所差异的，其本土化的程度也是有所不同的。中国文化圈中的心理资源是由多方面的内容构成的，这既包括了独特的心理学传统，也包括了独特的心理学理论、方法和技术，也包括了中国本土带有文化印记的心理生活。那么，目前的本土化研究定向是以中国人的心理和行为作为研究对象，但仅只是把带有文化印记的心理生活从心理文化中分离出来，放在了科学考察的聚光点上。目前的本土化研究也挖掘中国本土的传统心理学，但只是将其从心理文化中分离出来，看做是已被现代心理学所超越和取代的历史古董。不过，新的突破已在酝酿之中。

中国心理学的本土化研究在一个相当短的时段里，取得了相当数量的和相当重要的成果。如果从心理学的科学观上来看，中国心理学本土化的研究已经从试图扩展西方心理学的研究内容，转向了试图突破西方心理学的研究方式。但是，中国心理学在科学观上并未能超越西方科学心理学，或者说仍然是持有西方心理学的封闭的科学观，没有脱出这种封闭性的限制。这个阶段的研究可以分成两类。一类是以中国人为被试，但研究工具、方法、概念和理论仍然是西方式的。这类研究在本土化努力的初期非常多见。另一类则不但以中国人为被试，而且试图寻找适合于考察中国人的心理行为的研究工具、方法、概念和理论。但是，这类研究也只是做到了改变研究工具、方法、概念和理论的内容，而没有改变其基本的实证科学的性质或方式，追求的仍然是西方科学心理学的那种研究方法的有效性和理论解释的合理性。

中国心理学的本土化研究也试图突破和扩展西方心理学的研究方式。这个阶段是在转换研究被试的基础之上的进步和发展。当然，这只是一种逐渐的变化和过渡，反映出了研究的进程和趋势。这个阶段的研究开始寻求突破西方心理学的封闭的实证科学观的限制，而去寻求更具超脱性的和更加多样化的思想理论、研究方法和应用技术。这个阶段的研究也可以分成两类。一类研究是对西方科学心理学的封闭科学观的带有盲目性的突破，这就使多样化的研究变成了杂乱性的探寻。一段时期以来的一部分研究就缺少必要的规范性，而具有更多的尝试性。另一类研究则是试图有意识地清算西方心理学封闭的科学观，寻求建立一种开放的科学观。从而，为中国心理学的本土化研究设置必要的规范。

其实，在目前的阶段，中国本土心理学的发展最缺少的就是原始性的创新。长期的引进和模仿，使中国的心理学研究者习惯了引经据典，习惯了用别人的话语去说别人的研究。当然，再进一步是用别人的话语去说自己的研究。最终是用自己的话语去说自己的研究。这需要的就是学术的独立和学术的创新，而独立学术的生命就在于创新。没有心理学的创新，就没有心理学的学术。当然，任何心理学的学术创新的努力都会是非常艰难的。越是全新的突破，越需要深厚的基础。没有深厚基础的创新，实际上就是胡言乱语，就是痴人说梦。所以，创新需要积累，学术的创新需要学术的积累，心理学的学术创新需要心理学的学术积累。心理学的创新可以是理论上的创新，可以是方法上的创新，可以是技术上的创新。

科学心理学在寻求独立的时期，重视的是怎样与其他的学科，特别是与自己的母体学科划清界线。这使心理学开始有了自己的独立身份和自立行走。但是，在这个过程中，心理学又封闭了自己的门户，使自己的研究脱离了许多必要的方面。如脱离了生活，脱离了文化，脱离了其他的学科，脱离了历史的资源。当代社会的发展，使交流与合作成为了文化的和社会的主流。同样，这也应该成为心理学的主流，成为心理学发展的潮流。

第六节 学科研究取向

心理学的研究可以有多元化的研究取向。当然，在心理学的发展历史当中，单元化的研究取向占有过支配性的地位。所谓单元化的研究取向不是指只有一元化的研究，而是指不同研究取向之间相互排斥和倾轧。那么，多元化研究取向的并存也就不是指存在着多元化的研究取向，而是指不同的研究取向之间相互合作和匹配。心理学有不同的研究分支，在心理学不同的研究分支中，都可以体现出不同的研究取向。因此，就可以选取一个心理学的分支学科来考察多样化的研究取向。例如，社会心理学作为心理学中的一个重要的研究分支，就非常鲜明地体现着多元的研究取向。当然，这会涉及社会心理学的对象性质、学科性质、研究视角、基本理论等方面。通过对社会心理学的特定考察，就可以理解心理学研究的多元化的取向。

社会心理学由于学科的特殊性质，而与相近的学科有着特殊的关系。这决定了社会心理学在自己的研究中可以有特定的研究取向。在关于社会心理学的研究取向的考察中，主要是把社会心理学定位于社会学的研究取向和心理学的研究取向。但是，这并没有容纳关于社会心理学研究的多种不同的和实际可能的研究取向。社会心理学的研究应该说有着六种不同的研究取向。对此加以探讨，可以大大扩展社会心理学研究的视野和眼界，可以重新定位社会心理学的性质和地位。

在社会心理学诞生、演变和发展的过程中，关于社会心理学的研究对象的性质和研究方式的性质有着十分不同的理解和认识。在社会心理学诞生的初期，有心理学的社会心理学和社会学的社会心理学。伴随着生物学、人类学和文化学的发展，后来又有了生物学的社会心理学、人类学的社会心理学和文化学的社会心理学。目前，伴随着共生学的发展，则又有了共生学的社会心理学。那么，不同的研究取向，有不同的研究重心和研究中心，有不同的理论概念和理论学说，有不同的研究方式和研究方法，有不同的技术手段和技术工具。那么，把社会心理学的不同研究取向聚合起来进行考察，可以对社会心理学的研究和发展提供更好的理解和定位。

其实，不同的研究取向都是立足于不同的心理资源。只有从心理资源的视角去理解，才能更好地把握心理学不同分支学科的发展和演变。不同的研究取向也都是在创造不同的心理资源。只有从心理资源的生成去理解，才能更好地把握不同相关学科的贡献和积累。

一 社会心理学的对象性质

社会心理学是研究人的社会心理行为的科学门类。人的社会心理行为就是社会心理学的研究对象。但是，人的社会心理行为应该怎样理解，或者说，应该从什么视角去认识、阐释和说明人的社会心理行为，这是根本性的和核心性的。人的社会心理行为是属于人的，而人是具有生物的属性、个体的属性、种族的属性、社会的属性、文化的属性、共生的属性。所以，实际上就有研究人的社会心理行为的生物学的取向、心理学的取向、人类学的取向、社会学的取向、文化学的取向、共生学的取向。这是六种不同的但又有所交叉的关于人的社会心理行为的学术理解。这也是社会心理学的生物学的资源、心理学的资源、人类学的资源、社会学的资源、文化学的资源和共生学的资源。

一是关于人的社会心理行为的生物性质。动物有社会行为，人类也有社会行为。无论是动物的社会行为还是人类的社会行为，都有动物和人类作为有机体的生物学的基础或前提。在生物学、解剖学、生理学、遗传学、脑科学等等学科的迅猛发展下，对人的社会心理行为便有了特定的理解和解说。无论是人的利他行为、侵犯行为、亲和行为、敌意行为、友善行为、统治行为、双性行为、同性行为等等，都具有生物学的基础、遗传学的基础、生理学的基础。极端的社会生物学研究者就强调遗传基因是一切有机体行为的最终的根据。所谓的有机体不过是遗传基因复制自己的工具。人类有遗传的进化和文化的进化。但是，文化的进化都有其生物进化的基础和印迹。因此，在社会心理学的研究中，就有从生物学的角度去理解人的社会心理和社会行为。当然，也就有生物学化或生物还原的研究方式去解说人的社会心理行为。例如，在社会心理学的早期研究中，就曾经一度非常盛行本能论，即把人的社会心理行为都看做是由本能推动的和本能决定的。

二是关于人的社会心理行为的个体性质。人的存在都是个体的存在，或者说，个体是完整的心理的展现者或体现者。尽管个人都是在群体中或社会中生活，人有群体心理和社会心理，但是最终群体心理和社会心理都是直接体现在个体心理之中，或者说是通过个体心理表达和展示的。这就是所谓的人的社会心理行为的个体性质。无论是群体或社会的心理行为是怎样表现和表达出来的，最终都是落实在个体的心理行为上。个体认知可以表达出来的是社会认知，个体情感可以体验的是社会情感，个体人格可以体现出来的是文化人格。个体心理与社会心理是相通的。

三是关于人的社会心理行为的种族性质。人的存在不仅是个体的存在，同时也是族类的存在，或者说，人类种族也有其共同的或共有的心理行为。人作为个体也都归属于人类的种族，个体的族类的存在也都同时体现为个体的存在。人类可以作为共同的种族与动物相区别，并因此而具有人类共有的心理行为。当然同样，人又有不同人种和不同民族的划分或区分，不同的人种和不同的民族也有自己独特的生活方式、种族心理和民族心理。这也是人的心理行为的非常重要的和核心性质的属性和特性。

四是关于人的社会心理行为的社会性质。人的存在也都是社会的存在，或者说，人类社会也有其社会的心理行为。人都是群体中的人，人也都是社会中的人。那么，人通过社会互动而结成特定的人际关系，并体现出人际关系心理，从而构成人的群体心理、组织心理或社会行为。个体或个人在群体或社会中都要扮演特定的社会角色，都要进行合作与竞争。这也就是人的角色心理、合作心理和竞争心理。在社会群体中都要有领导者和被领导者，这就构成了领导和被领导的心理。

五是关于人的社会心理行为的文化性质。人的存在也都是文化的存在，或者说，在人类文化中，个人或个体也会体现出具有文化性质和文化特征的心理行为。人创造了自己的丰富多彩的文化，文化又延续成为特定的文化历史和文化传统，文化现实会成为特定的文化背景、文化环境和文化条件。其实，人就是生活在自己的文化背景、文化传统、文化环境、文化条件之中。人又实际上会接受文化的影响，并通过文化塑造自己的心理行为。这就是人的文化心理和文化行为。

六是关于人的社会心理行为的共生性质。人的存在也都是共生的存在，或者说，人不是分离的和孤立的，人与自己的生存和生活的条件和环境形成共生的关系。无论是个体还是群体，无论是心理还是社会，无论是遗传还是环境，在研究中都曾经有过分解、分离、分裂的考察。这给理解人的社会心理行为带来了许多的便利，但也可以形成许多的弊端。不过近些年来，共生主义的方法论则导致了根本性的变化。那就是把个体与群体、心理与社会、遗传与环境看做是共生的关系，是共生的存在。这是一种共荣或共损的关系。人、人的心理、人的社会心理，都有共生的属性，都处在共生的关系之中。

二 社会心理学的学科性质

正是由于人的社会心理行为的独特的性质，决定了研究人的社会心理行为的社会心理学学科具有独特的学科性质。在学科的划分或分类中，有自然科学、有人文科学、有社会科学。在不同的学科类别中，又有生物学、心理学、人类学、社会学、文化学和共生学等不同的学科分支。那么，应该如何对社会心理学的学科性质进行定位，就是一个重要的学术问题，也是一个重要的现实问题。在社会心理学学科性质的探讨中，有很多的学者把社会心理学看做是边缘性的独立学科。所谓的边缘性，就是指社会心理学具有多学科的跨界研究的性质。当然了，由于学科的出发点不同，对社会心理行为的研究也就有不同的定向和定位。从而，也就有不同学科性质的社会心理学。按照上述的人的社会心理行为的不同性质，也就有六个不同的社会心理学研究的出发点，构成的是不同学科的社会心理学研究。这就是从遗传出发的生物学的社会心理学；从个体出发的心理学的社会心理学；从种族出发的人类学的社会心理学；从社会出发的社会学的社会心理学；从文化出发的文化学的社会心理学；从共生出发的共生学的社会心理学。

生物学的社会心理学有自己特定的关注内容和着眼方面，有自己特定的核心概念和基本理论。例如，生物学的社会心理学涉及的核心概念和核心内容包括生物基因、遗传本能、习性学说、印刻效应、人类天性，等等。生物基因的概念是伴随着遗传学、分子生物学、生物化学等领域的研究而发展和完善起来的。从遗传学的角度看，基因是生物的遗传物质，是遗传的基本单位，是突变单位、重组单位和功能单位。从分子生物学的角度看，基因是负载特定遗传信息的 DNA 分子片段，在一定条件下能够表达这种遗传信息，变成特定的生理功能。基因有三个基本特性：一是可以进行自体复制。二是基因决定性状，即基因通过转录和翻译决定多肽链的氨基酸顺序，从而决定某种酶或蛋白质的性质，并且最终表达为某一性状。三是基因会发生突变，基因虽很稳定，但也会发生突变。突变的基因可通过自体复制，在随后的细胞分裂中保留下来。遗传本能的概念说明的是一种先天的生物力量，它预先确定了动物按照一定的方式活动，它使动物对外界刺激的反应表现为一种可以预见的、相对固定的行为模式。从19 世纪末到 20 世纪初，以桑代克等人为代表的动物心理学家们就运用了本能的概念来解说心理行为。他们根据动物的生物本能来研究动物行为的心理倾向。其后，这种理论和方法则更进一步被引入心理学对人类行为及其动机的研究当中。

习性学说包括了三个基本的观点，即物种的先天行为，进化的演变特性，学习的预先倾向。物种的先天行为是指某一物种的所有个体基本都具有的行为，受遗传基因所控制，在特定的环境中表现出来。先天行为的特征包括，在物种的每一个体身上均表现出不变的行为序列，该行为序列并不需要后天的经验，并且该行为序列对物种具有普遍的意义。先天行为一般是相对不变的。进化的演变特性是指每一物种包括人类都要解决由环境造成的问题。这些问题包括，如何避免伤害，如何获取食物，如何繁衍后代。习性学家强调，如果某种行为能够促进物种对环境的适应，能够有利于物种的生存，那么适应环境变化所形成的新行为就会通过遗传基因传递给下一代，成为在一代又一代的种群中越来越普遍的行为。学习的预先倾向涉及敏感期和学习能力两个方面。敏感期是指动物在生物学上做好获取新行为准备的特定时期。在这一时期动物容易对特定的刺激作出反应。印刻现象便是发生在敏感期，而印刻是不可逆的。敏感期的概念在发展心理学中还有更广泛的含义，如许多早期发展研究者都强调早期经验对成人行为的重要性，所有阶段理论都主张某一发展阶段会对特定的经验非常敏感。

印刻现象是动物习性学家在研究中发现的。刚刚破壳而出的小鸭或小鹅，会本能地跟随在它第一眼见到的活动物体的后面。这包括它的母亲、一条狗、一只猫或一个人。更为重要的是，一旦这只小鸭子形成了对某个物体的跟随反应，它就不可能再形成对其他物体的跟随反应了。这种跟随反应的形成是不可逆的，即只承认第一，却无视第二。该现象不仅低等动物具有，而且高等动物和人类也同样具有。动物在出生后所遇到的某一种刺激或对象，会印入到它的感觉之中，使它对这种最先印入的刺激或对象产生偏好和追随反应。当它们以后再遇到这个刺激或和这个刺激类似的对象时，就会引起特定的心理偏好或行为追随。但是，如果小鸭子是在孵出蛋壳后较久才接触到外界的活动对象，就不会出现上述的偏好或追随行为。这就是所谓的关键期。在进行的实验当中，如果让刚刚破壳而出的小鸭子不是先看到母鸭子，而是先看到饲养人，有趣的是小鸭子就会将饲养人当成自己的母亲而跟随在后面。

人类天性的概念就是从生物遗传的角度来说明人的本性，解释人的社会生活中所表现出来的心理行为。这曾经在社会心理学的研究中非常盛行。研究者把人在社会生活中的各种不同的心理行为，都归结为是人类的天性，是生物遗传的结果。这也是生物学的社会心理学的基本学术主张。

心理学的社会心理学也有自己特定的关注内容和着眼方面，也有自己特定的核心概念和基本理论。例如，心理学的社会心理学涉及的核心概念和核心内容包括个体自我、社会认知、社会情感、社会动机、社会态度。

心理学的社会心理学着眼的是社会个体，或者说是从社会个体入手去考察和理解人的社会心理行为。个体是社会心理的承载者和体现者。或者说个人或个体是社会构成的最基本的单元，而个体心理则是社会心理的直接的体现。那么，社会个人或社会个体的心理整体是人的自我或个体的自我。在社会心理学的研究中，就常常是把自我看做是社会心理研究的逻辑起点。当然，无论是在人的社会生活之中，还是在社会心理学的研究之中，自我都有不同的体现，关于自我都有不同的理解。

例如，关于人的自我的分类就有研究者把人的自我区分为主我与客我。美国心理学家詹姆士在自己的研究中，便把人的自我区分为了主我和客我。所谓主我是发出认识和行动的自我，所谓客我则是作为主我对象的自我。人的客我又可以区分为物质的我、社会的我和精神的我。自我还可以区分为公我与私我。公我是指在公共场合展示给他人的自我，私我是指隐秘而不显露的自我。这可以与中国文化传统中的"阳"和"阴"相吻合。自我还可以区分为大我与小我。这是指自我的域界不同，包容的范围不同。大我可以包容天下，小我则是一己之私。自我还可以区分为有我与无我。有我是指以自己为中心，这包括人的自私和贪念。无我则是超越自我，达到忘我和显现真我。自我还可以区分为自我与自身。在不同的文化背景中，是否把身体纳入自我的范围就是自我与自身的区分。自我可以包容天下、包容社会和包容他人。那么，能够区分开个人的，就不是自我，而是自身。自我还可以区分为显我与隐我。在人的社会生活中，社会个体有所谓示人的自我和不示人的自我。前者就是显我，后者就是隐我。① 有研究者指出了，在关于"自我"的边界划分的方面，有四种代表性的社会心理学理论。这四种理论包括，一是关于"公我"、"私我"和"群体

---

① 徐冰：《中国人的"显我"和"隐我"》，载杨宜音主编《中国社会心理学评论》（第一辑），社会科学文献出版社 2005 年版，第 157—180 页。

我"的划分，二是关于"自足性自我"和"包容性自我"的划分，三是
关于"独立性自我"和"互赖性自我"的划分，四是关于"个己"与
"自己"的划分。除了第一种划分外，后面三种划分都表现出文化心理学
的意识，都注意到了在不同的文化下，个体的自我边界结构将是各具特色
的。可以说，这些不同的观点蕴含了新的研究路向，也会给这方面的研究
带来新的启示。如果参考有关自我文化价值观的跨文化研究，将会对他们
的理论价值有更加深刻的认识。①

　　心理学的社会心理学还涉及人的社会认知、社会情感、社会动机、社
会态度等。社会认知是指人对人的认知，是社会个体对"社会客体"的
知觉。社会客体可以是指社会个体或社会群体。有的社会心理学家也把社
会知觉叫做人际的知觉或对人的知觉。社会认知的范围很广，其主要包括
对他人的认知、对人际关系的认知、对行为原因的认知、对自我的认知。
社会情感是指伴随整个社会心理过程产生的心理体验和心理感受。人的社
会感情可分为情绪和情感。社会动机又称社会性动机、精神性动机，是动
机分类法中的一大类动机的总称。社会动机是经由学习而获得的。这不但
与个体的生活经验有关，而且与社会文化等因素有关。社会动机来源于两
个方面。一是从生理性动机衍生的；二是在社会环境中形成的。社会性动
机的种类可以包括交往、成就、攻击、防御、亲近、回避、谦逊、服从、
支配、养育、秩序、游戏、拒绝等。在社会心理学研究中，也有把社会动
机区分为亲近动机、顺从动机、攻击动机等。社会态度是指对社会对象的
一贯的、稳固的心理准备状态或一定的行为倾向。社会态度由认知、情感
和意向成分构成。认知成分是人对外界对象的认识和评价，是人对于对象
的思想、信念及其知识的总和。情感成分是人对外界对象的情绪性或情感
性体验。意向成分是人对外界对象显现出来的行为准备状态和持续状态。

　　社会心理的研究也有从种族视角出发的探索。这就是人类学的社会心
理学。人的存在不仅是作为个体的存在，而且也是作为种族的存在。人类
学的社会心理学关注的就是种族心理、人格模式、文化形态、生活方式。
种族心理是指人类种族共有的心理特征和行为方式。人格模式是指特定文

---

　　① 杨宜音：《自我与他人四种关于自我边界的社会心理学研究述要》，《心理学动态》1999
年第3期，第58—62页。

化和社会生活中心理人格的构成方式和心理行为的表现方式。文化形态是指文化的构成、文化的构成方式、文化的构成方式的历史传承。生活方式是指人的生活的理念、生活的样态、生活的进程、生活的价值、生活的意义、生活的组合。有研究者指出，与心理学研究者不同的是，心理人类学研究者则认为，自己深入到不同民族文化中得到资料更生动。他们在研究中通常是以民族为单位，对不同文化造就的不同心理和行为特点开展研究，以便从总体上把握一个民族的"基本人格类型"。因此，他们会毫不迟疑地认为把民族心理学并入心理人类学是最好的出路。①

社会心理的研究也有从社会视角出发的探索。这就是社会学的社会心理学。人的存在也是社会的存在，个体都是社会的成员，其心理行为具有社会的性质。社会学的社会心理学关注的是社会互动、社会关系、社会角色、社会群体、社会大众。社会互动是指社会上个人与个人，个人与群体，群体与群体之间通过信息的传播而发生的相互依赖性的社会交往活动。社会关系的心理学性质就是人际关系，这是指人们在人际交往过程中所结成的心理关系，它反映了个人或群体寻求满足需要的心理状态。这种关系的变化与发展取决于交往双方需要的满足程度。社会角色是由一定的社会地位所决定的、符合一定的社会期望的行为模式。它是人的多种社会属性或社会关系的反映，是构成社会群体或社会组织的基础。社会角色是社会地位的外在表现，是一整套行为规范和行为期待。社会群体指通过一定的社会互动和社会关系结合起来并共同活动的人群集合体。社会群体是构成社会的基本单位之一。社会群体的本质在于其内部有一定的结构，即由规范、地位和角色所构成的社会关系体系。社会大众则是泛指社会生活中的群众或人群。

社会心理的研究也有从文化视角出发的探索。这就是文化学的社会心理学。人的存在也是文化的存在，个体也是文化的承载者和体现者，其心理也就具有文化的性质。文化学的社会心理学关注的是文化传统、文化变迁、价值取向、行为规范、文化人格。文化传统是指社会文化的历史积累和历史传承。文化变迁是指或由于民族社会内部的发展，或由于不同民族

---

① 韩忠太、张秀芬：《学科互动：心理学与文化人类学》，《云南社会科学》2002 年第 3 期，第 60—65 页。

之间的接触，而引起一个民族的文化的改变。价值取向是社会和文化的价值定位和价值赋予，这决定了社会中的成员的心理行为的定向和定位。简言之，某种价值观一旦对人们认知与行为具有经常的导向性，就可称为价值取向。所谓价值取向，即价值标准所取的方向，也即价值的指向性。从价值观的角度看，价值的指向性就是价值取向。无论是取向还是指向，其实质是以谁为价值主体，并对价值主体的需要、目标和理想作何理解的问题。价值信念或价值取向如能组成一套互相关联的系统，则可称为价值体系。价值信念、价值取向及价值体系可统称为价值观。行为规范是社会或群体的行为准则和行为标准，是社会生活中或群体生活中对个体行为的约束。文化人格则是指在文化塑造下的人的心理行为的稳定特征。

社会心理的研究也有从共生视角出发的探索。这就是共生学的社会心理学。在社会心理学的历史发展中，在社会心理学的科学研究中，一直非常盛行的是分离的研究。或者说，是把社会心理行为与社会文化环境、个体社会心理与群体社会心理、小群体心理与大群体心理，等等，分离地加以考察。这既带来了研究的精确性，也带来了研究的偏差性。研究的结果造成的是对社会心理的不合理的解说。共生主义的观点则把前述的不同的方面看做是共生的过程，是共生的整体，是一个完整的过程，是一个互动的过程。

三　社会心理学的研究视角

正是因为社会心理学研究对象的多元的性质，正是因为社会心理学学科属性的多元的构成，所以社会心理学的研究就会具有多元的视角。社会心理学的多元的研究视角包括生物的研究视角、个体的研究视角、种族的研究视角、社会的研究视角、文化的研究视角、共生的研究视角。

生物的研究视角包含着社会心理学研究中的社会生物学的研究、社会遗传学的研究。这探索和揭示的是社会心理的生物性质和属性。人类习性学或社会遗传学在当代的体现就是社会生物学的创建。社会生物学家把所有的社会行为都还原到了基因的水平，并力图建构起关于所有的社会行为的遗传学的学说。威尔逊（E. O. Wilson）在其《社会生物学——新的综合》一书中，就认为有机体仅仅是遗传基因复制更多的遗传基因的工具。有机体生存的目的就是为了让自己的基因能够长存下去，而有机体的社会行为像利他行为、攻击行为等，都是基因为了复制自己所采取的策略，其目的是为了把自己的基因传递下去。[①]

自然与社会的关系、基因与文化的关系，自然的进化与社会的进化、基因的变异与文化的创造，这构成了解释和说明人的社会心理行为的生物学的基础。"共同进化"的理念就是社会生物学家所强调的一种共同的发展。例如，人类的社会亲和行为实际上就是生物亲和本能的体现，也是社会利他行为的生物学基础。20世纪60年代开始，一些社会生物学家开始试图从进化的角度来说明人类利他行为，但却不愿意复活达尔文自然选择的残酷含义。因此在其基础上先后建立了群选择和亲选择理论，在群体和亲族的范围内解释了利他主义行为。索伯（E. Sober）在《向着他人：无私行为的进化论和心理学》一书中，从生物学和心理学上给出了一种新的视角，即将群选择理论精致化，细分为群内选择和群间选择。根据这一进化模型，尽管在群内选择中利己主义占有优势，但在群间选择中利他主义占有优势。从全球范围看，利他主义将得到进化。[②] 道金斯（R. Dawkins）却作了相反的论述，他在其《自私的基因》一书中提出：基因才是真正的选择单位。在整个生物界，个体和种类的最大利益就是繁殖后代，因此不论是利己主义还是利他主义，都不过是实现基因利己主义的手段。最终目的是要更多地复制自身的后代，也就是最大限度地实现自己的利益。[③]

个体的视角是社会心理学研究中的心理学的取向。这是把个体作为社会心理学研究的基本单元。有研究者在考察现代社会心理学所面对的危机时，就考察过社会心理学研究中的个体主义。该研究指出，分析现代社会心理学的危机成因时，不应忽视这门学科所体现出的明显的个体主义倾向。这是现代社会心理学面临或面对的危机的三个主要的根源，也是现代社会心理学研究具有的三个重要的特征。这三个根源或三个特征就是所谓的实证主义、实验主义和个体主义。当然，个体主义在现代社会心理学的

---

① 威尔逊：《社会生物学——新的综合》，毛盛贤等译，北京理工大学出版社2008年版。

② Sober, E. & Wilson, D. S. *Unto Others: the Evolution and Psychology of Unselfish Behavior.* Cambridge, MA: Harvard University Press. 1988, 55 – 100. 李秦秦：《利己还是利他》，《自然辩证法研究》2005年第11期，第9—12、24页。

③ 道金斯：《自私的基因》，卢允中等译，吉林人民出版社2001年版。

后续发展中也具有积极的意义。从理论研究方面说，它有效地抵制了早期社会心理学家将"群体心理"视为超个体的精神实体的错误。从实际研究方面说，它使研究者们能够直接和便捷地获得数据资料，从而使社会心理学的定量化研究成为可能。从行动者个人的内心入手去寻找社会行为的原因，自然就会导致整个现代社会心理学缺乏对宏观社会过程的把握，也会导致忽略个体的社会性以及忽略把个体置于广泛的社会生活中去加以考察。这种社会心理学割断了人们的社会联系，自然也难以服务于现实的社会生活。个体主义的消极影响还不仅仅在于此，它实际上还导致了延续至今的现代社会心理学的分裂局面。社会心理学分为"心理学的社会心理学"和"社会学的社会心理学"，既有理论的原因，即人类行为受制于人格、社会及文化等因素，决定了其是可以从心理学、社会学及文化人类学等学科入手研究的边缘问题；也有历史的原因，即社会学家罗斯和心理学家麦独孤同时出版了该领域内第一本教科书。但是，这种分裂的进一步加剧却与 20 世纪 20 年代以后社会心理学中的个体主义当道密切相关。要想在研究中恢复个体与社会的联系，实现社会心理学中的不同取向的综合，就必须纠正这种否认群体的现实存在与现实影响的极端个体主义倾向。①

种族的视角是社会心理学研究中的人类学的取向。玛格丽特·米德（Margaret Mead）是 20 世纪著名人类学家，以对青春期、性和社会化等问题的研究而著名。她以人性、人格和文化变迁为主题，无论是对萨摩亚人的青春期研究、对马努斯儿童的成长和教育的观察、对新几内亚三个原始部落的性别与气质关系的探查，还是对代沟问题的研究，都充分证实了文化多样性对人格和心理塑造的决定性作用，从而表明先前的社会心理学对人的行为模式的描述与阐释并不具有全人类绝对普遍的意义。米德的文化决定论强调文化对人格的决定作用，她的一系列"证伪实验"有力地否定了弗洛伊德的泛性论，并使 20 世纪前期颇为流行的生物决定论遭遇严重打击。米德的文化决定论对文化人类学和社会心理学都产生了深远影响。米德的文化决定论强调文化因素与个人因素（或由个人产生的心理事件）存在着密切联系，研究范围包括个体是如何不可避免地受到他所

---

① 周晓虹：《现代社会心理学的危机——实证主义、实验主义和个体主义批判》，《社会学研究》1993 年第 3 期，第 94—104 页。

置身的社会或文化要素的影响，以及如何在所处文化范围内构筑自身的人格等。①

　　社会的视角是社会心理学研究中的社会学的取向。社会学取向的社会心理学在社会学母体中，是被归属于微观社会学的研究。社会学家通过对社会的微观层面理解，然后形成一套考察微观社会的方法。由于社会学学科自身就具有在理论上进行探索的特征，因此社会学中的许多微观研究实际上都是理论性的探索。只是一旦要去关心用什么方法来实现和证实这些理论研究，就会遇到许多难以解决的问题。社会学当中的符号互动论虽然并不直接进行实证研究，且比较理论化，但为后来的社会学取向的社会心理学带来了非常重要的理论启示和理论想象。米德的这些思想为后来的符号互动论、社会角色理论、戏剧理论、日常生活方法论和社会交换理论等提供了重要的思想源泉。如果说心理学取向的社会心理学在自身的发展过程中向文化方向迈进是一种权宜之计的话，那么社会学近来也在突破符号互动论和人格与社会结构视角，而直接挺进到传统中属于心理学的领域。比较具有代表性的是近来兴起的认知社会学和情绪社会学。②

　　文化的视角是社会心理学研究中的文化学的取向。可以将文化心理学定义为是研究人的文化心理或文化行为的一门具有边缘性质的独立学科。所谓文化心理或文化行为，是指人在一定的文化情境或文化语境中，具有的对一定的文化刺激所作出的该文化所规定的反应，即特定文化中的人内在固有的对刺激的解释和以此为基础表现出的行为模式或方式。所谓文化刺激，是指某一种群或种族在其进化和发展中，根据自己的需要或一定的目的，而赋予一定意义或价值的刺激，即对该种群或种族的人具有特定意义或价值的刺激。换言之，文化心理或文化行为是个体依据赋予刺激的特定意义或价值所表现出的心理或行为。对种群、种族和文化中的个人来说，文化心理或文化行为的形成过程即刺激的价值或意义的取得过程，是心理与文化的相互构建过程。由于刺激的意义或价值对于特定的文化语境中的人来说都是特殊的或者是有差异的，因此，对其研究应在具体的文化

　　①　张帆：《人类学与社会心理学的结合：玛格丽特·米德之文化决定论综述》，《社会科学评论》2007年第3期，第114—124页。
　　②　马怡、翟学伟：《社会学的社会心理学：研究取向及其现状》，《内蒙古社会科学》2003年第3期，第107—110页。

语境中体验、认识、解释与探究。由于文化心理学具有交叉和边缘性质，因此其研究方法或方法论是多元的，需要多种方法的综合运用。既有实证方法，也有解释学方法；既有量化方法，也有质化方法；但主要采用主位研究策略。①

共生的视角是社会心理学研究中的共生学的取向。这也就是所谓社会心理学的后现代的取向。"共生"一词是来源于希腊语。所谓"共生"的概念最先是指不同种属生活在一起的状态。在现代生物学著作中，"共生"被认为是一种相互性的活体营养性联系。在此处，"共生"就是指人与自然、人与人之间互利共生、和谐发展的生存状态和生存模式。"共生"就不仅仅是指存在和生存，而是指吸收了新的性质、新的内涵、新的要素，从而有着改进、提高、优化、发展的含义。"共生"也就是共存、共在、共荣、共利。"共生"的特征可表现为以下的四个方面：第一，"共生"是复杂化的、多层次的、开放性的。"共生"不是一个单一的和简单的存在现象，它包括生态系统的共生、社会系统的共生以及生态系统与社会系统之间的和谐共生。第二，"共生"具有最大可能的包容性。构成共生体的基本单元不仅有同质的，也包括异质的，是异质的多样性融合。第三，"共生"是各种关系之间的良性循环与发展。互利则共生，互损则俱灭。第四，"共生"是弱势力量的天然追求。②

四　社会心理学的基本理论

生物学的社会心理学或生物学取向的社会心理学包括社会生物学的研究、人类习性学的研究、生物基因学的研究、心理生物学的研究，等等。

社会生物学创建于美国，以威尔逊的巨著《社会生物学——新的综合》作为理论代表。其目的是将社会行为的机制彻底还原到基因水平，力图去建构一切社会行为的遗传学。威尔逊认为，有机体仅仅是 DNA 复制更多的 DNA 的工具。社会生物学家在习性学的基础上更为激进地认为，一切社会行为的生物学基础都是基因。动物（包括人）生存的目的就是

---

① 李炳全、叶浩生：《文化心理学的基本内涵辨析》，《心理科学》2004 年第 1 期，第 62—65 页。

② 史莉洁、李光玉：《走向"共生"——人与自然，人与人的生存哲学》，《华中农业大学学报》（社会科学版）2006 年第 1 期，第 10—12 页。

让自身的亲本基因能够长存下去。一切难以解释的社会行为如攻击，利他主义等，都是基因为了复制自己所采取的策略，其目的是通过自己或他人把自己的基因传给下代，一切生物科学及行为科学的研究都必须以基因的遗传规律为基点，才能阐明动物的各种种群现象，揭示动物的生活习性和行为模式。

人类习性学的研究者认为，如果通过生物学的假设来解释人类的社会心理行为，那么就要区分所谓的因果分析和功能分析。因果分析是为了说明结构或行为的原因，而功能分析是为了说明结构或行为的结果。例如，对人类的利他行为的因果分析和功能分析就是根本不同的。因果分析在于说明人类的利他行为的生物学的或社会学的原因或因素，功能分析则在于说明人类的利他行为的适应性的或生长性的机制。精确地说，人类利他行为的因果分析应该能够详细说明包含在所界定的行为中的神经学的，发展学的及社会学的诸多因素。而功能分析则要解释何种程度上这种行为以及与它有关的因果机制是适应性的。从经典习性学的社会行为的生物学努力，再到社会生物学的社会行为的遗传学努力，表明了关于社会行为的生物基础研究的不断深化。可以说，习性学对于动物社会行为的研究是卓有成效的，并且其研究成果正汇入当代心理学的理论图式中。因此，逻辑上一个自然推论：习性学的方法及其成果应用和外推到有关人类社会行为的有效性，就成为许多心理学家关心的问题。一种建立人类习性学新学科的努力在 20 世纪 70 年代后期开始了。

心理学的社会心理学包括实验社会心理学的研究、精神分析学派的社会心理学、社会学习理论的社会心理学、群体动力学派的社会心理学、社会认知理论的社会心理学。有研究者从现代社会心理学的三大特征，即实证主义、实验主义和个体主义入手，深入分析了现代社会心理学的危机根源。研究指出，实证主义、实验主义和个体主义在使社会心理学摆脱思辨模式、成为一门现代科学的过程中起过积极的作用，但也由此埋下了其日后危机的种子。实证主义造成了对研究方法与技术手段的过分崇拜和对理论研究和理论综合的极端轻视，实验主义割裂了社会心理学研究同现实社会的联系，并造成了价值中立的假象，个体主义混淆了个体与群体的辩证统一关系，并加剧了现代社会心理学的内部分裂。

那么在此基础上，以上述三大特征为标志的旧的社会心理学范式的危机，可能正预示着社会心理学的新范式的诞生。对于个体主义来说，可以从以下的两方面论述由奥尔波特确立的个体主义在现代社会心理学的后继发展中的积极意义：从理论上说，这实际上有效地抵制了早期社会心理学家将"群体心理"视为超个体的精神实体的唯心主义错误。在这方面，德国民族心理学家深受其前辈学者、著名哲学家黑格尔的影响。在实际的研究中，这可以使研究者们能够直接而便捷地获得数量资料，从而使社会心理学的定量化研究成为可能。不过，奥尔波特对个体与群体的看法多多少少混淆了这两者间的辩证统一关系。从比较全面的意义上说，个体和群体是互为依赖的。个体并非是自然的单个存在物，他是通过在群体中或者社会中生活而后才成为个体的，是通过在群体或者社会中占有既独一无二又与他人联系的地位而成为个体的。因此，所谓的个体是作为群体成员的个体；所谓的群体也不是超个体的，它是通过个体间的互动而形成的。但是，群体一旦形成了，便具有了某些是组成它们的个体本身所不具有的特征。因此，群体虽然是由个体所构成或组成的群体，但却又是不能够还原为个体的群体。①

人类学的社会心理学包括文化决定论的研究、民族性格的研究、心理人类学的研究等。文化人类学研究考察了文化与人格、文化与自我的关系。正如有的研究者很早就已提示出来的，由文化人类学所进行的每一次跨文化研究都是一次震动社会心理学的冲击。在此之前，社会心理学基本上是关于西方人的社会心理学。在这种社会心理学的面前，文化人类学家的研究则充分证实了文化的多样性对人格和心理塑造的决定性意义，从而表明，先前的社会心理学对人的社会行为模式的描述和阐释并不具有绝对普遍的意义。文化人类学家经过长期的持续不懈的努力，终于彻底打破了社会心理学领域由社会学家和心理学家双雄争霸的局面，形成了新的三足鼎立的阵势。对人类行为研究的更具体化、多学科化，是这种研究从原始综合过渡到辩证综合的必经阶段。②

社会学取向的社会心理学传统主要有两个来源。一个是来自于符号互

---

① 周晓虹：《现代社会心理学的危机——实证主义、实验主义和个体主义批判》，《社会学研究》1993 年第 3 期，第 94—104 页。

② 周晓虹：《论文化人类学对社会心理学的历史贡献》，《社会学研究》1987 年第 5 期，第 61—72 页。

动论，一个是来自于人格与社会结构的观点。在这两种传统中，前者提供的是理论上的探求，后者提供的是一种社会学取向的社会心理学理解社会心理的视角，它主要是通过社会调查的方法来研究个体心理与社会之间的因果或相关关系。比如韦伯（M. Weber）在《新教伦理与资本主义精神》一书中，就探讨的是在个人价值观中的清教教义是如何促进资本主义的产生与发展的，后来在美国种族偏见的研究中也多用这一视角，即研究个人对种族的歧视如何影响了社会阶层分布，国家经济发展和人口流动分布等。

　　跨文化社会心理学看起来还是心理学取向的社会心理学，或者说是心理学取向的社会心理学家所从事的。但由于要考虑到把人的心理放在不同的社会文化中来看，因此，许多过去的所谓普遍性的观点开始动摇了。用变量的观点来看，虽然社会心理学在其研究中只加入了文化这一个变量，但这个变量不是一个一般性的变量，它的加入将有可能从根本上改变传统的心理学取向的社会心理学。也可以这么说，过去对人的实验和测量之所以能够比较容易地得出普遍性的结论，对人的预测可能都在于控制了文化变量和假定了不存在文化因素的基础上的，人不过是一个比动物复杂一点的（在行为主义看来并不比动物复杂）动物，现在加入了文化，就等于提升了人，包括人的主体性、理解性、人与环境（情境）互动等一系列内容。结果，跨文化社会心理学在客观上可能使心理学取向的社会心理学向社会学取向的社会心理学靠拢，尽管这种靠拢目前更多的是形式上的。在研究方法上，心理学取向的社会心理学还是坚守自己的一套做法，比如拿修订后的量表来测量当地人的性格，或在实验时考虑到被试的社会背景差异等，或者干脆就直接设计一种测量文化心理差异的量表，如个人主义和集体主义量表等。

　　文化学取向的社会心理学的研究包括了对文化与人格的研究，以及对文化与自我的探索。或者说，在文化学取向的社会心理学研究中，经历了从文化与人格的研究到文化与自我的探索的重要转换。这实际上体现在了心理人类学的研究重心的转移或转换之中。心理人类学的研究重心从文化与人格转向文化与自我，体现了如下两点。首先是人类文化的回归，也即从立足于文化，通过文化来看人，转向了立足于人，通过人来看文化。文化不再是一种外在于人的抽象的存在，不再是从外部对人的塑造和控制，而是人的创造，人的自我决定。其次是日常生活的凸显，也即从立足于人的抽象人格，转向了立足于人的日常心理生活。人的心理生活是人的最直接的现实体验，它可以是人主动构筑的。人对自身的心理生活有什么样的把握和理解，也就会构筑什么样式的心理生活，而这种把握和理解则有其文化的传承。上述两点，对于全面、探入地理解文化与人、文化与人的心理生活的关系，都具有重要的学术和生活意义。① 文化学的社会心理学研究的课题包括关于文化心理的研究，也包括对多元文化与社会心理学的关系的探索。

社会心理学与文化心理学是彼此密切相关的心理学分支。文化心理学的研究是近期的心理学研究中心和重点。有研究者指出了，目前人们主要是从两个方面来界定文化心理学的内涵。一是从研究对象上，一是从研究方法上。前者实际上是要求拓宽心理学的研究范围和内容，从新的角度开展心理学研究。后者实际上是要突破传统心理学的立场、观点和方法，克服其研究方法的不足。

文化心理学是研究"意义"的一门学科。"文化"是有意识的人类活动，因而就具有人的意义。人在进入文化和创造文化之前，只不过是自然界中的一个物种，还并不是真正意义上的人。正是文化使人成为人，使世界成为人的世界，使自然成为属人的环境。更明确地说，人在自己的实践活动中，是逐步通过自己的心理行为，在促使外在自然人化的同时，也使自己的内在自然人化，从而创造出一个具有意义和价值的世界。人正是通过意义或价值把自己与自然、自己与他人等联系起来。人也是以意义或价值为中心构建自己的心理观念、生活方式和社会制度等。正是这种以人为中心，从人的立场出发，才建构出了属于人的文化，世界万物才具有了人的意义和价值。心理与文化的交互影响和相互建构是文化心理学的基本观点和研究内容。心理是与外在文化世界相应的内在世界，而外在文化世界是心理这一内在世界的表达或展现。

文化心理学是一种新的心理学的研究思路或方法依据。心理学研究必须以实际的文化语境为出发点和归宿。由于人都是生活在特定的文化中，

---

① 葛鲁嘉、周宁：《从文化与人格到文化与自我——心理人类学研究重心的转移》，《求是学刊》1996 年第 1 期，第 27—31 页。

文化就是人的生存或存在的方式，因此心理学研究必须以文化语境为出发点和归宿，在具体的文化语境中进行研究。文化心理学的研究可以采取主位研究来进行。主位研究强调的是文化心理与当地的社会、文化背景、地理环境和历史语境等具有密切的关系，对文化心理的研究就应该在当地的或本土的文化中进行。文化心理学的研究就应该主要采用主位的研究。[①]

共生学的社会心理学立足于共生主义（enactionism）的理念和原则。共生主义强调的是应该把环境与心理理解为交互作用、彼此促进和共同生成的过程。这种共生作用就不仅仅是环境对人的心理的影响，而且人也会创造自己的环境。如果进一步地去分析就会发现，这种交互的作用实际上就是一体化的过程。这种一体化的过程实际上也就是各方共同生长的历程，也就是任何一方的演变或发展，都会带来另一方的演变或发展。心理环境的概念就是有关共生历程的最好的描述。在目前的社会和人类的发展进程中，人类已经开始意识到，在现实的世界中，没有单一方面的任意发展，没有你死我活的生存竞争，没有消灭对手的成长机会，没有互不往来的现实生活。有的只是各方互惠互利的彼此支撑，只是共同繁荣的生存发展，只是恩施对手的成长资源，只是互通有无的现实社会。其实，无论是研究自然的、是研究生物的、是研究植物的、是研究动物的、是研究人类的，都要面对着各种不同对象之间的关联性。生态学的兴起、生态学方法论的流行，就是反映了这样的趋势。[②]

第七节　多元化的文化

实际上，心理学的发展在当代还面对着多元化的文化。对多元文化的存在、对多元文化的价值的肯定和推崇，这就是多元文化主义的潮流。异质文化或不同的文化资源会给心理学提供什么样的发展根基，是心理学的研究者必须要面对的重大的问题。单一文化的霸权的削弱，多元文化的格局的形成，必然会极大地影响心理学的发展、演变和未来。

---

① 李炳全、叶浩生：《文化心理学的基本内涵辨析》，《心理科学》2004 年第 1 期，第 62—65 页。

② 葛鲁嘉：《心理学研究中环境的性质、类别和功能》，《北京师范大学学报》（社会科学版）2005 年第 6 期，第 19—23 页。

一 多元文化的潮流

20 世纪 60 年代，多元文化的风潮、多元文化主义在美国、加拿大和澳大利亚等西方发达国家广泛兴起。在几十年的时间中，就迅速成为世界性的文化潮流、文化思潮、文化趋向。就多元文化兴起的背景而言，主要涉及了以下的几个重要的方面。首先，就在于种族的、民族的、国家的文化多样性的迅速显露和快速发展。有学者在研究中指出，在过去的几十年中，世界范围内的现代化运动是最为显著的社会文化变迁。所谓的现代化运动是由现代化理论所引导的。但是，研究者在研究中却发现，经典的现代化理论有着一个非常致命的弱点，那就是对文化的多样性或对文化的多元性的忽视。应该说，人类的文化的多样性与自然的生物的多样性一样，对人类自身和人类社会的发展都是至关重要的。因此，为了人类社会的可持续发展，就应该在不同民族、不同文化相处时，倡导文化的多样性和文化的多元性的原则。① 其次，是民权运动在全世界范围内的广泛兴起，弱势的少数民族要求承认和争取平等的呼声日益高涨。再次，是世界范围内的种族和文化的同化政策普遍失败，种族纯洁与文化同质的建国理想破灭。

多元文化主义的兴起还不仅仅是一种思想潮流，而且也很快被世界性组织落实为全球社会发展的政策。在 1995 年，联合国教科文组织的社会转型管理项目组（MOST）完成了一个重要的文件：《多元文化主义——应对民族文化多样性的政策》。该文件对多元文化主义开展和进行了总体性评估。在同一年，世界文化与发展委员会提出了以多元文化主义作为处理民族文化多样性的基本原则。在随后的一些年之中，多元文化成为了人们关注的重心和中心。1998 年，在瑞典的斯德哥尔摩所召开的"文化发展政策政府间会议"也认可了多元文化的原则。2000 年，联合国的教科文组织编写了《2000 年世界文化报告》，集中地讨论了"文化的多样性、冲突和多元共存"。2001 年 11 月 2 日，联合国的教科文组织在巴黎举行的第 31 届会议上，发表了《世界文化多样性宣言》。宣言指出："尊重文

---

① 钟年：《不同民族不同文化的相处之道——现代化问题与文化多样性》，《世界民族》2001 年第 6 期，第 31—35 页。

化多样性、宽容、对话及合作是国际和平与安全的最佳保障之一。"2005年10月20日，联合国教科文组织第三十三届大会以压倒性多数通过了《保护文化内容和艺术表现形式多样化公约》（简称《文化多样性公约》）。公约确认了"文化多样性是人类的一项基本特征"、"是人类的共同遗产"、"文化多样性创造了一个多彩的世界"等一系列有关人类文化的基本理念，强调各国有权利"采取它认为合适的措施"来保护自己的文化传统和文化遗产。[①]

二　多元文化的探索

多元文化论或多元文化主义（multiculturalism）是流行于现代西方社会科学的一种文化潮流、一种文化转向、一种学术思潮、一种学术探求。所谓的多元文化论强调的是文化的多样性，反对把欧美的白人文化看成是世界文化强制统一的标准和唯一合理的尺度，反对单一文化的霸权，强调所有的文化群体和各种类型的文化价值观的多元性和平等性。所谓的多元文化主义则是把文化的多元化存在和文化的多元化发展看做是文化的历史进步和文化的演变趋势。多元文化的探索是把文化多元性的现实和文化多元性的原则体现和贯彻在了不同的学术领域和学术研究之中。

在当今世界的发展中，与经济全球化相对应的就是对文化多样性的强调，就是对文化多元性的认可。这已经成为文化发展和文化研究的一个十分重要的课题。文化的发展与进步导致的是文化的多样性的现实和文化的多元化的发展。对于许多的研究者来说，全球的一体化和文化的多元化是现实发展的两级。这成为社会发展、科学发展、包括心理学发展所必须面对的文化现实。亨廷顿（S. P. Huntington）等主编的《全球化的文化动力》一书中指出，经济全球化和全球一体化正在接受文化多元化的挑战。文化的多样性实际上就是全球化过程的文化动力。[②] 当然了，也有研究者认为，亨廷顿的理论存在着多元文化主义的悖论。所谓的多元文化主义的悖论是指，既主张文化的多元性和文化是多元的，又认为文化的多元化是

---

① 杨洪贵：《多元文化主义的产生与发展探析》，《学术论坛》2007年第2期，第75—77页。

② 亨廷顿等主编：《全球化的文化动力：当今世界的文化多样性》，康敬贻等译，新华出版社2004年版。

不可行的，是必须反对的。[①]

有研究者界定和区分了多元文化、文化多元主义和多元文化主义等概念，认为这三个概念既有联系，也有区别。所谓的多元文化是人类社会生活中存在的一种客观事实，是当今世界各国业已存在的一种文化现实。特别是在美国这样一个多种族、多民族、多文化的社会之中，多种或多元的文化共同存在。那么，文化多元主义和多元文化主义则是指民族理论演进过程中，不同阶段的应对多元文化社会客观现实的两种不同理论思潮。"文化多元主义"是世界范围内对"美国化"运动的一种抵制，是对在不同文化传统中发展自身文化的一种呼声。文化多元主义反对贯彻文化的一元性，鼓励文化的多样性。在美国的社会中，则更为强调互不联系的不同社会集团的独特经历与贡献，更为强调移民或少数族裔集团的无法同化的部分，寻求和要求的是白人社会（或欧洲文明）内部的各种文化之间的平等地位和价值。但是，这还没有或极少涉及那些处于人口少数地位的非白人民族集团文化和利益的问题。"多元文化主义"则不仅明确地认识到决定不同国度社会生活多元化的各种不同种族、族裔和文化集团的存在，而且还将这种多元文化之间的关系同引起社会变化的其他因素联系起来加以考察。[②]

三 多元文化心理学

心理学中的多元文化论者认为，心理学就其本质来讲是西方主流文化的产物，因此，应该摆脱心理学对西方主流文化的单一依赖性，把心理学的理论和实践建立在多元文化论的基础上，建立一种多元文化的心理学。[③] 西方心理学中的多元文化论思潮被称之为继行为主义、精神分析和人本主义心理学之后心理学中的第四力量，或心理学的第四个解释

---

① 黄力之：《多元文化主义的悖论——对亨廷顿理论的再评价》，《哲学研究》2003 年第 9 期，第 36—42 页。

② 韩家炳：《多元文化、文化多元主义、多元文化主义辨析——以美国为例》，《史林》2006 年第 5 期，第 185—188 页。

③ 叶浩生：《关于西方心理学中的多元文化论思潮》，《心理科学》2001 年第 6 期，第 680—682 页。

维度。①

　　在心理学的研究中，有所谓的普适主义，也可称之为通用主义。这是主张在心理学的研究中，寻求单一的研究原则和研究标准，追求普遍适用的方法和技术，强调对心理行为的唯一描述和解说。这成为心理学研究的支配性的与核心性的通则。那么，从反对心理学的普适主义出发，多元文化论的持有者和传播者也对西方心理学中的"民族中心主义的一元文化论"（ethnocentric monoculturalism）提出了强烈的批评。认为民族中心主义的一元文化论显然是从自己的民族或种族的文化背景出发，以自身的标准衡量和判断来自于其他文化条件下的人，这种"文化霸权主义"必然会扼杀本应丰富多彩的世界心理学。研究者也实际指出了，多元文化论的以文化为中心的观点，促进了心理学家对行为与产生这种行为的文化环境之间的关系的认识，促使心理学家重视行为同本土文化关系的研究，强调心理学研究要紧密联系本土文化的实际，考虑本土文化的特殊需要，研究本土特殊文化条件下的人的心理特征等。这就有助于心理学同社会文化之间建立紧密联系，对于心理学在世界范围内的发展是有着积极意义的。②

　　有的研究者认为，无论是单一的西方文化或单一的东方文化都无法独立地解决目前心理学所面临的问题，这就必须在全球化与本土化互动之间重新建构一种多元文化的现代心理学观。一是西方科学心理学已经面临重重危机，从其文化自身内部无法根本地加以解决，一些西方心理学家也已明显地意识到这一问题，开始关注文化的影响。二是心理学本土化运动的兴起既是对西方科学心理学的反叛，但更是一种启示和补充。三是全球化时代的到来使不同文化之间的交流成为可能，为建构多元文化的现代心理学观提供了历史的契机。但与此同时也出现了一些新的问题，这些问题要是用单一文化已经很难加以解释。例如，有关移民的文化适应问题。因此，就非常迫切地需要一种多元文化的心理学观。四是后现代思潮和多元文化论的影响。后现代心理学秉承后现代的思想精神和理论精髓，试图

－－－－－－－－－－

①　Pedersen, P. (Ed). *Multiculturalism as a Fourth Force.* Washington, DC: Taylor Francis, 1999. 3 – 9.

②　叶浩生：《关于西方心理学中的多元文化论思潮》，《心理科学》2001 年第 6 期，第 680—682 页。

"解构"现代科学心理学的"中心化"地位和"合法性"身份。倡导从文化、历史、社会和环境等诸方面考察人的心理和行为，提倡研究视角的多样化和研究方法的多元化，反对把西方白人的主流文化看成是唯一合理和正确的，强调所有的文化群体和各种类型的文化价值观的平等性。这些观点为建构一种多元文化的心理学观提供了理论上的支持。①

在有的研究者看来，多元文化论与本土心理学是完全可以在人类心理学的理论前景中相遇的。他们在研究中指出，本土心理学与多元文化论在人类心理学理论前景上的相遇，至少包含三种历史的和逻辑的根源。第一，多元文化论与本土心理学都是心理学文化转向的组成部分；第二，本土心理学尚缺乏坚实的理论基础，多元文化论则缺乏现实的知识支撑；第三，文化的特殊性与文化的多样性之间的内在逻辑关联，将多元文化论与本土心理学变成了一个问题。它们不得不面对根本上相同的问题。这一问题表达为互相牵制的两个方面。在一个方面，心理学必须同时考虑多元化、多样化的文化现实，因而不能陷入任何形式的文化中心主义。在另一方面，心理学必须面对和表达文化的特殊性，即必须能够居于特定文化的主位立场。这两个方面的辩证统一，逻辑地要求某种"去文化"的多元文化论立场。对于本土心理学来说，这种立场意味着元理论的文化基础；对于多元文化论来说，这种立场则是知识学的具体途径。正是在这个意义上，所谓的"去文化"的多元文化论，可能意味着心理学中某种研究范式或知识类型的转移。②

其实，在心理学的研究中，多元文化主义心理学的出现和滥觞，是给了心理学的发展和演变一个重要的转机和提示。心理学的发展也就不再是具有唯一标准和唯一尺度，也就不再是具有唯一根源和唯一基础。多元文化纳入心理学的研究视野，多元文化成为心理学的研究基础，多元文化汇入心理学的研究内容，这都在各个层面上改变了心理学的研究进程。这凸显了文化的存在，凸显了文化的价值、凸显了文化的功能、凸显了文化的作用。

---

① 陈英敏、邹丕振：《在全球化与本土化之间：建构一种多元文化的现代心理学观》，《山东师范大学学报》（人文社会科学版）2005年第3期，第132—135页。
② 宋晓东、叶浩生：《本土心理学与多元文化论——在人类心理学理论前景中的相遇》，《徐州师范大学学报》（哲学社会科学版）2008年第1期，第112—116页。

第八节　新心性心理学

中国心理学的跨世纪发展面临着一个十分重要的选择，那就是从对西方心理学或对外国心理学的模仿中解脱出来，使之植根于中国本土文化的传统资源，使之走上原始性创新的道路。新心性心理学就是一种植根本土资源的创新努力，试图开辟中国心理学自己的新世纪发展的道路。应该说，可以说，新心性心理学就是一种资源形态的心理学。新心性心理学不仅立足于本土的资源，而且参与创造本土的资源。新心性心理学有其基本的内涵和主张，对于心理学研究对象的理解和对于心理学研究方式的确立都有一个基本的改变。新心性心理学考察和探索六个部分的基本内容：心理资源、心理文化、心理生活、心理环境、心理成长、心理科学。这六个组成部分的内容涉及心理学的基础、心理学的学科、心理学的对象、心理学的背景、心理学的目标。心理资源是对生成和促进心理学发展的基础条件的探讨。心理文化是对西方的心理学传统和中国的心理学传统的跨文化解析。心理生活是对心理学研究对象的一种新视野、新认识和新理解。心理环境是对心理与环境关系的一种新的思考和分析。心理成长是超越心理发展的心理学主张。心理科学是对心理学命运与前途的全景考察。这是新心性心理学围绕心性核心的六个不同的研究指向。

一　中国心理学的本土化

中国心理学经历了从全盘引进和照搬西方的科学心理学，到从自己的本土文化中寻找和挖掘心理学的资源，再到启动和引发中国心理学的原始性创新。这使中国本土心理学开始走上了独立和自主的发展道路，与西方强势心理学开始有了对等和平等的对话和交流。正是在此期间，中国本土心理学的选择和突破的演进历程非常值得中国心理学研究者的反思。这必然会使中国心理学开始自己的全新的发展。

一是从政治化到学术化。中国本土心理学的发展曾经受到中国本土的政治生活的重大的影响。在三十年之前的历史时期中，中国心理学的发展一直是在政治气候的重压之下。这体现在新中国建立之后的历次政治运动中，心理学曾经被当作是资产阶级的伪科学，曾经被当作是唯心主义的异端邪说。在改革开放之后的三十年之中，心理学才开始了自己的学术化的历程。心理学才开始被当作是一门科学。心理学的研究才开始走入科学的轨道。从而，摆脱了自己被当作是伪科学和唯心主义学说的命运。这是中国心理学走入国际心理学大家庭的开始。心理学的学术研究才成为真正的学术追求。当然，去政治化并不等于是脱离中国的社会背景，脱离中国的社会现实，脱离中国的政治进程，而是通过自己的独立的学术品格，来更好地进入现实生活。这也是心理学学术化的最为重要的体现。

二是从西方化到本土化。中国本土文化的土壤中没有生长出西方意义上的科学心理学，中国现代的科学心理学是从西方传入的，其科学化在早期是通过西方化来完成的。但目前，中国心理学的科学化的努力正在从追求西方化转向追求本土化。中国心理学的本土化应立足于突破和变革西方心理学的褊狭科学观，这不仅可以给本土化带来必要的规范，而且可以推动整个心理学的科学性的发展，使其成为真正意义上的科学。心理学科学观的变革就体现在对心理学研究对象的重新理解和对心理学研究方式的重新确立上。在整个西方化的时期，也就是在 19 世纪后期到 20 世纪后期，西方科学心理学的传入和中国科学心理学的建立是合一的过程。中国现代心理学的科学化历程实际上就是西方化的历程，或者说中国现代心理学的科学化实际上就是通过西方化来完成的。可以说，中国心理学一直就走的是学习、引进、模仿和改造西方心理学的道路。只是到了本土化时期，也就是从 20 世纪后期开始，中国现代心理学的科学化才转向是通过本土化来完成的。中国心理学才开始走向探索、开创、建构和传播本土科学心理学的道路。西方心理学倡导的科学性实际上带有西方文化的褊狭性，而非西方心理学倡导的本土性则应该立足于扩展西方心理学的科学性。进而，对科学性的追求，也是中国心理学的本土化摆脱尝试性和盲目性，以及走向理性化和自觉化的保证。

三是从依附性到独立性。中国心理学的发展道路是从依附开始的。这种依附性体现为对政治生活和政治思想的依附，也体现为对权力或对权威的依附，也体现在对其他相关学科分支的依附。所以，在中国心理学的研究中，在中国心理学的思想中，在中国心理学的理论中，能看到大量的政治哲学的比附，能看到政治人物的语录和观点，能看到物理学、生物学、生理学、遗传学等学科的内容，也能看到中国文化传统中的所谓心理学思想，像孔子的心理学思想，道家的心理学思想，先秦的普通心理学思想。中国心理学史作为一个研究分支，就是依据于此建立起来的。但是，却很少能够看到属于心理学自身的独立的探索、独立的思想、独立的创造。中国心理学长期的依附性，导致的是独立性的缺失，导致的是创造性的弱化。如何对待和挖掘中国本土的心理学资源，存在着完全不同的学术理解。

四是从模仿性到原创性。中国心理学在 21 世纪的发展，必须要走自己的道路。在新的千年里，中国心理学没有现成的道路好走，所以重要的是要开辟自己的道路。对中国心理学的发展来说，只有创新、只有原始性创新，才能够使中国的心理学摆脱跟随、复制和模仿的命运。其实，在中国本土的文化中，也有着自己的心理文化传统。问题是怎样把这种传统转换成心理学创新的资源。"新心性心理学"就是立足本土资源的原始性创新，也是累积本土资源的原始性创新。中国本土心理学的跨世纪发展面临着一个十分重要的选择，那就是从对西方心理学或对外国心理学的模仿中解脱出来，使之植根于中国本土的文化社会资源。新心性心理学就是一种立足于本土文化资源的心理学理论创新的尝试和努力，试图开辟中国心理学自己的新世纪发展的道路。新心性心理学有其基本的内涵和主张，对于心理学的学科资源的挖掘，对于心理学的研究对象的理解，对于心理学的研究方式的确立，对于心理学的对象成长的考察，都有创新性的突破。"新心性心理学"的探索主要就是由六个部分的内容所构成的，包括心理资源、心理文化、心理生活、心理环境、心理成长。这六个部分的内容涉及心理学的学科资源、心理学的学科基础、心理学的研究对象、心理学的对象背景、心理学的生活引领。心理资源是对文化历史传统中的不同心理学形态的挖掘和考察。心理文化是对西方的心理学传统和中国的心理学传统的跨文化考察、跨文化解析和跨文化比较。心理生活是对心理学研究对象的一种新的视野、新的认识和新的理解。心理环境是对心理与环境关系的一种新的思考、新的分析和新的阐释。心理成长是关于人的心理的超越发展的理解和解说。心理科学是对心理学命运与前途的全景考察。"新心性心理学"以探讨和揭示心理科学、心理资源、心理文化、心理生活、心理环境、心理成长为目标，以开创和建立中国自己的心理学的学派、思想、理论、方法、技术和工具为己任，以推动和促进中国心理学的创新、创造、突破、发展、进步和繁荣为宗旨。

五是从精英化到大众化。心理学的发展是与社会的整体发展水平相关联的。或者说，只有当一个社会的物质生活水平达到了相应的程度，社会的大多数人才有可能关注人的心理的方面，才有可能关注人的心理生活的质量问题。因此，当中国社会还处于贫穷落后的阶段，心理学的研究和心理学的应用就只能是少数社会上层精英关注的内容。社会的大多数人关注的就是温饱的问题，就是生存的问题。那么，心理的问题、心理生活的问题、心理生活质量的问题，就不在大多数人的视野之中。但是，在中国改革开放的三十年的时间里，中国社会发生了翻天覆地的变化，人的物质生活水平有了极大的提高。普通人在自己的生活中，已经不仅仅是关注自己的衣食住行，不仅仅是关注自己的身体健康，而且也开始关注自己的心理生活，开始关注自己的心理健康。因此，中国心理学的发展就此便开始了自己的大众化的历程。心理学开始从研究者的实验室里和大学专业教师的课堂上，进入到了普通人的日常生活之中，转换成为普通人的生活常识。

六是从学理化到生活化。在心理学的研究中，在心理学的演变中，心理学的理论研究、方法研究和技术研究的顺序，曾经有过不同的变化。首先是理论、方法、技术的顺序。在这个顺序中，理论占有首要的位置或支配的地位。理论的范式、理论的框架、理论的假设、理论的主张、理论的观点等等，就成为了心理学研究的核心的部分。其次是方法、理论、技术的顺序。在这个顺序中，方法占有首要的位置或支配的地位。方法的性质、方法的构成、方法的设计、方法的运用、方法的评判等等，成为心理学研究的支配的部分。心理学研究应有的顺序是技术、理论和方法。这是技术优先的思考。所谓的技术优先重视的是价值定位、需求拉动、问题中心、效益为本。价值定位是指在心理学的研究中，研究者和研究者的研究都应该有其取向。在原有的实证心理学的研究中，是主张价值中立，或者是主张价值无涉。研究者必须在研究中持有客观的立场。价值定位则试图有所改变。需求拉动是指心理学的研究是人的现实生活的需要所拉动的。其实，越是发达的社会，越是高质量的生活，就越是重视人的心理生活，就越是重视人的心理生活的质量。问题中心是指心理学的研究必须要以确定问题、研究问题、解决问题作为自己的核心。效益为本是指心理学的研究也必须要考虑自己的投入和产出，即怎么样以最少的投入获得最大的收益。在技术、理论、方法的顺序中，技术是由理论所支撑的，理论是由方法所支撑的。所以，所谓的技术优先也并不是脱离了理论和方法的单纯的技术研究。对于心理生活来说，最为重要的就是生活规划、规划实施和实施评估。人的心理生活是以创造为前提的，或者说人的心理生活是人自主创造出来的。其实，人的心理不是自然天生的，不是遗传决定的，不是固定不变的；而是后天形成的，是创造出来的，是生成变化的。把人的心理看成是已成的存在，与看成是生成的存在，具有根本的不同。所以，心理学的研究不应该是着重于已成的存在，而应该是着重于生成的存在。或者说，人的心理不仅仅是已成的存在，而且更重要的是生成的存在。心理学的研究不应该是仅仅着重于人的已经生成的心理的存在，而更应该是着重于促使生成人的心理的存在。心理科学通过生成心理生活而揭示心理生活，心理科学促使生成的心理生活才是人的合理的心理生活。

二　中国本土心理学传统

任何的文化中，都有属于本土的心理学文化和心理学传统。中国心理学的新世纪发展必须植根于中国本土心理文化的传统。在中国的文化历史中，蕴涵着非常丰富的心理学传统资源。问题是这些资源还没有被充分地挖掘出来和利用起来。心理学的发展是需要资源的，或者说是需要文化资源的。西方的心理学就是植根于西方的文化传统，它从自己的文化资源中获取了心理学发展的动力和心理学研究的方式。问题是，中国心理学的创新和发展也同样应该植根于中国的文化传统，从这种文化的资源中获取心理学发展的动力和获取心理学研究的启示。

在中国的文化传统中，并没有专门的研究和探讨人的心理行为的分支。所以，如果按照西方科学心理学的标准来衡量，中国的文化传统中并没有和不存在心理学。有一些学者也就此认为，在中国的思想史中，在中国古代的典籍中，在中国思想家的论述中，只有一些零散的心理学思想。但是，如果放弃西方心理学的衡量标准，而去重新认识中国的文化传统，就会了解到，中国的文化传统中也有自己独特的心理学，或者说也有自己系统的心理学。

有没有系统的心理学，可以从三个方面去衡量。第一是有没有说明和解释人的心理行为的概念和理论，第二是有没有考察人的心理行为的方式和方法，第三是有没有影响和干预人的心理行为的手段和技术。如果具备了这三个方面，那就可以确定存在有系统的心理学。在中国的文化传统中，显然具备了这三个方面的内容。中国的思想家提供了独特的解说中国人的心理行为的概念和理论，提供了考察中国人的心理行为的方式和方法，提供了影响和干预中国人的心理行为的技术和手段。那么，就可以断定，中国的本土文化中，存在有自己的心理学传统，也就存在有自己的心理学资源。

当然了，中国的心理学家也许到目前为止，还没有真正把中国本土文化中的心理学传统当作中国心理学创新和发展的资源。或者说，中国本土的心理学资源还没有被挖掘和提取出来。中国古代心理学思想史的研究还是在按照西方心理学的框架和尺度，来衡量中国古代思想家的所谓心理学思想，去筛淘中国古代思想家的所谓心理学思想建树。例如，孔子是中国古代的著名思想家，是儒家学派的创始人，是儒家学说的奠基者。那么，按照一些中国心理学思想史的研究者的理解，孔子也提供了心理学的思想。孔子的心理学思想包括普通心理学的思想、教育心理学的思想、发展心理学的思想、人格心理学的思想、社会心理学的思想等等。这是按照西方建立的科学心理学的分类去切割孔子的思想。其实，儒家所提供的是一种心性学说。这种心性学说是心道一体的理论假设，是内省体道的心路历程，是心灵境界的提升途径，是心理生活的构筑方式。同样，道家和佛家也都提供了独特的心性学说。

三　新心性心理学的创新

新心性心理学有着自己的基本内涵和主张。中国本土文化中的心理学传统可以称之为心性心理学，但这仅仅是传统意义上的古老的心理学。那么，中国心理学在新世纪的发展并不是要回复到原有的老路上去，而是一种创新。但是，这又是在汲取中国本土文化资源基础上的心理学创新。所以，将其命名为"新心性心理学"。"新心性心理学"应该是一种全新的和独特的心理学的探索。它的基本内涵和基本主张包括如下的几个方面。

首先，"新心性心理学"对于心理学的研究对象的理解有一个基本的变化。在心理学成为独立的学科门类之后，就把心理学的研究对象确立为是心理现象。无论是把心理现象理解成为是意识，还是理解成为是行为，所谓的心理现象都是同样的含义。这种含义就在于，心理现象是由心理学研究者的感官所捕捉到的和所把握到的。这至少是建立在如下的前提假设的基础之上：一是假定了研究对象与研究者的绝对分离，研究对象是与研究者无关的存在，或者是独立于研究者的存在。二是假定了研究者感官经验的真实性、确证性和无疑性。这就是说，只有能够被心理学研究者感官把握到的，才能够成为心理学的研究对象。在心理学的发展历史中，就出现过行为主义学派把人的心理意识排除出心理学的研究对象，而把人的行为当作心理学的研究对象。这其中的原因就是，人的意识无法被研究者的感官捕捉到，而只有人的行为才能够被研究者的感官捕捉到。

但是，人的心理有一个最为基本的性质，那就是"觉"。无论是觉知、觉察、觉悟、觉解，还是感觉、知觉、警觉、自觉，都体现了人的心理的这一最基本的性质。"觉"是心理学的研究中最难以把握的。一是"觉"只有时间的维度，而没有空间的维度。或者说，它不占有空间，只会随着时间而流变。所以，在心理学诞生为独立的学科门类之前，著名的哲学家康德就说过，心理学不可能成为实证的科学，就因为人的心理只具有时间的维度，随着时间而流变，而不具有空间的维度，不占有空间的位置。所以，人的心理无法被研究者的感知所完整地把握到。二是"觉"只是个体化的心路历程，是个体的私有性的体验，所以无法达到科学所必需的公证。但是，新心性心理学把心理学的研究对象理解为是心理生活。心理生活就是人的心理的自觉活动，是自觉的理解，是自觉的创造，是自觉的构筑。

其次，"新心性心理学"对于心理学的研究方式的确立有一个基本的变化。心理学成为独立的学科门类之后，就一直靠近自然科学，曾经全面照搬了自然科学的研究方式。这促进了心理学的科学化进程，但也限制了心理学的进一步成长。"新心性心理学"则会开放心理学研究方式的边界，容纳多样化的研究方法。"新心性心理学"使心理学的研究顺序有一个基本的变化。心理学原有的研究顺序是基础研究和应用研究，也就是说先有基础研究，然后才有应用研究。或者说，在理论建构、研究方法、技术干预这三个方面的顺序上，是先有研究方法，然后才有理论建构，最后才有技术干预。这就是传统的心理学研究的顺序。"新心性心理学"则反转了上述的顺序。心理学的研究顺序应该是先有应用研究，然后才有基础研究。或者说是先有技术干预，然后才有理论建构，最后才是方法验证。"新心性心理学"的重心就是构建心理生活，以推动提高心理生活的质量。

四　新心性心理学的建构

中国心理学在新世纪的发展必须要走自己的道路。在新的千年里，中国心理学没有现成的道路好走，所以重要的是要开辟自己的道路。对中国心理学的发展来说，只有创新、只有原始性创新，才能够使中国的心理学摆脱跟随、复制和模仿的命运。其实，在中国本土的文化中，也有着自己的心理学传统。问题是怎样把这种传统转换成心理学创新的资源。"新心性心理学"就是立足于本土资源的创新。

"新心性心理学"的探索是由六个部分的内容所构成的。这六个部分的内容涉及心理学的形态资源、心理学的文化基础、心理学的研究对象、心理学的环境背景、心理学的对象成长、心理学的学科内涵。第一部分的内容涉及的是心理资源，是对心理学的历史、现实和未来形态的学术性理解和考察。第二部分的内容涉及的是心理文化，是对西方的心理学传统和中国的心理学传统的跨文化解析。第三部分的内容涉及的是心理生活，是对心理学研究对象的一种新的认识和理解，提供的是一种新视野。第四部分的内容涉及的是心理环境，是对心理与环境关系的一种新的思考和分析。第五部分的内容涉及的是心理成长，是对人的心理成长的目标和过程的探讨和考察。第六部分的内容涉及的是心理科学，是对心理科学本身的学术反思和学术建构。

"心理资源论析"是对心理学资源的保护、挖掘、提取、理解、转用。心理学的发展有着自己的文化历史的资源。心理学有着十分不同的历史发展和长期演变的形态。所有的不同心理学历史形态都是心理学的发展可以借用的文化历史资源。心理学资源可以体现为不同的心理学历史形态，也可以体现为不同的心理学现实演变，也可以体现为不同的心理学未来发展。这包括前述的常识形态的心理学、哲学形态的心理学、宗教形态的心理学、类同形态的心理学、科学形态的心理学。当代科学心理学的发展不应该抛弃其他历史形态的心理学，而应该是将其当作自己学术创新的文化历史资源。从而扩大自己的视野，挖掘自己的潜能，丰富自己的研究，完善自己的功能。心理学的未来发展应该是把自己建设成为资源合理开发和资源有效利用的新型学科门类。心理学的未来形态就是资源形态的心理学。这可以称之为心理学的第六种形态，是立足于心理资源的开发和利用的心理学。

"心理文化论要"是从跨文化的角度，对生长于不同文化根基和相应于不同心理生活的中西心理学传统进行比较和分析，探讨它们彼此之间沟通的可能性和心理学未来发展的新道路。起源于西方文化的科学心理学，立足于客观的研究方法和客观的知识体系，提供了对心理现象的合理的理论解释和有效的技术干预。但是，西方心理学仅仅揭示了人类心灵和精神生活的一个部分、一个层面、一个侧面。起源于中国文化的本土心理学也是自成体系的心理学探索，它揭示了有意义的内心生活和给出了自我超越的精神发展道路。西方的心理学传统是中国现代科学心理学的直接来源，目前则正在经历本土化的历程和改造。中国本土的心理学传统在西方文化中的流传，也使西方的科学心理学得到了启示和受到了影响。促进二者的沟通，将有助于形成一种新的心理学科学观，并推动心理学的新发展。这就有必要重新审视西方心理学的文化适用性，并推进对其进行本土的改造。这也有必要重新审视中国本土的心理学传统，并推进对其进行深入的挖掘。这有利于正确对待从西方引入的心理学；开创中国自己的心理学发展道路。

"心理生活论纲"是试图从中国本土的心理资源入手，重新理解和认识心理学的研究对象。原有的西方式的科学心理学，是从研究者的感官印证的角度出发，把心理学的研究对象确立为心理现象。但是，这是建立在把人的心理类同于其他的物理，而忽视了人的心理的一个非常重要的特性。那就是人的心理是自觉的，或者说，心灵的活动能够自觉到自身。这种心灵的自觉不仅仅是自我的觉知，而且是自我的构筑，自我的创造。这就是从另一个角度对人的心理的了解或理解。这不是把人的心理理解为心理现象，而是把人的心理理解为心理生活。正是因为心理生活在人的实际生活中处于核心的地位，所以心理生活也就应该成为心理科学关注的中心。实际上，在历史的进程中，心理生活一直就是人们关注的中心。这里的"人们"包括生活中的普通人，包括哲学家、宗教家、文学家、史学家等等。但是，心理科学诞生之后，为了使之成为所谓真正意义上的科学，许许多多的心理学研究者都力求使心理学向当时相对成熟的自然科学靠拢。这就使得心理学把心理现象定位为心理学的研究对象，而放弃或忽略了心理生活的意义和价值。当然，这其中的一个非常重要的原因是人们已经习惯了按西方心理学设立的标准来衡量和建设心理学。但是，一旦放大心理学研究的视野，特别是从中国本土文化的视角出发，那就会认识和理解到有关心理学研究对象的完全不同的内容范围。因此，心理生活应该在心理科学中占有重要的位置，成为当代科学心理学发展的核心性内容。心理科学应该通过对人的心理生活的探索，而在当代人的生活中占有重要的地位。

"心理环境论说"是试图从人类心理的视角重新理解环境。对于心理学的研究来说，如何理解环境，决定了如何理解人的心理行为和如何理解人的生存发展。物理的环境对于人来说，仅仅是外在的和间接的，只有心理的环境对人来说才是内在的和直接的。心理学的研究应该十分重视环境的因素对人的心理行为的作用和影响。显然，人的心理行为不是孤立的存在，不是封闭的存在。但是，在心理学的发展历史中，心理学家却很少系统地和深入地考察和分析过环境。也许，心理学所直接面对的是人的心理行为，环境并不是心理学所应该关注的内容。但是，随着心理学学科的成熟和发展，随着对人的心理行为的了解和理解的深入和深化，心理学的研究领域也在扩展和放大，对环境的理解和解释也就必然要发生变化。这就是说，有必要对环境进行重新的思考。那么，就非常有必要提出一个重要的心理学概念，那就是心理环境。心理环境是对人来说的最切近的环境。这种环境已超出了物理意义上的、生物意义上的、社会意义上的和文化意义上的环境。就心理环境来说，它对人的影响是最切近的和最直接的。人可以在心理上分离出自己所处的环境，并针对这样的环境调整或调节自己的心理行为。所以说，意识觉知到的或自我意识到的环境是人所构造出来的环境。当然，心理环境是以心理的方式建构出来的，这就使得心理环境的含义远远超出了物理环境、生物环境、社会环境、文化环境的界限。心理环境的建构和创造主要体现在两个方面。一是心性主导的创造性构想，这可以突破环境的限制。二是心性支配的创造性行为，这可以实际改变环境的构成。

　　"心理成长论本"是对传统心理发展理论和研究的突破和创新。心理成长的研究是考察发展心理学的发展、发展心理学的学说、发展心理学的缺失、发展心理学的未来；考察成熟与成长、发展与成长、生理发育与心理成长、直线的进程与扩展的历程、横向的扩展与纵向的提升；考察心理成长的概念、基础、过程、目标、阻滞；考察心理成长的文化内涵、文化创造、文化思想、文化方式、文化源流；考察心理成长的心理文化资源、心理文化差异、心理文化沟通、心理文化促进；考察心理成长与心理生活的含义、与心理生活的扩展、与心理生活的丰富；考察心理成长与心理环境的含义、与心理环境的建构、与心理环境的影响；考察心理成长与心理资源的概念、与心理资源的运用、与心理资源的价值；考察心理成长与心理生成的关系，包括心理成长作为已成的存在、作为生成的存在、作为创造的生成、作为成长的内涵；考察个体的心理成长，包括个体生活的建构、心理生活的建构、个体的心理成长；考察群体的心理成长，包括群体的共同成长、群体的心理互动、群体的心理关系、群体的成长方式；考察民族的心理成长，包括种族的心理、民族的成长、心理的成熟、生活的质量等等。

　　"心理科学论总"则是新心性心理学关系到心理科学本身的学术反思、学术突破和学术建构。这可以带来关于如何推进心理学的学术进步，如何扩展心理学的学术空间，如何引领心理学的学术未来，如何确立心理学的本土根基，如何激发心理学的学术创新，等等一系列方面的最为重要的学术突破。对于心理科学和心理科学的发展来说，最为重要的是心理学的科学理念。这涉及心理学的科学观，包括科学观的含义、功能、变革和确立。心理学的科学观存在着对立，也即小科学观与大科学观的对立，封闭的科学观与开放的科学观的对立。心理学的科学观经历了和经历着演变和变革，其中就包括着自然科学的科学观、社会科学的科学观、人文科学的科学观。科学观或者心理学的科学观具有文化的内涵或性质。心理学的科学尺度则彰显着心理学的科学内核和科学标准。这在心理学的研究中有强调和偏重理论中心、方法中心和技术中心的不同。心理学有着自己的科学基础，这包括哲学思想的基础，科学认识的基础，科学技术的基础，科学创造的基础，科学发展的基础。心理学的科学内涵涉及学科的科学性、研究的科学性、应用的科学性。心理学具有自己的学科或科学的资源，这涉及心理资源、资源分类、文化资源、思想资源、历史资源。心理学的科学发展涉及追踪的线索、心理学的起源、科学心理学的起源、心理学的演变、科学心理学的演变和心理学的发展前景。心理学拥有的科学理论涉及心理学的理论建构、心理学的理论构造、心理学的理论形态、心理学的理论演变、心理学的理论创新。心理学的科学方法涉及心理学的方法论，心理学的方法中心、心理学的研究方法、研究方法的科学性、研究方法的多样性、研究方法的适用性。心理学的科学技术涉及心理学的技术思想、技术应用、技术手段、技术工具、技术变革。心理学的科学创新则涉及创新的基础、创新的途径、创新的氛围、创新的方法、创新的体现。

"新心性心理学"以探讨和揭示心理资源、心理文化、心理生活、心理环境、心理成长和心理科学为目标，以开创和建立中国自己的心理学学派、学说、理论、方法和技术为己任，以推动和促进中国心理学的创新、创造、发展、突破和繁荣为宗旨。中国本土心理学的命运与希望就在于创新性的发展。新心性心理学就是中国本土心理学的理论创新，就是原创性的理论建构。当然，中国本土心理学的创新性的发展，可以体现在理论、方法和技术等各个方面。中国本土心理学的理论创新涉及心理学的理论框架、理论范式、理论探索、理论核心、理论思想、理论内容、理论体系、理论构造、理论发展、理论更替、理论变革、理论演进、理论突破、理论建构。心理资源论析、心理文化论要、心理生活论纲、心理环境论说、心理成长论本、心理科学论总，就是新心性心理学的核心性的理论构成。中国本土心理学将会告别没有自己的系统理论的时期，而会迎来和进入自己的理论繁荣的时代。

第九节　中国本土心理学展望

对于中国本土心理学的发展、演变和创新来说，会走向一条什么样的道路，会面对着什么样的热点与难题，会有什么样的演变与趋势，会有什么样的出路与结局，这都是中国本土心理学的未来展望所要涉及的非常重要的方面。其实，心理资源的问题，心理资源的挖掘、提取、转用等问题，将是关系到中国本土心理学未来的重要一环。

一　心理学本土化的热点与难题

心理学的科学性质是心理学本土化的核心问题。所谓心理学的科学观是对如何建设和发展心理科学的基本认识，它决定着心理学家采纳的研究目标，以及为达到目标而采取的研究策略。它体现在这样一些问题的解决上，如什么是心理科学，什么是心理学的研究对象，怎样确定心理学的研究方法，怎样构造心理学的理论知识，怎样干预人的心理行为。可以这样说，心理学的科学观构成了心理学家的视野，决定了心理学家的胸怀。在心理科学的开创和发展中，占有主导性和具有支配性的科学观是封闭的心理学观。这是从近代自然科学传统中抄袭而来的，并广泛地渗透到了心理学家的科学研究之中。封闭的心理学观在实证的和非实证的心理学之间，在科学的和非科学的心理学之间，划定了截然分明的边界。心理学要想成为科学，就必须把自己限制在边界之内。实证的心理学是以实证方法为核心建立起来的，客观观察和实验是有效的产生心理学知识的程序。实证研究强调的是完全中立地、不承担价值地对心理或行为事实的描述和说明。实证心理学的理论设定是从近代自然科学承继的物理主义和机械主义的世界观。这都大大缩小了心理学的视野。科学心理学以封闭的心理学观来确立自己，就在于心理学的发展还是处在自己的幼稚期之中。持有封闭的科学观，与其说是为了保证心理学的科学性质，还不如说是为了抵御和消除对心理学不是一门严格意义上的实证科学的恐惧。

但是，这种封闭的心理学观目前正在衰落和瓦解，正在受到有远见的心理学研究者的质疑和挑战。因为，封闭的科学观限制或阻碍了心理学的发展和进步，也就使心理学更难以扩展自己的视野和疆界，也就使心理学的研究和应用受到了更多的捆绑和束缚。那么，重构或开放心理学的科学观，使心理学从封闭的科学观转向开放的科学观，这已经成为心理科学未来发展的十分重要的基础性工作。

心理学的发展已经进入了自己迷乱的青春期，但也是自己快速的成长期。它正在经历寻找自己道路的成长的痛苦。但是，它也正在经历开辟自己道路的创造的快乐。心理学的新科学观应该是开放的心理学观，心理学走向成熟也在于它能够拥有自己的开放的心理学观。所谓的开放的心理学观，不是要否定心理学的实证性质，而是要开放实证心理学自我封闭的边

界。开放的心理学观不是要放弃实证方法，而是要消解实证方法的核心性
地位，使心理学从仅仅重视受方法驱使的实证资料的积累，转向也重视支
配方法的使用和体现文化的价值的大理论建树。开放的心理学观也将改造
深植于实证心理学研究中的物理主义和机械主义的理论内核，使心理学从
盲目排斥转向广泛吸收其他心理学传统的理论营养。开放的心理学观无疑
会拓展心理学的视野。科学观的问题在心理学中国化的历程中也体现为所
谓本土化的标准问题，这也就是本土性契合的问题。①

　　心理学的文化转向是心理学本土化的方向问题。心理学曾经靠摆脱、
放弃、回避或越过文化的存在来发展自己，但心理学现在必须靠容纳、揭
示、探讨或体现文化的存在来发展自己。这也就是说，心理学早期是排斥
文化的存在来保证自己对所有文化的普遍适用性，而心理学目前则是包容
文化的存在来保证自己对所有文化的普遍适用性。毫无疑问，这是一个历
史性的变化。问题就在于揭示这一变化的历程及其对发展心理科学的意义
和价值。② 心理学研究中的文化问题主要体现在两个方面。一是涉及心理
学的研究对象，即人的心理行为的文化内涵的问题。二是涉及心理学的研
究方式，即心理学理论、方法和技术的文化特性的问题。这就是要摆脱原
有的心理学研究把人的心理行为理解为自然现象，而不是理解为文化生
活。这就是要摆脱原有的心理学研究把心理学的研究确立为是自然科学的
研究方式，而不是社会和文化科学的研究方式。

　　心理学的文化根基是心理学本土化的资源问题。"心理文化"的概念
是用以考察心理学成长的文化根基，探讨心理学发展的文化内涵，挖掘心
理学创新的文化资源。心理学的产生和发展都是立足于特定的文化。或者
说，文化是心理学植根的土壤和养分的来源。在过去，无论是心理学的发
展还是对心理学发展的探索，都缺失了文化的维度。其实，文化是考察当
代心理学发展和演变的重要视角。当代心理学的发展越来越重视对文化、
心理文化、文化心理的探讨。西方科学心理学和中国本土心理学生长于不
同的文化根基，植根于不同的心理生活。起源于西方文化的科学心理学，

　　① 杨国枢：《心理学研究的本土契合性及其相关问题》，《本土心理学研究》1998 年第 9
期，第 75—120 页。
　　② 葛鲁嘉、陈若莉：《当代心理学发展的文化学转向》，《吉林大学社会科学学报》1999 年
第 5 期，第 79—87 页。

立足实证的研究方法和客观的知识体系，提供了对心理现象的某种合理理论解释和有效技术干预。但它仅揭示了人类心理的一个部分或侧面。起源于中国文化的本土心理学也是自成体系的心理学探索，它揭示了具有意义的内心生活和给出了精神超越的发展道路。"心理文化"概念的提出有利于探明不同文化传统中蕴藏的心理学资源和推进对其挖掘，有利于审视西方心理学的文化适用性和推进对其改造，有利于考察中国本土的心理学传统和推进对其解析。中国现代科学心理学主要来自西方科学心理学，问题是中国本土也有自己的心理学资源。探察该资源，就要扩展心理学的视野和设置文化学的框架，将中国本土心理学看做与西方实证心理学具有同等文化价值的探索。要发展中国的心理学，就有必要追踪中国本土文化中的心理学传统，确定其所含的资源，具有的性质，包括的内容，起到的作用。心理文化的探索力图找到和深入挖掘心理学创新的文化根基。中国有自己的文化传统、心理文化、心理学探索、创新性资源。

心理学的研究方式是心理学本土化的方法问题。方法论是任何科学研究的基础。这既是理论的基础，也是方法的基础，也是技术的基础。因此，心理学的方法论也是心理学研究的基础。方法论的探索是关系到心理学学科发展的核心问题。原有的心理学方法论的研究仅仅涉及关于心理学研究方法的探索。其实，心理学研究的方法论应该得到扩展。方法论的探索包括关于对象的立场，关于方法的认识，关于技术的思考。心理学的研究可以包括三个基本的部分：一是关于对象的研究，涉及的是心理学的研究对象，是对心理行为实际的揭示、描述、说明、解释、预测、干预等等；二是关于方法的研究，涉及的是心理学的研究者，探讨的是心理学研究者所持有的研究立场、所使用的具体方法。三是关于技术的研究，涉及的是对所涉及的研究对象的干预和改变。那么，心理学研究的方法论也就应该包括三个基本的方面：一是关于心理学研究对象的理解。这也即研究内容的确定，是力求突破对人的心理行为的片面理解。二是关于心理学研究方式和方法的探索。这也即研究方法的创新，是力图突破和摆脱西方心理学的科学观的限制，为心理学的研究重新建立科学规范。三是关于心理学技术手段的考察。这也即干预方式的明确，是力争避免把人当作被动接受随意改变的客体。方法论是任何科学研究的基础。这既是思想的基础，也是方法的基础，也是技术的基础。所以，心理学方法论的探讨是关系到心理学学科发展的核心问题。心理学研究的基础的和核心的方面就是方法论的探索。但是，传统心理学中的方法论的探讨主要是考察心理学研究所运用的具体研究的方法。这包括心理学具体研究方法的不同类别、基本构成、使用程序、适用范围、修订方法等。随着心理学的发展和进步，心理学方法论的探索必须跨越原有的范围，应该包括关于心理学研究对象的立场，关于心理学研究方法的认识，关于心理学技术应用的思考。因此，对心理学方法论的新探索，可以说就是反思心理学发展的一些重大的理论问题和方法问题。这些问题的解决关系到中国心理学的发展，而且也关系到整个心理学的命运与未来。

心理学的原始创新是心理学本土化的生命问题。其实，在目前的阶段，中国心理学的发展最缺少的就是原始性的创新。长期的引进和模仿，使中国的心理学研究者习惯了引经据典，习惯了用别人的学术语言说别人的学术研究。当然，再进一步是用别人的学术语言说自己的学术研究。而更进一步就是用自己的学术语言说自己的学术研究。这所需要的就是学术的创新，而学术的生命就在于创新。没有创新，就没有学术。当然，创新的努力是非常艰难的过程。越是全新的突破，越需要深厚的基础。没有深厚基础的创新，实际上就是胡言乱语，就是痴人说梦。所以，创新需要积累，学术的创新需要学术的积累，心理学的学术创新需要心理学的学术积累。心理学的创新可以是理论上的创新，可以是方法上的创新，也可以是技术上的创新。

二 心理学本土化的演变与趋势

在不同的文化传统中，在不同的文化历史中，在不同的文化环境中，实际上会存在着不同的心理学。那么，在中国本土的文化传统中、本土的文化环境中，就可以生成中国本土独特的心理学。所谓的心理学本土化的努力和历程，实际上就是为了建构植根于特定文化土壤中的或植根于特定心理学资源中的本土心理学。可以说，文化既是具有多样性的存在，又是具有独特性的存在。文化的多样性和独特性就会构成独特的心理行为和独特的心理学说。

文化就是心理学产生和发展的土壤。这就必须要承认，在不同的文化土壤中会生长出不同的心理学，在不同的文化传统中也就会存在着不同的心理学，在不同的文化环境中和文化条件下也会创造出不同的心理学。其实，应该说西方的心理学就是在西方文化的土壤中生长出来的。但是，在西方心理学的发展历程中，西方心理学就曾经把自己当成是唯一合理的心理学，是普适性的心理学，是世界性的心理学。这在心理学的发展中，在西方心理学的传播中，在西方心理学的推广中，就体现为西方心理学的霸权主义。进而，西方的科学心理学对其他文化传统中的心理学要么视而不见，要么极力排斥。[①] 但是，事实在于，在不同的文化传统和文化历史中，确实存在着不同的本土心理学。

问题应该是不同文化中的本土心理学是相互隔绝的还是彼此相通的。心理学本土化的进程导致了心理学与本土文化建立了密切的联系。但是，不同社会文化之间的差异和区别，也很容易造成不同的本土心理学之间的相互隔绝和相互分离，甚至是相互对立和相互排斥。那么，不同的本土心理学之间的交流就成为重要的任务。其实，任何的交流都需要有共同的基础。如何寻找到共同的基础，就成为本土心理学之间的有效交流的重要任务。这就必须开创性地揭示西方心理学的科学观问题，力图突破封闭的心理学观的限制，设置一个更为宏观的文化历史框架，从而将西方实证心理学和中国本土心理学看做具有同等价值的探索。

心理学的发展需要特定的文化与社会资源。其实，心理学本土化的非常重要的目的，就是建立起心理学与文化或与社会资源的关联。或者说，就是为了使心理学植根于本土文化与社会的土壤之中。其实，心理学的研究常常是处于资源短缺的状态之中。这并不是说心理学没有或者缺乏相应的社会文化资源，而是说心理学并没有意识到或自觉到自己的社会文化资源，或者是并没有去挖掘和提取自己的社会文化资源。中国的文化传统中蕴藏着丰富的心理学资源，问题是没有得到充分的挖掘和利用。心理学的发展需要资源或需要文化资源。西方心理学就是植根于西方的文化传统，从本土的文化资源中获取了心理学发展的动力和研究的方式。中国心理学的创新和发展也同样应植根于中国的文化传统，从本土文化资源中获取心理学发展的动力和研究的启示。

---

① 叶浩生主编：《西方心理学研究新进展》，人民教育出版社 2003 年版，第 186 页；郭本禹主编：《当代心理学的新进展》，山东教育出版社 2003 年版，第 170 页。

心理学的发展怎样继承传统又寻求更新。其实，任何根源于本土文化的心理学发展，都有自己的历史传统。心理学的生存和演变，不可能完全放弃或脱离自己的传统。或者说，心理学的发展和变革，都是在传统的基础之上进行的。但是，心理学的发展又必须是对传统的超越，又必须是基于传统的更新。例如，在中国的文化历史中，就有着十分重要的心理学传统。那就是心性心理学。当然，在中国的思想历史和传统中，不同的思想派别有不同的心性学说。不同的心性学说，发展出了不同的对人的心理的解说。例如，儒家的心性说实际上就是儒家的心性心理学。儒家强调的是仁道。仁道不是外在于人的存在，而就存在于个体的内心。那么，个体的心灵活动就应该是扩展的活动，就是体认内心的仁道。只有觉悟到了心中的仁道，并按仁道行事，就可以成为圣人。这就是内圣外王的历程。那么，中国心理学在新世纪的发展并不是要回复到原有的老路上去，而是一种创新。但是，这又是在汲取中国本土文化资源基础上的心理学创新。所以，将其命名为"新心性心理学"。"新心性心理学"以探讨和揭示心理资源、心理文化、心理生活、心理环境、心理成长和心理科学为目标，以开创和建立中国自己的心理学学派、思想、理论、方法和技术为己任，以推动和促进中国心理学的创新、创造、发展、进步和繁荣为宗旨。

心理学的发展和演变既有分裂的现实，又有融合的努力。科学的心理学或者是西方的科学心理学从诞生之日起，就处于分裂的状态之中。那么，心理学能否成为统一的学问，能否成为统一的学科，就成为心理学发展中的重大的问题。对心理学本土化的发展来说，不同的本土心理学是否会延续或加重心理学的分裂，就成为重要的问题。心理学的不统一体现在价值定位方面，即心理学是价值无涉的还是价值涉入的科学。价值无涉是指中立和客观的立场。这要求研究者不能把自己的取向强加给研究对象。价值涉入是指价值的导向和定位。这强调的是研究者与研究对象的一体化，突出的是人的意向性和主观性，重视的是人的自主性和主动性。心理学的不统一也体现在理论、方法和技术方面。理论的不统一在于心理学拥有不相容的理论框架、假设、建构、思想、主张、学说、观点、概念等。方法的不统一在于心理学容纳了多样化的研究方法，而方法之间有着巨大的差异和分歧。技术的不统一在于心理学进入现实社会、引领生活方式、干预心理行为、提供实用手段的途径和方式的多样化。其实，心理学的不统一不在于多样化，而在于多样化形态和方式之间相互排斥和倾轧。随着心理学学科的进步、发展和成熟，促进其统一就成为重大的问题和目标。心理学有过各种统一的尝试，其中包括知识论的统一、价值论的统一和知识与价值的统一。心理学统一的关键就在于建立共有的科学观。正是不同的科学观导致了有不同的心理学。心理学的科学观涉及心理科学的边界和容纳性，理论构造的合理和合法性，研究方法的可信和有效性，技术手段的限度和适当性。

三　心理学本土化的出路与结局

心理学的本土化出路与结局是对中国心理学发展的一种本土化的定位。这使得中国心理学的发展必然要有自己本土的性质和特征，必然要有自己独特的偏重和特色，必然要有自己强调的内涵和方式。心理学本土化的出路与结局就在于将其定位为文化的心理学、历史的心理学、生活的心理学、创新的心理学、未来的心理学。

心理学本土化的发展将是把心理学确立为广义的文化心理学。文化心理学也是通过文化来考察和研究人的心理行为的一门心理学分支。近年来，文化心理学有较为迅猛的发展，它的成果正在受到人们越来越多的关注。文化心理学实际上经历了三个重要的发展时期或阶段。在不同的时期里，文化心理学的知识论立场、方法论主张、研究进路特色及研究方法特征都有重要的变化。在文化心理学发展的第一个时期，文化心理学的研究目标是在追求共同和普遍的心理机制。当时的文化心理学假定了人类有统一的心理机制，从而致力于从不同的文化中去追寻这一本有的中枢运作机制的结构和功能。在文化心理学发展的第二个时期，文化心理学开始去关注人类心理的社会文化的根源，转而重视人的心理行为与文化背景的联系，从社会文化出发去考察和说明人的心理行为。这一方面是指有什么样的社会文化，就有什么样的心理行为模式。这另一方面是指运用特定文化的观点和概念来探讨和说明人的心理行为的性质、活动和变化。在文化心理学发展的第三个时期，文化心理学所强调的是人的主观建构。那么，文化就不再是决定人的心理行为的外在的存在，而是人的觉知、理解和行动的内在的存在。正是人建构了社会文化，人也因此建构了自己特定的心理行为的方式。① 其实，所谓的文化心理学不仅仅是一个心理学的分支，而且可以作为心理学研究和发展的理论范式。这就会实际影响到对心理学研究对象的理解和对心理学研究方式的确立。

心理学本土化的发展将是把心理学确立为广义的历史心理学。任何心理学的发展都有自己的历史渊源，都有自己的历史演变，都有自己的历史传统，都有自己的历史延续。所谓心理学的本土化，也是在为心理学确定其历史的传统。这种历史的传统给定了科学心理学的发展历程、发展道路、发展形态、发展方向、发展可能。其实，所谓历史的心理学，并不就是指过去的心理学，被超越的心理学，被扬弃的心理学，而是指心理学的历史根源、心理学的历史传统、心理学的历史进步、心理学的历史道路。当然，最为重要的就是，心理学应该有自己的历史资源。本土心理学应该成为自身未来发展的历史资源。心理学的发展应该重视自己的历史传统。这不是为了供后人来进行观赏，而是为了积累自己的资源。

心理学本土化的发展将是把心理学确立为广义的生活心理学。中国的学理的心理学有着十分清晰的引进国外发达国家的心理学的标签，这常常是与中国本土社会和文化的生活有着十分重要的和清晰的界线。这就把生活本身出让给了常人的常识心理学。科学心理学的研究就成为象牙塔中的少数人的特权。中国心理学本土化的一个十分重要的目标，就是能够使科学心理学的研究走入本土文化中普通人的日常生活，或者说是回归于本土文化中的历史与现实的生活。那么，科学的心理学能不能成为生活的心理学，就成为心理学本土化的一个十分重要的定位。中国本土的心理学应该成为生活的心理学。

心理学本土化的发展将是把心理学确立为广义的创新心理学。其实，中国心理学的本土化并没有现成的道路好走，并没有现成的东西可以继承，并没有现成的方式可以照搬。这就决定了中国心理学的本土化历程必然和必须要走创新的道路。那么，对于中国本土心理学来说，原始性创新就应该成为所要追求的重要学术目标。然而，对于中国现代心理学来说，这却是非常薄弱的环节。对于许多心理学的研究者来说，引进的才是心理

---

① 余安邦：《文化心理学的历史发展与研究进路》，《本土心理学研究》1996 年第 6 期，第 2—60 页。

学，创新的却很难被看做是心理学。心理学的理论、方法和技术都需要通过学术创新来保证其更新和发展，都需要通过学术创新来进行更替和更换。其实，创新才能发展，心理学的创新才能带来心理学的发展。

　　心理学本土化的发展将是把心理学确立为广义的未来心理学。严格来说，中国心理学的本土化并不仅仅就是为了解决心理学发展的现实的问题，而是为了解决心理学发展的未来的问题。这种未来的心理学应该代表中国心理学的发展的方向、发展的可能、发展的潜力、发展的定位。那么，中国心理学的本土化并不仅仅是要确定自己发展的前行道路，而且是要提供自己发展的可能空间。这包括创立、创建、创造新的学说理论、新的研究方法和新的技术手段。其实，所谓未来的心理学就是资源形态的心理学，就是寻求资源、挖掘资源、提取资源、利用资源、更新资源、积累资源、创造资源的心理学。

参考文献

1. 阿盖尔：《宗教心理学导论》，陈彪译，中国人民大学出版社 2005 年版。

2. 巴姆：《跨学科学：跨学科研究的科学》，《天津师大学报》1994 年第 5 期。

3. 潘桂明：《中国禅宗思想历程》，今日中国出版社 1992 年版。

4. 波林：《实验心理学史》，高觉敷译，商务印书馆 1981 年版。

5. 蔡仁厚：《儒家心性之学论要》，台湾：文津出版社 1980 年版。

6. 蔡笑岳、向祖强：《人类心理的生物学研究》，《重庆大学学报》（社会科学版）1999 年第 1 期。

7. 陈健：《科学划界——论科学与非科学及伪科学的区分》，东方出版社 1997 年版。

8. 陈英和、姚端维、郭向和：《儿童心理理论的发展及其影响因素的研究进展》，《心理发展与教育》2001 年第 3 期。

9. 陈英敏、邹丕振：《在全球化与本土化之间：建构一种多元文化的现代心理学观》，《山东师范大学学报》（人文社会科学版）2005 年第 3 期。

10. 陈永胜、梁恒豪、陆丽青：《宗教心理学在美国的发展历程及态势探析》，《世界宗教研究》2006 年第 1 期。

11. 陈友庆：《"心理理论"的研究概述》，《江苏教育学院学报》（社会科学版）2005 年第 5 期。

12. 崔伟奇：《后现代语境下的科学与宗教的关系》，《学术研究》2006 年第 2 期。

13. 道金斯:《自私的基因》,卢允中等译,吉林人民出版社 2001 年版。

14. 杜红燕:《科学与宗教关系五论》,《世界宗教文化》2003 年第 4 期。

15. 杜维明:《儒家思想新论——创造性转换的自我》,曹幼华等译,江苏人民出版社 1991 年版。

16. 方立天:《佛教哲学》,中国人民大学出版社 1986 年版。

17. 方立天:《心性论——禅宗的理论要旨》,《中国文化研究》1995 年第 4 期。

18. 方立天:《禅、禅定、禅悟》,《中国文化研究》1999 年第 3 期。

19. 傅荣、翟宏:《行为、心理、精神生态学发展研究》,《北京师范大学学报》(人文社会科学版) 2000 年第 5 期。

20. 高峰强:《论后现代视界对科学主义心理学研究法则的超越》,《山东师大学报》(社会科学版) 2000 年第 4 期。

21. 高觉敷主编:《中国心理学史》,人民教育出版社 1985 年版。

22. 高觉敷主编:《西方心理学史论》,安徽教育出版社 1995 年版。

23. 高岚、申荷永:《中国文化与心理学》,《学术研究》2008 年第 8 期。

24. 高尚仁、杨中芳主编:《中国人·中国心——传统篇》,远流出版公司 1991 年版。

25. 高新民:《现代西方心灵哲学》,武汉出版社 1994 年版。

26. 高新民、刘占峰:《民众心理学研究与当代哲学的新问题》,《哲学动态》2002 年第 12 期。

27. 高新民、刘占峰:《民间心理学与常识心理概念图式的批判性反思》,《自然辩证法研究》2004 年第 4 期。

28. 高颖:《原始佛教的心理思想》,《宗教学研究》2007 年第 1 期。

29. 高媛媛、高峰强:《试析心理学中的多元文化论对后现代心理学的贡献》,《山东师范大学学报》(人文社会科学版) 2007 年第 6 期。

30. 葛鲁嘉:《心理文化论要——中西心理学传统跨文化解析》,辽宁师范大学出版社 1995 年版。

31. 葛鲁嘉:《本土传统心理学的两种存在水平》,《长白学刊》1995

年第 1 期。

32. 葛鲁嘉等:《天命与中国民众的心理生活》,《长白论丛》1995 年第 5 期。

33. 葛鲁嘉:《大心理学观——心理学发展的新契机与新视野》,《自然辩证法研究》1995 年第 9 期。

34. 葛鲁嘉、周宁:《从文化与人格到文化与自我——心理人类学研究重心的转移》,《求是学刊》1996 年第 1 期。

35. 葛鲁嘉:《超个人心理学对西方文化的超越》,《长白学刊》1996 年第 2 期。

36. 葛鲁嘉:《心理学的科学观与统一观》,《吉林大学社会科学学报》1996 年第 3 期。

37. 葛鲁嘉:《对心理学科学观的反思》,《自然辩证法研究》1996 年第 12 期。

38. 葛鲁嘉:《中国本土传统心理学的内省方式及其现代启示》,《吉林大学社会科学学报》1997 年第 6 期。

39. 葛鲁嘉、陈若莉:《当代心理学发展的文化学转向》,《吉林大学社会科学学报》1999 年第 5 期。

40. 葛鲁嘉、陈若莉:《论心理学哲学的探索——心理科学走向成熟的标志》,《自然辩证法研究》1999 年第 8 期。

41. 葛鲁嘉:《中国心理学的科学化与本土化——中国心理学发展的跨世纪主题》,《吉林大学社会科学学报》2002 年第 2 期。

42. 葛鲁嘉:《追踪科学心理学发展的十个线索》,《心理科学》2004 年第 1 期。

43. 葛鲁嘉:《心理学的五种历史形态及其考评》,《吉林师范大学学报》2004 年第 2 期。

44. 葛鲁嘉:《中国本土传统心理学术语的新解释和新用途》,《山东师范大学学报》(人文社会科学版) 2004 年第 3 期。

45. 葛鲁嘉:《常识形态的心理学论评》,《安徽师范大学学报》(人文社会科学版) 2004 年第 6 期。

46. 葛鲁嘉:《心理学应用的理论、方案和领域研究》,《河南师范大学学报》(哲学社会科学版) 2004 年第 6 期。

47. 葛鲁嘉：《对心理学方法论的扩展性探索》，《南京师大学报》（社会科学版）2005 年第 1 期。

48. 葛鲁嘉：《心理生活论纲——关于心理学研究对象的另类考察》，《陕西师范大学学报》2005 年第 2 期。

49. 葛鲁嘉：《对中国本土传统心理学的不同学术理解》，《东北师范大学学报》（哲学社会科学版）2005 年第 3 期。

50. 葛鲁嘉：《类同形态的心理学总评》，《西北师大学报》（社会科学版）2005 年第 3 期。

51. 葛鲁嘉：《理论心理学研究的理论功能》，《山西师大学报》（社会科学版）2005 年第 4 期。

52. 葛鲁嘉：《哲学形态的心理学考评——心理学的五种历史形态考察之二》，《河北师范大学学报》（教育科学版）2005 年第 4 期。

53. 葛鲁嘉：《科学形态的心理学议评——心理学的五种历史形态考察之五》，《华东师范大学学报》（教育科学版）2005 年第 4 期。

54. 葛鲁嘉：《新心性心理学的理论建构——中国本土心理学理论创新的一种新世纪的选择》，《吉林大学社会科学学报》2005 年第 5 期。

55. 葛鲁嘉：《心理学研究中环境的性质、类别和功能》，《北京师范大学学报》（社会科学版）2005 年第 6 期。

56. 葛鲁嘉：《心理环境论说——关于心理学对象环境的重新理解》，《陕西师范大学学报》2006 年第 1 期。

57. 葛鲁嘉：《体证和体验的方法对心理学研究的价值》，《华南师范大学学报》（社会科学版）2006 年第 4 期。

58. 葛鲁嘉：《宗教形态的心理学述评》，《华中师范大学学报》（人文社会科学版）2007 年第 1 期。

59. 葛鲁嘉：《心理学中国化的学术演进与目标》，《陕西师范大学学报》2007 年第 4 期。

60. 葛鲁嘉：《新心性心理学宣言——中国本土心理学原创性理论建构》，人民出版社 2008 年版。

61. 郭本禹主编：《当代心理学的新进展》，山东教育出版社 2003 年版。

62. 郭英：《跨文化心理学研究的历史、现状与趋势》，《四川师范大学学报》（社会科学版）1997 年第 4 期。

63. 郭永玉：《论物理学作为心理学的榜样》，《教育研究与实验》2002 年第 4 期。

64. 韩家炳：《多元文化、文化多元主义、多元文化主义辨析——以美国为例》，《史林》2006 年第 5 期。

65. 韩忠太、张秀芬：《学科互动：心理学与文化人类学》，《云南社会科学》2002 年第 3 期。

66. 韩忠太：《心理人类学的三大来源》，《云南民族大学学报》（哲学社会科学版）2008 年第 4 期。

67. 何中华：《关于全球化的文化反思》，《山东社会科学》2001 年第 1 期。

68. 亨廷顿等主编：《全球化的文化动力：当今世界的文化多样性》，康敬贻等译，新华出版社 2004 年版。

69. 胡春风：《宗教与科学关系探析》，《南京社会科学》2007 年第 12 期。

70. 胡中锋：《论心理学的学科划界问题——从科学哲学中关于科学的划界标准谈起》，《自然辩证法研究》1998 年第 7 期。

71. 华生：《行为主义者所看到的心理学》，《西方心理学家文选》，人民教育出版社 1983 年版。

72. 黄力之：《多元文化主义的悖论——对亨廷顿理论的再评价》，《哲学研究》2003 年第 9 期。

73. 皇甫刚、朱莉琪：《Vernon Smith 开创的实验经济学及其对心理学研究的启示》，《心理科学进展》2003 年第 3 期。

74. 霍涌泉：《心理学文化转向中的方法论难题及整合策略》，《心理学探新》2004 年第 1 期。

75. 霍涌泉：《后现代主义能否为心理学提供新的精神资源》，《南京师大学报》（社会科学版）2004 年第 2 期。

76. 霍涌泉、李林：《当前心理学文化转向研究中的方法论困境》，《四川师范大学学报》（社会科学版）2005 年第 2 期。

77. 纪海英：《文化与心理学的相互作用关系探析》，《南京师大学报》（社会科学版）2007 年第 4 期。

78. 蒋京川：《文化与人格研究：历史、现状与未来趋向》，《国外社会科学》2005 年第 5 期。

79. 荆其诚：《现代心理学发展趋势》，人民出版社 1990 年版。

80. 克吕维尔：《现代德国心理学》，墨菲和柯瓦奇著：《近代心理学历史导引》，商务印书馆 1980 年版。

81. 况志华、叶浩生：《当代西方心理学的三种新取向及其比较》，《心理学报》2005 年第 5 期。

82. 李炳全：《论文化心理学在心理学方法论上的突破》，《自然辩证法通讯》2005 年第 4 期。

83. 李炳全：《文化心理学与跨文化心理学的比较与整合》，《心理科学进展》2006 年第 2 期。

84. 李炳全、叶浩生：《文化心理学的基本内涵辨析》，《心理科学》2004 年第 1 期。

85. 李炳全、叶浩生：《主流心理学的困境与文化心理学的兴起》，《国外社会科学》2005 年第 1 期。

86. 李春雷：《心理理论—— 一个不断扩展的研究领域》，《社会心理科学》2007 年第 1—2 期。

87. 李景林：《教养的本原——哲学突破期的儒家心性论》，辽宁人民出版社 1998 年版。

88. 李仲涟：《耗散结构论与心理学》，《湖南师范大学社会科学学报》1989 年第 5 期。

89. 李薇、徐联仓：《混沌现象及其在生理心理系统中的意义》（一），《心理学报》1987 年第 3 期。

90. 李薇、徐联仓：《混沌现象及其在生理心理系统中的意义》（二），《心理学报》1987 年第 4 期。

91. 李喜先：《论交叉科学》，《科学学研究》2001 年第 1 期。

92. 李亦园、杨国枢主编：《中国人的性格：科际综合性的探讨》，台北：中央研究院民族学研究所 1992 年版。

93. 李秦秦：《利己还是利他——索博·威尔逊的利他主义进化模型》，《自然辩证法研究》2005 年第 11 期。

94. 里奇拉克：《发现自由意志与个人责任》，许泽民等译，贵州人民出版社 1994 年版。

95. 利奥塔尔：《后现代状况：关于知识的报告》，车槿山译，生活·读书·新知三联书店 1997 年版。

96. 梁漱溟：《人心与人生》，上海人民出版社 2005 年版。

97. 林方：《心灵的困惑与自救》，辽宁人民出版社 1989 年版。

98. 林崇德等：《计算机与智力心理学》，浙江人民出版社 1996 年版。

99. 铃木大拙、弗洛姆：《禅与心理分析》，孟祥森译，中国民间文艺出版社 1986 年版。

100. 刘金平：《试论后现代主义思潮与后现代心理学》，《河南大学学报》（社会科学版）2003 年第 5 期。

101. 刘霓：《跨学科研究的发展与实践》，《国外社会科学》2008 年第 1 期。

102. 刘霓：《女性主义的科学反思》，《国外社会科学》2000 年第 3 期。

103. 刘婷、陈红兵：《生态心理学研究述评》，《东北大学学报》（社会科学版）2002 年第 2 期。

104. 鲁直、陈卓浩：《两个傲慢绅士的握手——从传统经济学的困境到经济心理学的新地平》，《社会观察》2005 年第 3 期。

105. 罗安宪：《中国心性论第三种形态：道家心性论》，《人文杂志》2006 年第 1 期。

106. 罗杰、卿素兰：《心理理论研究的起源与进展》，《湖北大学学报》（哲学社会科学版）2005 年第 5 期。

107. 马前锋、孔克勤：《文化与人格：心理人类学的解释》，《心理科学》2007 年第 6 期。

108. 马怡、翟学伟：《社会学的社会心理学：研究取向及其现状》，《内蒙古社会科学》（汉文版）2003 年第 3 期。

109. 马斯洛：《科学心理学》，林芳译，云南人民出版社 1988 年版。

110. 马斯洛：《科学中的问题中心与方法中心》，《动机与人格》，华夏出版社 1987 年版。

111. 麻彦坤：《文化转向：心理学发展的新契机》，《南京师大学报》（社会科学版）2003 年第 3 期。

112. 麻彦坤：《当代心理学文化转向的动因及其方法论意义》，《国外社会科学》2004 年第 1 期。

113. 梅多等：《宗教心理学》，陈麟书等译，四川人民出版社 1990 年版。

114. 蒙培元：《心灵的开放与开放的心灵》，《哲学研究》1995 年第 10 期。

115. 孟维杰：《从文化转向到跨文化对话：心理学发展新思维》，《南通大学学报》（教育科学版）2006 年第 2 期。

116. 孟维杰：《从科学划界看心理学划界的深层思考》，《科学技术与辩证法》2007 年第 1 期。

117. 孟维杰：《常识性心理学与科学心理学关联的批判性反思》，《自然辩证法通讯》2007 年第 2 期。

118. 孟维杰：《关联与互动：20 世纪的科学心理学与分析哲学》，《心理学探新》2007 年第 3 期。

119. 孟维杰：《现代心理学自然科学品性探析》，《南京师大学报》（社会科学版）2007 年第 5 期。

120. 孟维杰、葛鲁嘉：《论心理学文化品性》，《心理科学》2008 年第 1 期。

121. 莫阿卡西：《荣格心理学与西藏佛教》，江亦丽等译，商务印书馆 1994 年版。

122. 南怀瑾：《禅宗与道家》，复旦大学出版社 1991 年版。

123. 潘桂明：《中国禅宗思想历程》，今日中国出版社 1992 年版。

124. 彭彦琴：《另一种声音：现代新儒学与中国人文主义心理学》，《心理学报》2007 年第 4 期。

125. 邱惠丽：《当代心智哲学研究的 12 个问题及其他》，《哲学动态》2006 年第 1 期。

126. 任平：《常识分析：与后现代哲学对话》，《天津社会科学》1999 年第 1 期。

127. 沙莲香：《中国社会心理分析》，辽宁教育出版社 2004 年版。

128. 桑杰端智：《藏传佛教心理学内涵与文化更新》，《西北民族大学学报》（哲学社会科学版）2005 年第 1 期。

129. 商卫星：《脑科学与心理学研究》，《医学与哲学》（人文社会医学版）2007 年第 1 期。

130. 申荷永、高岚：《〈易经〉与中国文化心理学》，《心理学报》2000 年第 3 期。

131. 沈杰：《社会心理学中两种研究取向的历史作用及其综合趋势》，《社会科学辑刊》1996 年第 3 期。

132. 世瑾：《宗教心理学》，知识出版社 1989 年版。

133. 史莉洁、李光玉：《走向"共生"——人与自然，人与人的生存哲学》，《华中农业大学学报》（社会科学版）2006 年第 1 期。

134. 舒尔茨：《现代心理学史》，杨立能等译，人民教育出版社 1981 年版。

135. 宋晓东、叶浩生：《本土心理学与多元文化论——在人类心理学理论前景中的相遇》，《徐州师范大学学报》（哲学社会科学版）2008 年第 1 期。

136. 汤一介：《禅宗的觉与迷》，《中国文化研究》1997 年第 3 期。

137. 田浩：《文化心理学的方法论困境与出路》，《心理学探新》2005 年第 4 期。

138. 田浩、葛鲁嘉：《文化心理学的启示意义及其发展趋势》，《心理科学》2005 年第 5 期。

139. 田浩：《文化心理学的发展线索》，《内蒙古师范大学学报》（哲学社会科学版）2005 年第 6 期。

140. 童辉杰：《广义的诠释论与统一的心理学》，《南京师大学报》（社会科学版）2000 年第 4 期。

141. 瓦西留克：《体验心理学》，黄明等译，中国人民大学出版社 1989 年版。

142. 万明钢：《文化视野中的人类行为——跨文化心理学导论》，甘肃文化出版社 1996 年版。

143. 汪凤炎、郑红：《中国文化心理学》，暨南大学出版社 2005 年版。

144. 汪云九、杨玉芳等：《意识与大脑——多学科研究及其意义》，人民出版社 2003 年版。

145. 王辉：《心理学与经济学的交叉与渗透》，《心理科学进展》2003 年第 3 期。

146. 王明飞：《文化心理学发展历史及其三种研究取向》，《科教文汇》2006 年第 6 期。

147. 王昕亮：《当代西方宗教心理学研究综述》，《国外社会科学》2006 年第 3 期。

148. 王小章主编：《中国社会心理学》，浙江大学出版社 2008 年版。

149. 威尔逊：《社会生物学——新的综合》，毛盛贤等译，北京理工大学出版社 2008 年版。

150. 文军：《西方多学科视野中的全球化概念考评》，《国外社会科学》2001 年第 3 期。

151. 乌格里诺维奇：《宗教心理学》，沈翼鹏译，社会科学文献出版社 1989 年版。

152. 肖志翔：《生态心理学思想反思》，《太原理工大学学报》（社会科学版）2004 年第 1 期。

153. 熊哲宏：《儿童"心理理论"发展的"理论论"（The theory-theory）述评》，《心理科学》2001 年第 3 期。

154. 熊志军：《试论小科学与大科学的关系》，《科学学与科学技术管理》2004 年第 12 期。

155. 徐冰：《中国人的"显我"和"隐我"》，杨宜音主编：《中国社会心理学评论》（第一辑），社会科学文献出版社 2005 年版。

156. 徐冰：《心理学与社会学之间的诠释学进路》，《中国农业大学学报》（社会科学版）2007 年第 3 期。

157. 严国红、高新民：《还原论概念的多维诠释》，《广西社会科学》2007 年第 8 期。

158. 燕国材：《中国心理学史》，台北：东华书局 1996 年版。

159. 燕国材：《关于中国古代心理学思想研究的几个问题》，《心理科学》2002 年第 4 期。

160. 杨国枢：《我们为什么要建立中国人的本土心理学》，《本土心理学研究》1993 年第 1 期。

161. 杨国枢、余安邦主编：《中国人的心理与行为：理念及方法篇》，台北：桂冠图书股份有限公司 1993 年版。

162. 杨国枢、余安邦主编：《中国人的心理与行为：文化、教化及病理篇》，台北：桂冠图书股份有限公司 1994 年版。

163. 杨国枢：《心理学研究的本土契合性及其相关问题》，《本土心理学研究》1998 年第 9 期。

164. 杨国枢、黄光国、杨中芳主编：《华人本土心理学》（上册），重庆大学出版社 2008 年版。

165. 杨国枢、黄光国、杨中芳主编：《华人本土心理学》（下册），重庆大学出版社 2008 年版。

166. 杨慧芳、郭永玉、钟年：《文化与人格研究中的几个问题》，《心理学探新》2007 年第 1 期。

167. 杨洪贵：《多元文化主义的产生与发展探析》，《学术论坛》2007 年第 2 期。

168. 杨莉萍：《从跨文化心理学到文化建构主义心理学——心理学中文化意识的衍变》，《心理科学进展》2003 年第 2 期。

169. 杨鑫辉：《中国心理学思想史》，江西教育出版社 1994 年版。

170. 杨鑫辉主编：《心理学通史》，山东教育出版社 2000 年版。

171. 杨鑫辉：《中国心理学史论研究》，《江西师范大学学报》2001 年第 4 期。

172. 杨鑫辉：《诠释与转换——论中国古代心理学思想史研究方法的新发展》，《南京师范大学学报》2002 年第 4 期。

173. 杨维中：《论先秦儒学的心性思想的历史形成及其主题》，《人文杂志》2001 年第 5 期。

174. 杨文登、叶浩生：《论心理学中的还原论》，《心理学探新》2008 年第 2 期。

175. 杨宜音：《自我与他人：四种关于自我边界的社会心理学研究述要》，《心理学动态》1999 年第 3 期。

176. 杨云九、杨玉芳等：《意识与大脑——多学科研究及其意义》，人民出版社 2003 年版。

177. 阳志平、时勘、王薇：《试评凯尼曼经济心理学研究及其影响》，《心理科学》2003 年第 4 期。

178. 杨中芳、高尚仁主编：《中国人·中国心——人格与社会篇》，远流出版公司 1991 年版。

179. 杨中芳、高尚仁主编：《中国人·中国心——发展与教学篇》，远流出版公司 1991 年版。

180. 杨中芳：《如何研究中国人：心理学本土化论文集》，台北：桂冠图书股份有限公司 1997 年版。

181. 姚介厚：《"后现代"问题和后现代主义的哲学与文化》，《国外社会科学》2001 年第 5 期。

182. 叶海燕：《人格研究的生物学取向述评》，《南京师大学报》（社会科学版）1999 年第 6 期。

183. 叶浩生：《论理论心理学的概念、性质与作用》，《心理学探新论丛》（第 1 辑），南京师范大学出版社 1998 年版。

184. 叶浩生主编：《西方心理学的历史与体系》，人民教育出版社 1998 年版。

185. 叶浩生：《试析现代西方心理学的文化转向》，《心理学报》2001 年第 3 期。

186. 叶浩生：《西方心理学中多元文化论运动的意义与问题》，《山东师大学报》（人文社会科学版）2001 年第 5 期。

187. 叶浩生：《关于西方心理学中的多元文化论思潮》，《心理科学》2001 年第 6 期。

188. 叶浩生主编：《西方心理学研究新进展》，人民教育出版社 2003 年版。

189. 叶浩生：《多元文化论与跨文化心理学的发展》，《心理科学进展》2004 年第 1 期。

190. 叶浩生：《西方心理学中的现代主义、后现代主义及其超越》，《心理学报》2004 年第 2 期。

191. 叶浩生：《有关西方心理学中生物学化思潮的质疑与思考》，《心理科学》2006 年第 3 期。

192. 伊安·巴伯：《当科学遇到宗教》，苏贤贵译，生活·读书·新知三联书店 2004 年版。

193. 易芳：《生态心理学之背景探讨》，《内蒙古师范大学学报》（教育科学版）2004 年第 12 期。

194. 易芳：《生态心理学之界说》，《心理学探新》2005 年第 2 期。

195. 余安邦：《文化心理学的历史发展与研究进路》，《本土心理学研究》1996 年第 6 期。

196. 余德慧：《文化心理学的诠释之道》，《本土心理学研究》1996 年第 6 期。

197. 乐国安、纪海英：《文化与心理学关系的三种研究模式及其发展趋势》，《西南大学学报》（社会科学版）2007 年第 3 期。

198. 翟学伟：《中国人行动的逻辑》，社会科学文献出版社 2001 年版。

199. 张帆：《人类学与社会心理学的结合：玛格丽特·米德之文化决定论综述》，《社会科学评论》2007 年第 3 期。

200. 张广保：《金元全真道内丹心性学》，生活·读书·新知三联书店 1995 年版。

201. 章清：《传统：由"知识资源"到"学术资源"——简析 20 世纪中国文化传统的失落及其成因》，《中国社会科学》2004 年第 4 期。

202. 章士嵘：《心理学哲学》，社会科学文献出版社 1996 年版。

203. 郑剑虹：《历史学与心理学的结合》，《社会科学》1997 年第 5 期。

204. 郑开：《道家心性论研究》，《哲学研究》2003 年第 8 期。

205. 钟年：《不同民族不同文化的相处之道——现代化问题与文化多样性》，《世界民族》2001 年第 6 期。

206. 钟年：《中文语境下的"心理"和"心理学"》，《心理学报》2008 年第 6 期。

207. 周国梅、荆其诚：《心理学家获 2002 年诺贝尔经济学奖》，《心理科学进展》2003 年第 1 期。

208. 周宁：《心理学的全球化趋势》，《西北师大学报》（社会科学版）2000 年第 4 期。

209. 周宁：《论心理学的日常性》，《自然辩证法研究》2001 年第 11 期。

210. 周宁：《心理学的三种存在水平》，《内蒙古师范大学学报》（哲学社会科学版）2003 年第 3 期。

211. 周宁：《心理学哲学视野中的主体心理学与存在心理学》，《学习与探索》2003 年第 4 期。

212. 周宁：《本土心理学的两种哲学视野》，《西北师范大学学报》2003 年第 4 期。

213. 周宁：《心理学哲学视野中的主体心理学与存在心理学》，《学习与探索》2003 年第 4 期。

214. 周宁：《本土心理学的两种哲学视野》，《西北师范大学学报》2003 年第 4 期。

215. 周宁、葛鲁嘉：《心理学的常识心理学水平》，《心理科学》2003 年第 6 期。

216. 周宁、葛鲁嘉：《常识话语形态的心理学》，《辽宁师范大学学报》2004 年第 1 期。

217. 周宁：《独白的心理学与对话的心理学——心理学的两种话语形态》，云南大学出版社 2005 年版。

218. 周晓虹：《论文化人类学对社会心理学的历史贡献》，《社会学研究》1987 年第 5 期。

219. 周晓虹：《现代社会心理学的危机——实证主义、实验主义和个体主义批判》，《社会学研究》1993 年第 3 期。

220. 周晓虹：《现代社会心理学史》，中国人民大学出版社 1993 年版。

221. 朱宝荣：《计算机模拟：一种探索心理机制的现代方法》，《心理科学》2003 年第 5 期。

222. 朱新秤：《进化心理学》，上海教育出版社 2006 年版。

223. 朱滢、杨治良等：《当代心理学研究》，北京大学出版社 1993 年版。

224. Adamopoulos, J. and Lonner, W. J. Culture and Psychology at Acrossroad：Historical Perspective and Theoretical Analysis. In David Matsumoto. The Handbook of Culture and Psychology. New York：Oxford University Press, 2001.

225. Baars, B. J. The Cognitive Revolution in Psychology. New York：The

Guilford Press, 1986.

226. Berry, J. W. , Poortinga, Y. H. , Segall, M. H. and et al. Cross-Cultural Psychology: Research and Applications. New York: Cambridge University Press, 1992.

227. Boden, M. N. The Philosophy of Artificial Intelligence. New York: Oxford University Press, 1990.

228. Bogdan, R. J. (Ed). Mind and Common Sense. New York: Cambridge University Press, 1991.

229. Bond, M. H. (ed.). The Psychology of the Chinese people. Oxford: Oxford University Press, 1986.

230. Heelas, P. & Lock, A. Indigenous Psychology. New York: Academic Press, 1981.

231. Joynson, R. B. Psychology and Common Sense. London: Routledge & Kegan Paul, 1974.

232. Kim, U. Culture, Science and Indigenous Psychologies: Anintegrated Analysis. In David Matsumoto. The Handbook of Culture and Psychology. Oxford: Oxford University Press, 2001.

233. Kimble, G. A. Psychology's Two Cultures. American Psychologist, 1984 (8) .

234. Matsumoto, D. The Handbook of Culture & Psychology. Oxford: Oxford University Press, 2001.

235. Moscovici. S. Foreword, In P. Heelas & A. Lock (Eds.). Indigenous Psychology. New York: Academic Press, 1981.

236. Neisser, U. The Future of Cognitive Science: an Ecological Analysis. In D. M. Johnson & C. Emeling (ed.) . The Future of the Cognitive Revolution. New York: Oxford University Press, 1997.

237. Newell, A. & Simon, H. A. Computer Science as Empirical Inquiry: Symbols and Search. In M. A. Boden (Ed.), The Philosophy of Artificial Intelligence. Oxford: Oxford University Press, 1990.

238. Pedersen, P. (Ed) . Multiculturalism as a Fourth Force. Washington, DC: Taylor and Francis, 1999.

239. Ratner, C. Cultural Psychology and Qualitative Methodology. New York: Plenum Press, 1997.

240. Searle, J. R. Minds, Brains and Programs. Behavioral and Brain Science, 1980 (3).

241. Sober, E. & Wilson, D. S. Unto Others: the Evolution and Psychology of Unselfish Behavior. Cambridge, MA: Harvard University Press, 1988.

242. Sperry, R. W. Psychology's Mentalist Paradigm and the Religion/ Science Tension. American Psychologist, 1988 (8).

243. Spilka, B. & McIntosh, D. N. The Psychology of Religion: Theoretical Approaches. Boulder: Westview Press, 1997.

244. Staats, A. W. Unified Positivism and Unification Psychology. American Psychologist, 1991 (9).

245. Turing, A. M. Computing Machinery and Intelligence. Mind, 1950 (10).

246. Valle, R. S. & Eckartsberg, R. C. The Metaphors of Consciousness. New York: Plenum Press, 1981.

247. Varela, F. J., Thompson, E. and Rosch, E. The Embodied Mind: Cognitive Science and Human Experience. Cambridge MA: The MIT Press, 1991.

248. Vijver, F. V. D. The Evolution of Cross – Cultural Research Methods. In David Matsumoto. The Handbook of Culture and Psychology. Oxford: Oxford University Press, 2001.

249. Walsh, R. N. & Vaughan, F. Beyond Ego: Transpersonal Dimensions in Psychology. Los Angeles: J. P. Tarche, 1980.

250. Wilks, K. V. The Relationship between Scientific Psychology and Common – Sense Psychology. Synthese. 1991 (1).

251. Wulff, D. M. Psychology of Religion: Classic and Contemporary View. New York: John Wiley & Sons Inc, 1997.

后　记

　　我在后记中最先想表达的心情，是非常感谢吉林大学哲学基础理论研究中心主任孙正聿先生对出版本书的支持，把本书纳入了出版的丛书系列之中。这就给了本书能够与读者见面的机会。

　　我在设计、构思、研究、写作、创立"新心性心理学"的时候，一直是将"新心性心理学"看做是由三个部分所构成的。这三个部分就是"心理文化论要"、"心理生活论纲"、"心理环境论说"。但是，在我完成了和出版了《新心性心理学宣言——中国本土心理学原创性理论建构》一书之后，我的学术思想又有了新的扩展。我在前述的三个组成部分的基础之上，又增加了三个部分。我认为，这是三个不能忽略的部分。一个是"心理资源论析"，一个是"心理成长论本"，一个是"心理科学论总"。那么，新心性心理学的六个组成部分的基本排列顺序是：心理资源论析、心理文化论要、心理生活论纲、心理环境论说、心理成长论本、心理科学论总。

　　有了这样的学术思路之后，重要的就是研究的进程，就是写作的过程，就是实现的历程。现在，摆在面前的就是新心性心理学的第一个部分：《心理资源论析——心理学的历史、现实和未来的形态》。这部学术专著是对心理学的文化历史资源的挖掘、提取、转用。其实，我觉得每一种心理学的形态都是非常重要的，每一种心理学的形态都可以单独完成一部学术专著。我会在适当的时候，来完成按照心理学的形态分别撰写的学术专著。

　　心理学在进入了实证科学的轨道之后，既让自己变得纯洁了，也给了自己太大的限定，造成了自己过多的束缚。这很容易使心理学变得营养不足和发育不良。科学心理学有自己的边界，但是这不应该成为自设的围墙，挡住了自己的视线，缩小了自己的眼界，使自己胸襟狭隘，使自己孤家寡人。心理学原本就应该在学科林立的当代与其他的学科和与其他的研究有密切的关联。而最好的办法是把其他的研究看做是自己的文化历史资源。

"心理成长论本"是我的下一部学术专著。我想在《心理成长论本——超越心理发展的心理学主张》一书中，去阐述和阐释自己关于人的心理成长的理念。因为，我一直觉得心理发展的概念不如心理成长的概念更能描述和说明、更能建构和生成人的心理的变化和扩展。

其实，在《新心性心理学宣言》一书中表述的心理文化、心理生活、心理环境，原本是打算分别单独各完成一部专著的。但是，由于种种原因，仅仅先是单独出版了《心理文化论要——中西心理学传统跨文化解析》一书，然后是把三个部分合并在一起，出版了一部总论，即《新心性心理学宣言——中国本土心理学原创性理论建构》。其实，如果以后有机会，我还是很想单独出版"心理生活论纲"和"心理环境论说"两部专著。那么，对于我创建中国本土心理学学派的设想来说，我想要完成的就是六个部分的研究。这也就是"心理资源论析"、"心理文化论要"、"心理生活论纲"、"心理环境论说"、"心理成长论本"、"心理科学论总"等六个彼此独立，又相互关联的部分。

学术研究、心理学的学术研究，对于我来说，是一种快乐，是一种人生的快乐；是一种享受，是一种人生的享受。我真心地和诚心地希望能够为中国本土心理学的发展或成长作出自己的贡献。我也真心地和诚心地希望能够带给自己的学生更多的和更好的学术指导。那么，这种快乐和享受也就完满了。

过了五十岁以后，我已经深切地感受到了人的一生是非常短暂的，很多东西都是过眼烟云，都会转瞬即逝。对于个体来说，怎样延长自己的生命，这是许多人、特别是许多人过中年的人所考虑和思虑的。但是，对于我来说，尽管我也重视自己的自然寿命，但是我更关注的是自己的学术生命。做好学术，教好学生，都是延长自己的学术生命的最好的途径。到今年年底为止，我觉得我已经登上了自己的学术研究的巅峰，我迄今也已经独立招收和指导了 105 名硕士研究生和博士研究生。我所指导毕业的学生中，许多人也已经是博士生导师、是教授了。他们中很多人也都著书立说和成果累累了。这不仅仅是让我拥有了自豪感，也不仅仅是让我拥有了满足感，而且是让我拥有了更长久的未来，而且是让我看到了更灿烂的前景。我常常对人说，在我的两只眼睛中，一只眼睛里看到的是学术，一只眼睛里看到的是学生，除了学术和学生之外，我什么也看不见。其实，我真切地感受到，即便是我能够看到的非常有限，但我已经看到了世界上最美的风景。我得益于也得意于自己的学术和学生。其实，能够进入最好的学科领域、从事最好的学术研究、阅读最好的学术著述、做出最好的学术探索、发表最好的学术成果、招收最好的专业学生、教出最好的专业人才、培养最好的专业学者，这都是人生无与伦比的快乐和享受。所以，尽管我对自己所处的生活环境和学术环境并不满意，但是有学术和学生的支撑，就已经让我心安了。

有学术、有学生，我生何求！！！

葛鲁嘉

于长春市柳条路吉林大学住宅

2008 年 8 月 26 日